Réussir sa vie
avec le Tao

Didier Gonin

Réussir sa vie avec le Tao

Albin Michel

Collection Guides/Clés
Ouvrage publié sous la direction de Marc de Smedt

Introduction

Un seul désir m'a guidé en écrivant ce livre : le désir de ce que les maîtres zen japonais appellent le *satori*. Le *satori*, ce sont des moments magiques et uniques d'éveil.

Je souhaite donc le *satori*
à chacune des personnes qui lira ce livre.

On ne peut, bien sûr, recevoir le *satori* de quelqu'un d'autre. On en fait soi-même la bouleversante expérience. Pourtant, d'innombrables histoires bouddhistes, taoïstes, t'chan ou zen, se font l'écho de dialogues et d'interactions qui ont permis à des personnes – curieuses, ouvertes, en recherche – de le découvrir. Le maître n'est ici qu'un médiateur, qui aide la personne à réaliser son propre potentiel personnel et à trouver enfin la réponse à la question qu'elle se posait.

Lectrices et lecteurs sont ici conviés à faire un voyage – à dire vrai, 81 petits voyages – au « pays de l'authenticité », qui n'est autre que le pays du *satori*, de l'éveil et de l'illumination. Depuis de nombreuses années, j'ai – avec humilité et passion – animé des centaines de séminaires et conduit des centaines de sessions de coaching avec des milliers de personnes, surtout des cadres et des dirigeants. C'est en les côtoyant, en comprenant à quel point ils étaient confrontés à des responsabilités très lourdes – trop lourdes parfois –, à des problèmes complexes ou qui leur semblaient impossibles à résoudre, que m'est venu le désir très profond de m'adresser à eux, de partager avec eux les splendeurs du Tao, dont ils pourront – chacune et chacun à leur unique manière – faire leur miel.

En écrivant ce livre, j'ai aussi voulu toucher d'autres personnes, un cercle plus large, y compris – merveille de l'écriture ! – des personnes que je ne rencontrerai sans doute jamais. Ce livre s'adresse bien sûr à des personnes qui ont un rôle culturel, économique, politique ou social, mais aussi, plus largement, aux parents, aux enseignants et à toutes celles et tous ceux qui ont le rôle d'accompagner des personnes dans leur développement.

À une époque où l'on semble beaucoup se soucier de bâtir des murs en béton, de placer des milliers de caméras de surveillance dans les rues, d'espionner ceux qui utilisent Internet, un mobile ou un ordinateur – les fictions d'Orwell sont depuis longtemps dépassées par la réalité –, j'ai voulu aussi, tout simplement, tenter de bâtir des ponts : pont entre les pensées chinoise et occidentale, pont entre sagesse orientale et compétences de management, pont entre un écrit vieux de deux mille cinq cents ans et notre époque, pont entre un citoyen du monde et d'autres citoyens du monde…

Cet ouvrage propose au lecteur francophone les 81 chapitres du *Tao Te King* de Lao-Tseu, suivis, pour chaque section, de réflexions sur ce que cet écrit évoque pour des personnes qui ont des responsabilités de direction, de management et/ou d'accompagnement.

Le Tao est la Voie. Le *Tao Te King* est le *Livre de la Voie et de sa Réalisation* ou *Livre de la Voie et de la Vertu*, et les vertus évoquées dans le *Tao Te King* sont on ne peut plus actuelles, essentielles, urgentes à incarner !

C'est l'un des livres qui a été le plus traduit au monde (des milliers de traductions). Les cinq mille caractères chinois qui le composent sont l'un des plus précieux patrimoines de l'humanité, un texte d'une inépuisable richesse. Après l'avoir lu cent fois, on peut le redécouvrir complètement et, soudain, nos yeux s'ouvrent, nous comprenons, c'est le *satori* !

C'est un livre au pouvoir prodigieux puisqu'on peut l'ouvrir à tout moment, à n'importe quelle page et y trouver matière à réflexion, invitation toujours disponible à ramener notre esprit en lui-même. Seuls le *Tchouang-Tseu* et le *Yi King* lui sont en ce sens comparables. Écrit à la fin de sa vie par Lao-Tseu, il constitue un prodigieux condensé de sagesse. Lao-Tseu travailla toute sa vie auprès des rois et des princes chinois de son époque : le *Tao Te King* constitue donc un extraordinaire condensé d'expériences à propos du management et du rôle exercés par les souverains, ceux qui détiennent un pouvoir institutionnel ou organisationnel sur d'autres personnes et qui assument d'importantes responsabilités.

Avec les œuvres de Tchouang-Tseu et *Le Vrai Classique du vide parfait* de Lie-Tseu, ces autres grands textes taoïstes, le *Livre de la Voie et de sa Réalisation* est un ouvrage dont le titre même est splendide : la métaphore du chemin – ou de la voie – est, en effet, l'une des plus belles, des plus justes et des plus simples métaphores qui existent pour évoquer notre vie, nos apprentissages toujours renouvelés et le fait que nous sommes en chemin jusqu'à l'heure de notre mort.

Il évoque la marche qui nous porte à chaque instant en avant, vers notre naissance.

Chaque personne fait une différence dans le monde, quels que soient sa position et son rôle dans la société. Chaque personne peut donc avoir une influence considérable sur les autres et sur notre monde. Elle peut, en effet, être un modèle pour les autres, inspirer une vision partagée, remettre en permanence les choses en question, rendre les autres capables d'agir et les encourager sur le chemin. Elle peut donner du sens à notre action dans la communauté humaine en utilisant une approche systémique respectueuse des grands équilibres vitaux.

Pourquoi avons-nous, Marc de Smedt et moi-même, choisi le titre *Réussir sa vie avec le Tao* pour ce livre ? Peut-être parce que, naguère, beaucoup disaient vouloir « réussir dans la vie » tandis qu'aujourd'hui beaucoup commencent à penser qu'il est plus important de « réussir sa vie »... Nous ne pouvons réussir nos vies qu'en étant authentiques. Mais l'authenticité est de plus en plus rare en Occident. Les sociétés de consommation sont des lieux de trahison quotidienne de l'authenticité. Le consumérisme et le matérialisme répandent leurs métastases dans tout l'Occident et, par voie de conséquence, dans le monde entier. L'obsession de l'argent et des possessions pourrit nos sociétés comme une gangrène.

Être authentique, c'est retrouver notre vraie nature d'êtres humains. C'est aussi, en matière de direction et de management, refuser l'hypocrisie et le mensonge qui sont devenus tellement caractéristiques des sociétés dites développées. C'est surtout, comme l'ont dit tous les sages taoïstes, refuser la langue de bois, celle qui prédomine aujourd'hui, cet immonde « politiquement correct » et cette immonde « pensée dominante » qui nous aveuglent tous. Être authentique, c'est redonner aux mots leur sens.

L'adjectif « authentique » est emprunté au bas latin *authenticus*, signifiant « original ». Il nous invite donc à penser à ce qui fait de chacun de nous une personne unique. Le grec tardif *authentikos* signifie « dont le pouvoir, l'autorité sont inattaquables », ce qui nous donne à réfléchir sur les qualités dont doivent faire preuve toutes les personnes qui ont d'importantes responsabilités. Ce mot est lui-même dérivé, comme le souligne le *Dictionnaire historique de la langue française*, de *authentes*, « auteur responsable » (notamment d'un meurtre), d'où *authentia*, « autorité ». C'est donc un composé de *auto* et de *hentês*, « qui réalise, qui achève ».

Magnifique étymologie, dans laquelle se trouvent combinés le fait que chacun d'entre nous est une personne unique et originale et le fait que c'est en étant pleinement responsables de nos actes que nous parviendrons à réaliser quelque chose de significatif dans le monde, ce qui représente l'une des plus profondes aspirations de tout être humain. **Chacune et chacun d'entre nous fait une différence dans le monde.** Ce livre a été conçu comme une aide pour penser à la manière dont nous désirons la faire.

J'ai aussi écrit cet ouvrage pour parler vrai, parce que – et si je parle ici à la première personne, je ne parle pas qu'en mon nom – je suis profondément dégoûté, comme beaucoup des managers et des dirigeants que je rencontre chaque semaine et chaque mois, par l'inauthenticité et la médiocrité du management et des formes de « direction » telles qu'elles se manifestent désormais dans tant d'entreprises, dans les organisations nationales ou internationales, dans la vie politique, économique, sociale et culturelle de notre temps. Notre monde étouffe du très profond manque d'authenticité de nombreuses personnes qui ont pourtant d'importantes responsabilités. D'autres ont choisi, de manière égoïste et radicale, l'abdication, dans des sociétés qui deviennent rapidement des caricatures de démocratie.

« Arrête, bûcheron, arrête un peu le bras ! » écrivait Ronsard en voyant abattre les superbes forêts de son temps – qui s'étendaient, d'une seule coulée, sans discontinuer, de la forêt de Soignes à celle de Compiègne, de Bruxelles jusqu'à Paris... Nous commençons donc ce voyage au « pays du Tao » en compagnie d'un autre bûcheron : « Un bûcheron coupait du bois dans la forêt. Il avait entendu parler d'un animal fabuleux, l'animal *satori*. Grande était son envie de le posséder. Un jour, l'animal *satori* vint le visiter. Le bûcheron courut après, et quelle ne fut pas sa surprise d'entendre une voix lui dire : "Tu ne m'auras pas parce que tu veux m'avoir." Le bûcheron se remit à son bûcheronnage. Il avait complètement oublié l'animal. Il ne pensait plus à rien, sinon à ses bûches. L'animal *satori* vint à lui et fut écrasé par l'arbre qu'il abattit. »

Cette tragique histoire exprime en quelques mots une autre raison qui m'a conduit à écrire ce livre : elle constitue une extraordinaire métaphore de ce que certaines personnes font subir, par aveuglement, égoïsme, incompétence, inconscience ou lâcheté, aux personnes qui les entourent, aux peuples ou aux organisations qu'ils dirigent, à notre environnement et à la planète qui nous fait vivre.

Cette histoire fait, bien entendu, ressortir l'aveuglement et l'inconscience du bûcheron. Je crains de plus en plus – en observant leurs actes, leurs attitudes et leurs comportements plutôt que d'écouter leurs discours – que cet aveuglement ne soit la toute première caractéristique de trop nombreuses personnes qui exercent d'importantes responsabilités dans notre monde. Aveuglement et inconscience font bon ménage. Comme ce sont des personnes éduquées, ce que nos dirigeants ne peuvent pourtant complètement ignorer, c'est que leurs choix ressemblent étrangement à celui du capitaine du *Titanic* qui croyait que cet extraordinaire paquebot était tout simplement insubmersible et qui ignora les multiples signaux l'avertissant de la présence d'icebergs dans l'océan. Métaphore qui ne laisse pas d'inquiéter tous ceux qui ont compris que, notre monde étant désormais « fini », le paquebot porte désormais un autre nom : il s'appelle *Planète Terre*.

Je ne choisis pas par hasard la métaphore du *Titanic*, car, s'il est vrai que nous n'avons pas aujourd'hui les dirigeants dont notre monde a besoin, ce n'est pas seulement en raison de l'immense complexité du monde, ni en raison de leur inconscience, de leur entêtement ou de leurs points aveugles. C'est peut-être, de manière beaucoup plus subtile et profonde, parce qu'il nous faut revenir à nous-mêmes, à notre vraie nature.

Il n'y a pas d'autre voie.

C'est aussi parce qu'il nous faut nous interroger, nous remettre en question, remettre en question nos manières de penser et de vivre. Et changer. Paradoxalement, c'est un sage chinois qui vivait voici quelque deux mille cinq cents ans qui va ici nous montrer la voie.

J'ai surtout écrit ce livre parce que je crois, au plus profond de moi-même, que chaque personne qui vit sur notre planète a en elle-même la capacité de faire une différence dans notre monde. Tout acte d'amour, de création, de service, même s'il paraît insignifiant aux yeux de certains, est un acte authentique, constructif, positif et, pour d'autres personnes, potentiellement salvateur.

Ce livre n'est pas – faut-il le dire pour rassurer des esprits obsédés par la peur ? – un écrit séditieux, ni un appel à quelque improbable révolution.

**Il appelle pourtant chacune et chacun
à une révolution intérieure.**

Dans cet ouvrage, le lecteur trouvera, pour chacun des 81 chapitres, qui correspondent aux 81 versets du *Tao Te King*, trois composantes :

- la traduction du verset de Lao-Tseu ;
- trois pages de commentaires : une invitation à la réflexion sur nous-mêmes et notre manière d'être nous-mêmes, fidèles à notre nature profonde, authentiques ;
- une citation, invitation à réflexion et à la méditation.

Dans mes commentaires, j'ai voulu relier les surprenants et puissants paradoxes de Lao-Tseu aux réalités de notre monde et inviter le lecteur à explorer des thèmes essentiels pour l'exercice d'une influence authentique. Chaque chapitre commence par une histoire, car les histoires nous en disent plus que toutes les théories du monde. Ces histoires sont souvent tirées d'autres textes taoïstes – tels que le *Tchouang-Tseu* ou le *Lie-Tseu* –, mais aussi puisées dans d'autres traditions. Je me suis, bien sûr, surtout efforcé d'explorer les attitudes, les comportements, les vertus et les valeurs indispensables à une manifestation vraie de notre responsabilité humaine dans le monde actuel.

Il n'est pas nécessaire de lire cet ouvrage de manière séquentielle, du chapitre 1 jusqu'au chapitre 81. Le lecteur pourra donc se référer à la table, page 355, pour choisir un thème de réflexion ou d'exploration qui lui paraîtra attirant. Il pourra aussi l'ouvrir à n'importe quelle page pour découvrir, explorer et tracer ainsi son propre et unique chemin.

Une manière particulièrement enrichissante de lire cet ouvrage serait de tenir en même temps un journal personnel de lecture, dans lequel le lecteur pourra noter ses idées personnelles, ses propres réflexions, des citations qu'il trouve belles, et surtout ses propres réponses à certaines des questions qu'il est invité à se poser, au fil des chapitres...

Ce n'est pas d'une manière poétique ou métaphorique que j'invite le lecteur à s'engager dans un vrai voyage de découverte. Les questions qui vous sont posées au fil de ces pages ne sont pas hypothétiques ou théoriques. Elles vous sont personnellement posées. C'est en y répondant personnellement que vous ferez votre propre chemin. Personne ne peut le faire, personne ne le fera jamais à votre place.

Sur le chemin du Tao, chacune et chacun d'entre nous
peut véritablement naître à soi-même.

« J'étais assis un soir au bord de l'océan,
regardant déferler les vagues
et sentant le rythme de ma respiration,
lorsque je pris soudain conscience de tout mon environnement
comme étant engagé dans une gigantesque danse cosmique.

Étant physicien, je savais que le sable, les roches, l'eau
et l'air autour de moi étaient composés de molécules vibrantes
et d'atomes, consistant en particules qui en créent
et en détruisent d'autres par interactions.
Je savais aussi que l'atmosphère de la Terre
était continuellement bombardée des pluies de rayons cosmiques,
particules de haute énergie subissant de multiples collisions
lorsqu'elles pénètrent dans l'air.
Tout cela m'était familier de par ma recherche en physique
des hautes énergies,
mais, jusque-là, je l'avais seulement expérimenté à travers
des graphes, des diagrammes et des théories mathématiques.

Tandis que je me tenais sur la plage,
mes expériences théoriques passées devinrent vivantes.
Je vis des cascades d'énergie descendre de l'espace
au sein desquelles les particules étaient créées
et détruites selon des pulsations rythmiques.
Je vis les atomes des éléments et ceux de mon corps
participer à cette danse cosmique de l'énergie.
J'en sentais les rythmes et j'en entendais les sons,
et, à ce moment précis,
je sus que c'était Shiva,
le seigneur de la danse adoré par les hindous. »

Fritjof Capra,
préface du *Tao de la Physique*.

Le Tao que l'on peut énoncer
n'est pas le Tao éternel.
Les noms que l'on peut nommer
ne sont pas le Nom éternel.

Le sans-nom est à l'origine
du ciel et de la terre.
Celle qui a un nom
est la mère de tous les êtres.

Ainsi, c'est son absence permanente
qui nous invite à contempler le mystère,
c'est son être éternel
que nous voyons dans ses manifestations visibles.

Ces deux-là, nés ensemble,
issus de l'Un,
constituent ensemble l'origine,
c'est, mystère dans le mystère,
la porte de toutes les merveilles.

1
Revenir à l'origine

Commençons notre voyage au « pays de l'origine » en méditant un *koan* zen :

> « *Quand ton esprit ne séjourne pas dans l'opposition du* Bien *et du* Mal, *quel est ton visage originel, celui que tu avais avant que tu ne fusses né* ? »

Suivre la Voie, c'est revenir à notre origine. Penser à toutes les vies qui ont permis la nôtre, penser à notre mère et à notre père, à l'union dont nous sommes issus. Quels qu'aient été, à différents stades de notre vie, nos sentiments vis-à-vis de nos parents (amour, haine, reconnaissance, frustration, manque, gratitude, ingratitude, etc.), quels qu'aient été nos actes vis-à-vis d'eux (expressions de tendresse, de rejet, d'amour, de rébellion, etc.), nous sommes le fruit unique de l'union de nos parents. Nous leur devons notre vie.

Suivre la Voie, c'est reconnaître à quel point nous étions fragiles, sans défense, comme nouveau-nés ; les trésors d'attention et d'amour (même imparfait) dont nous avons été l'objet. Reconnaître que nous avons été, initialement, dépendants et que, après une longue période naturelle de dépendance – notre petite enfance, notre enfance –, nous avons pu grandir et nous développer pour être de plus en plus indépendants, voler de nos propres ailes, et devenir les êtres humains uniques que nous sommes. Celui qui, en suivant la Voie, reconnaîtra l'interdépendance de toutes choses et de tous les êtres dans le monde.

Comment vivons-nous cette vie qui nous est donnée ?
Quel chemin choisissons-nous ?

Penser à notre origine, c'est reconnaître qu'en nous deux s'est fait un. Notre vie est un signe du Tao, puisque le Tao est l'Un, à l'origine du deux, le Ciel et la Terre. Chacun d'entre nous est un fruit de l'union du *yin* et du *yang*, parcelle de la Nature issue d'un processus naturel, celui de la vie et de sa transmission.

Le mystère des mystères est bien que je suis en vie,
dans la vie, porte de toute merveille.

Le Tao, cette source de toute vie, ne peut être nommé. Il est l'origine absolue d'où viennent ciel et terre, le cosmos et tous les êtres. Il est omniprésent. La sagesse chinoise nous enseigne qu'il n'existe qu'une chose permanente : l'impermanence. La contemplation de cette dynamique de l'Un qui crée le deux, cette émergence de la vie, cette transformation de la vie depuis l'origine, d'une vie qui se génère et se régénère, se transforme elle-même, cette capacité à sentir – sans pouvoir le nommer – l'Un et le multiple, nous fait pénétrer au cœur du *Tao Te King*, livre de la Voie et de sa Réalisation.

Le *Tao Te King*, livre de sagesse, fut écrit par Lao-Tseu avec un but, parmi d'autres : celui d'aider les dirigeants chinois, en des temps troublés, à trouver le chemin qui leur permettrait de gouverner, de la manière la plus efficiente et la plus appropriée, le peuple dont ils étaient responsables. Il nous donne, aujourd'hui plus que jamais, de précieuses clés pour devenir les personnes dont notre Terre a besoin.

Ce premier chapitre du Tao nous invite tout d'abord à revenir en nous-mêmes. Ceux qui sont autour de nous nous observent, ils observent la cohérence de nos comportements. Ils détectent inconsistances et incohérences. *Est-ce que je dis ce que fais ? Est-ce que je fais ce que je dis ?* La réponse à ces questions va déterminer leur désir de nous suivre, ou non. Ils savent donc que notre énergie vient de l'intérieur, qu'elle émane de nous-mêmes. C'est cette force qu'ils sentent et respectent lorsqu'ils nous écoutent ou nous suivent.

Les toutes premières questions que nous pourrions donc nous poser en marchant sur la voie du Tao peuvent être les suivantes :

- Suis-je vraiment en accord, en harmonie avec moi-même ?
- Suis-je en accord, en harmonie avec les personnes qui m'entourent ?

- □ Suis-je en accord, en harmonie avec le monde qui m'entoure ?
- □ Qu'est-ce qui me donne de l'énergie ?
- □ Est-ce que je renouvelle régulièrement mon énergie ?
- □ Dois-je prendre plus de temps pour méditer, réfléchir, marcher, écrire, organiser mon agenda, prendre soin de moi, prendre du temps pour penser à ma vie – à ce qui est important ou essentiel pour moi –, aux personnes que j'aime ou à celles que je sers ?

Une personne authentique respecte la splendeur et le mystère de la vie. Elle aime la terre qui la porte, et la respecte. Ne faisant jamais rien qui puisse l'abîmer, elle est attentive à préserver ses richesses et ses ressources, à préserver toute vie. Elle désire, dans le respect des processus naturels, faire croître et grandir sa famille, son équipe, son organisation et en assurer la pérennité. Elle honore la vie, en elle-même et dans les autres. Elle se connaît, reconnaît ses forces et ses fragilités, accepte ses talents, ses compétences et ses qualités ainsi que ses faiblesses. Elle observe, elle écoute et elle reconnaît les forces et les qualités des personnes qu'elle rencontre. Elle les aime et accepte qu'elles aient, comme elle-même, forces et vulnérabilités. Elle les respecte.

Son premier travail consiste à naître, chaque jour, à elle-même pour devenir la personne qu'elle peut devenir. C'est en étant attentive à sa propre personne – sans pourtant être aucunement préoccupée d'elle-même, égoïste ou narcissique –, en honorant et en cultivant son corps, son cœur, son mental et son esprit, qu'elle deviendra qui elle est et qu'elle sera reconnue comme une personne respectée. Comme notre travail s'effectue souvent avec d'autres êtres humains, elle cherche donc, avant tout, à créer un environnement dans lequel les autres vont pouvoir s'épanouir.

Ainsi, c'est en faisant grandir les autres qu'elle grandit.

Elle a fait sienne l'admirable formule de François Rabelais : « Je ne bâtis que pierres vives. Ce sont hommes. »

☯

« Revenir à soi, à son *tao*, c'est revenir à la source d'où émane sans cesse l'événement que l'on est. »

Marcel Conche,
Tao Te King, Réflexions.

Dans le monde
tout le monde reconnaît le beau comme beau,
car le laid est aussi présent.
Tout le monde reconnaît la bonté comme bonne,
car le mal est aussi présent.

Être et non-être s'engendrent réciproquement,
long et court renvoient l'un à l'autre,
le haut et le bas se touchent.
La voix et le son s'harmonisent,
l'avant et l'après se succèdent.

C'est pourquoi le sage
agit en n'agissant pas.
Il enseigne par son silence.
Il nourrit chaque être
sans se l'approprier.

Il accomplit son œuvre
sans rien attendre.
Il achève ce qu'il a à faire
sans s'y attacher.
Et, comme il ne s'y attache pas,
son œuvre est accomplie.

2

Trouver ou… retrouver notre équilibre

Commençons notre voyage au « pays de l'équilibre » en compagnie de Shrona : « Un jour, un moine du nom de Shrona étudiait la méditation avec l'un des plus proches disciples du Bouddha. Il avait de la difficulté à trouver l'état d'esprit juste. Il essayait de toutes ses forces de se concentrer, ce qui lui causait des maux de tête. Puis il relâchait son esprit au point qu'il s'endormait. Finalement, il demanda l'aide du Bouddha. Sachant que Shrona avait été un musicien célèbre avant de devenir moine, le Bouddha lui posa cette question :

– N'étais-tu pas un joueur de *vina* quand tu étais laïc ?

Shrona acquiesça.

– Quand tirais-tu le meilleur de ton instrument ? Était-ce lorsque les cordes étaient très tendues, ou lorsqu'elles étaient très lâches ?

– Ni l'un ni l'autre, dit Shrona. Quand elles avaient la tension juste, sans être ni trop tendues ni trop lâches.

– Eh bien, il en va exactement de même de ton esprit, lui répondit le Bouddha. »

Cette admirable histoire, rapportée par Sogyal Rinpoché dans *Le Livre tibétain de la vie et de la mort*, va droit au cœur de ce qu'il faut savoir, comprendre et mettre en œuvre pour gérer le stress…

Chacun d'entre nous se rappelle cette expérience archétypale de la recherche de l'équilibre que nous avons tous faite lorsque nous avons appris à faire du vélo… Perte désespérée de mon centre qui m'entraîne à droite ou à gauche, réalisation du fait qu'il suffit d'un tout petit geste du guidon pour se retrouver par terre ! Leçons oubliées peut-être un peu vite par l'adulte que je suis ! Et pourtant, il y a en moi à chaque instant une boussole et un compas, et tout ce dont j'ai besoin pour trouver mon chemin et tracer ma route !

Et surtout, souvenons-nous de cette énergie extraordinaire que nous avions, enfants, après une dure chute, pour nous remettre en selle et essayer de nouveau. Lorsqu'il m'arrive de parler, avec des dirigeants, d'innovation, d'expérimentation, de prise de risques, du droit à l'erreur – ou du degré zéro de tolérance qu'ils ont pour les erreurs des autres (« une fois... à la rigueur, mais pas deux ! ») –, je ne peux m'empêcher de penser à ce qu'ils étaient, enfants, avec leur vélo, voire à ce qu'ils sont encore aujourd'hui avec leurs propres enfants qui, à leur tour, apprennent... Nos collaborateurs peuvent-ils attendre de nous autant d'attention bienveillante, de patience, de vraie tolérance de l'échec que celles qui nous animent quand nous accompagnons nos enfants dans leurs apprentissages ?

La préservation des équilibres dans notre vie est la toute première chose à mériter notre attention. Plus nous avons de responsabilités, plus cette attention aux équilibres vitaux est essentielle. J'utilise souvent le modèle d'Hannah Arendt, qui est un outil de diagnostic et de réflexion très riche. Il consiste à explorer quatre grands domaines d'activité entre lesquels il est important d'établir un équilibre, en mesurant le temps que nous consacrons à chaque domaine ; en réfléchissant aux objectifs que nous désirons poursuivre, et à la meilleure manière d'y parvenir.

Chacun d'entre nous passe un certain nombre d'heures à dormir, à la toilette, à se nourrir, aux trajets vers notre lieu de travail. Une fois considérées et mises de côté ces activités importantes – qui contribuent aussi à notre équilibre personnel –, examinons quatre domaines d'activité humaine consciente, et évaluons combien, en moyenne, nous leur consacrons d'heures par semaine. Nous pouvons aussi penser en pourcentage de ce « budget de temps » :

- □ Temps passé à travailler : .... heures .... %
- □ Temps passé avec famille / ami(e)s : ... heures .... %
- □ Temps passé pour moi-même : .... heures .... %
- □ Temps d'activités sociales / communauté / association : .... heures .... %

En ce qui concerne le temps passé avec sa famille, ses enfants ou ses ami(e)s, chacun(e) s'efforcera d'être honnête et de ne prendre en compte que le temps de qualité, moments d'échange, de dialogue avec des êtres qui lui sont chers... Il se peut que le temps passé à des activités sociales, politiques, en communauté, dans le cadre d'un club sportif ou d'une association, soit très significatif pour certains et... réduit pour d'autres à une peau de chagrin.

Cet exercice n'est pas « théorique ». Vous êtes chaleureusement invités à le faire, tout de suite ! Lorsqu'on le fait avec honnêteté, il peut entraîner des réveils ou des prises de conscience de nature diverse. Mais ne vaut-il pas mieux se réveiller et changer ce qui doit l'être dans notre vie plutôt que de découvrir, beaucoup trop tard, que notre épouse demande le divorce parce qu'elle ne nous voit jamais, ou si peu, que nous sommes devenus des étrangers pour nos propres enfants, que nous souffrons du dos ou que nous sommes victimes d'une dépression... ?

Il est toujours très frappant – et parfois douloureux – de découvrir le nombre de personnes qui ont d'importantes responsabilités et qui, travaillant énormément tout en essayant du mieux qu'elles le peuvent de préserver un équilibre entre leur vie familiale et leur vie professionnelle (deux domaines si importants pour nombre d'entre nous), n'ont réussi qu'en sacrifiant toute vie personnelle et toute attention à elles-mêmes. Déséquilibre qui entraîne parfois chez certains d'encore plus grands déséquilibres, et une recherche de compensations dans une quête de plaisirs ou satisfactions instantanés, rapides, volés, qui s'avèrent paradoxalement être égoïstes, narcissiques, voire malsains et souvent... très insatisfaisants.

Pour ceux d'entre nous qui souffrent de ne plus prendre soin d'eux-mêmes, qui ont cessé de le faire, quelle occasion merveilleuse de retrouver l'équilibre en prenant soin de leur corps et de leur santé, en changeant leurs habitudes alimentaires, en lisant plus régulièrement, en pratiquant un sport aimé mais longtemps délaissé, en jouant d'un instrument de musique, en allant au théâtre, au concert ou à l'opéra, en faisant de longues promenades en forêt !... Parce qu'elle vit de l'énergie originale issue du *yin* et du *yang*, la personne authentique est maîtresse de son temps.

Menant une vie équilibrée,
elle est, pour les autres, une source d'équilibre.

« La tendance la plus profonde de toute activité humaine est la marche vers l'équilibre. »

Jean Piaget,
Six études de psychologie.

Si tu n'encenses pas le saint
tu éviteras querelles et jalousies.
Si tu ne collectionnes pas les trésors
tu éviteras le vol.

Ne pas voir et convoiter certaines choses
c'est éviter la confusion des sentiments.

Le sage règne en vidant les cœurs d'inutiles désirs,
et en s'assurant que chacun ait de quoi mener une vie décente,
en détruisant les ambitions
et en renforçant les colonnes vertébrales.

3

Rendre autonome en faisant confiance

Commençons notre voyage au « pays de la motivation » avec un enfant et son professeur : « M. Rambus nous avait donné un problème complexe de géométrie à résoudre. Nous étions bloqués. Et comme nous souffrions, il souriait. Ah ! son énigmatique sourire ! Cinq d'entre nous semblaient avoir des idées. J'appris plus tard que quatre d'entre eux résolvaient le problème comme M. Rambus – mais que je l'approchais, quant à moi, autrement. J'écrivis une formule sur une feuille de papier et la montrai à M. Rambus en lui disant : "Je peux tout construire sauf ce détail. Y a-t-il un moyen de construire cette solution ?" Il sourit comme toujours et ajouta : "Je crois que vous avez quelque chose... !" Ces sept mots étaient aussi remarquables par ce qu'ils disaient que par ce qu'ils ne disaient pas. Après tout, il aurait pu tout aussi bien me dire que mon approche du problème était mauvaise. Ou encore : "Tu ne t'en souviens pas ? Nous avons construit cette formule le mois dernier." De manière plus neutre, il aurait pu me dire : "Oui, il y a un moyen..." Chacune de ces phrases aurait pu me conduire à la réponse correcte. Mais aucune ne m'aurait donné le sentiment d'encouragement et de satisfaction qu'il me donna. Soutenu par cette expression de croyance en moi, je regardai à nouveau ce que j'avais écrit. Bien sûr ! Cette formule ressemblait à un problème que nous avions déjà résolu ! Je résolus le problème. M. Rambus m'avait guidé vers quelque chose de beaucoup plus important qu'une bonne réponse : vers la joie de trouver une réponse qui était la mienne ! » (traduit de Doug Lipman, *The Storytelling Coach*).

Les managers savent qu'ils doivent trouver le meilleur équilibre entre des objectifs organisationnels à atteindre et leur relation avec les personnes avec qui ils travaillent, qui détiennent la clé de la réalisation de ces objectifs. Le rôle du manager est d'accompagner les personnes dont il est responsable, de manière à assurer le développement de leurs compétences tout en s'assurant d'un bon niveau d'engagement et de motivation. Pour accompagner les personnes dans leur développement, il utilisera tour à tour un style « directif », « formateur », « participatif », et enfin il pourra pleinement déléguer en toute confiance.

Tout l'art consiste ici d'abord à établir un diagnostic juste, puis à soutenir les autres dans leur développement. Commençons par établir la liste de nos responsabilités majeures (5 ou 6) :

- □ ______________________________ ___________
- □ ______________________________ ___________
- □ ______________________________ ___________
- □ ______________________________ ___________
- □ ______________________________ ___________
- □ ______________________________ ___________

Pour chacun des domaines de responsabilité que nous venons d'identifier, utilisons ensuite les échelles ci-dessous pour évaluer – sur les colonnes de droite –, aussi honnêtement que possible, notre niveau actuel de compétence (C1 à C4) et, séparément, notre niveau actuel de motivation (M1 à M4).

- □ C1 : Compétence faible. « *Théorique* ». *Débutant(e). Besoin de comprendre le contexte, l'entreprise, les objectifs, mon rôle, besoin d'être informé ou formé, etc.*
- □ C2 : Compétence encore insuffisante ou imparfaite. *En progrès, ou peut progresser.*
- □ C3 : Bon niveau de compétence. *Autonome, fiable, responsable.*
- □ C4 : Compétence très élevée. *Expert. Référence. Maîtrise parfaitement ce domaine.*

- □ M1 : Motivation basse. *Motivation faible, très peu d'engagement.*
- □ M2 : Motivation faible, fluctuante. *Routine. Suivisme. Peu engagé(e). Domaine trop connu…*
- □ M3 : Bonne motivation. *Participation. Initiative. Moteur. Engagé(e).*
- □ M4 : Motivation très élevée. *Passion. Enthousiasme. Très engagé(e).*

- □ (Note : Pour chaque domaine de responsabilité, les niveaux de compétence et de motivation peuvent être identiques ou… très différents.)

Ayant fait cet exercice pour nous-mêmes, nous pourrons le proposer à nos partenaires. Il nous permettra de mieux les soutenir dans le développement de compétences critiques, de mieux comprendre ce qui les motive – ou les démotive – et les raisons pour lesquelles ils sont peu motivés par l'une ou l'autre des responsabilités qui leur incombent. Nous pourrons alors les aider à trouver des solutions.

Ainsi, nous pouvons responsabiliser en donnant de plus en plus d'autonomie (ce que nous faisons si naturellement, comme parents, avec nos enfants) : attentifs à leurs compétences, nous comprenons surtout leur motivation, à leur niveau d'engagement et d'intérêt. Accompagner une personne – enfant ou adulte – dans son développement en s'assurant du fait que la motivation se développe constitue l'une des plus belles réussites humaines, un acte authentique de soutien. Cet art est toutefois particulièrement difficile, car la motivation est non seulement très fluctuante selon les moments mais elle est surtout extrêmement différente d'une personne à l'autre.

Dans l'accompagnement, nous apprendrons donc à adapter notre style à chaque personne : donner des informations, des méthodes et des structures à un débutant ; expliquer, convaincre, former quelqu'un qui progresse ; faire participer, encourager, donner des responsabilités à quelqu'un qui est fiable et motivé ; déléguer dans la confiance des tâches majeures à une personne experte et très motivée. À chaque étape – et l'outil de diagnostic ci-dessus sera précieux –, nous donnerons la priorité à la personne : elle seule sait ce qui bloque son progrès ou influence sa motivation. Nous l'aiderons à clarifier ses objectifs et à trouver son chemin pour aller de l'avant.

Une personne authentique croit dans la capacité de l'autre à réussir.
Elle lui fait confiance.
Son intention est de l'aider à voler de ses propres ailes,
et… elle vole !

« Je ne demande pas de prières ; avec votre confiance seulement, je serai heureux. »

Arthur Rimbaud,
Une saison en enfer.

Le Tao est semblable
à un bol vide
que nul usage ne comble.

Insondable comme un gouffre,
à l'origine
de toutes choses.

Il émousse ce qui est tranchant,
il dénoue les écheveaux,
il harmonise les lumières,
et unifie toutes les poussières.

Profond comme l'abîme,
il est toujours présent.
De qui procède le Tao ?
Il est comme l'aïeul de tous les dieux.

4

Être présent, être centré

Nous commençons notre voyage au « pays de la présence » en compagnie d'un moine : « Un moine nommé Yuan interrogea le maître Pai-chang Huai-hai :

– Maître, vous appliquez-vous à pratiquer la Voie ?

– Oui.

– Comment ?

– Quand j'ai faim, je mange. Quand je suis fatigué, je dors.

– Tout le monde ne fait-il pas les mêmes choses que vous ?

– Non, pas de la même manière.

– Pourquoi ?

– Quand ils mangent, ils pensent à cent choses différentes. Quand ils s'endorment, ils réfléchissent à mille problèmes. Voilà pourquoi ils sont différents de moi.

Le maître en discipline en fut réduit au silence » (in *Le Goût du zen, recueil de propos et anecdotes*).

L'une des caractéristiques les plus fréquemment évoquées à propos de grands dirigeants est la **présence**. Cette personne est là, pour moi, avec moi, ici et maintenant. Elle est ouverte et disponible, et je sens, je sais qu'elle a un « centre », qu'elle est « centrée ».

Explorons quelques-unes des raisons qui peuvent expliquer ce sentiment de présence.

La personne a des valeurs et elle vit en conformité avec ces valeurs. Nous clarifions régulièrement les valeurs qui sont importantes pour nous. Nous vivons en harmonie avec elles. Ces valeurs ont évolué au fil de notre développement et continuent d'évoluer : il y a une cohérence dans ce développement et des valeurs-sources pour chacun d'entre nous (*lorsque je ne vis pas en harmonie avec mes valeurs, il y a disso-*

nance, hypocrisie, mensonge ou double standard. Ce phénomène de « dissonance » est devenu aujourd'hui tellement fréquent que nous nous sommes habitués à ne plus rencontrer beaucoup de personnes authentiques. Bien des personnes qui ont des positions de responsabilité importantes ont perdu toute crédibilité).

Une personne qui ne vit pas en conformité avec ses valeurs n'est pas authentique. Si nous voulons exercer une influence authentique, nous clarifions régulièrement nos valeurs, et vivons en accord avec elles.

La personne est équilibrée, elle a réussi à établir un équilibre entre différentes dimensions. Nous sommes conscients de l'importance de nos différentes « batteries » : physique, mentale, émotionnelle et spirituelle, et savons que nous sommes aussi forts que... la plus faible de ces quatre batteries. Nous vivons une vie équilibrée et rechargeons régulièrement ces batteries (*dès que je dors mal ou trop peu, que je m'alimente trop ou trop peu, que je ne m'ouvre pas à des idées nouvelles en rencontrant d'autres personnes ou en lisant, que je nie ou supprime mes émotions ou que je les canalise et les gère mal, que je néglige mon esprit ou ne especte pas mes valeurs, je suis en état de déséquilibre et il va m'être très difficile d'exercer une influence positive sur les autres*).

Il y a une harmonie entre notre personnalité, nos compétences, nos intérêts et nos valeurs : nous avons une activité qui nous satisfait tout en étant simplement nous-mêmes, en utilisant nos compétences, notre expérience, et en vivant en accord avec nos valeurs (*plus il y a de décalage entre ces quatre dimensions, plus je suis déséquilibré, et les autres vont percevoir ce manque d'intégration – voire d'intégrité – personnelle*).

Nous réussissons à établir un équilibre entre quatre grands domaines essentiels : celui du travail et des activités professionnelles, celui de la vie familiale – avec un partenaire, des proches, des amis –, celui de la vie sociale – appartenance à une association, une communauté – et celui de la vie personnelle – mes intérêts et sources de joie (*ou bien il y a chez moi de graves déséquilibres entre ces quatre dimensions, qui peuvent m'amener à donner le mauvais exemple et à être une source de déséquilibre pour les autres*).

Nous sommes dotés d'une riche intelligence émotionnelle. Nous sommes sensibles et avons l'expérience d'émotions intenses et profondes, sommes conscients de nos émotions, savons les canaliser et les gérer, en particulier recadrer les émotions négatives, les dépasser pour utiliser l'énergie que génèrent les émotions positives. Nous avons de l'empathie pour les autres, sommes capables de nous mettre à leur place, comprenons leurs émotions et leurs points de vue. Nous les écoutons et communiquons honnêtement, très ouvertement avec eux, dans la confiance (*ou certaines dimensions de mon intelligence émotionnelle sont moins développées que d'autres, et mon impact sur les autres en est considérablement amoindri*).

Nous respirons consciemment et sommes physiquement « centrés ». Nous pratiquons un sport qui nous a appris à maîtriser notre respiration. Nous pratiquons l'art de la danse ou bien un art martial, le taï chi chuan ou l'aïkido... Nous avons appris à respirer consciemment et le faisons chaque fois que nous sommes anxieux, stressés ou sous pression, ou simplement, chaque jour, pour être « centrés » et pour nous détendre (*ou bien nous ne sommes pas centrés, nous courons tout le temps, nous sommes fatigués, nous nous essoufflons, nous sommes anxieux, stressés, malades peut-être* !).

Nous vivons profondément dans le présent, nous apprécions les plus simples activités humaines et les réalisons en pleine conscience, en appréciant la beauté et la valeur. Nous apprécions les rencontres avec les autres et le contact avec la nature, sources de permanent renouveau et d'énergie. Nous savons qu'il y a un principe unique à l'origine de toutes choses et que c'est en vivant en conformité avec lui que nous serons heureux (*ou bien nous vivons en permanence « dans nos idées », dans un avenir rêvé ; à ressasser le passé ; à nous raconter des histoires, cinéma, cinéma, cinéma, nous passons à côté de notre vie* !).

Ici et maintenant,
la personne authentique cherche et retrouve l'équilibre perdu.
Centrée, présente à elle-même, elle est présente pour les autres.

« Quand je danse, je danse ; quand je dors, je dors ; voire et quand je me promène solitairement en un beau verger si mes pensées se sont entretenues des occurrences étrangères, quelque partie du temps, quelqu'autre partie je les ramène à la promenade, au verger, à la douceur de cette solitude et à moi. »

Michel de Montaigne,
Essais.

Le ciel et la terre ne sont pas des êtres humains :
ils traitent les êtres humains comme chiens de paille.

Le sage n'a pas de prédilection :
les autres sont pour lui comme chiens de paille.

L'espace entre ciel et terre
est semblable à un soufflet de forge
bien que vide à l'intérieur,
jamais il ne s'épuise.

Plus il s'active,
plus il exhale.

Plus on en parle
moins on le comprend.

Mieux vaut vivre en son cœur.

5

Égalité devant la mort

Nous commençons notre voyage au « pays de la mort » avec ce dialogue, tiré de *La Joie suprême* de Tchouang-Tseu, qui – comme le souligne Jean-François Billeter – a quelque chose de shakespearien : « Se rendant à Tch'ou, Tchouang-Tseu aperçut un crâne desséché mais encore entier. Il le remua du bout de sa cravache et l'interrogea ainsi : "La passion de vivre t'a-t-elle fait commettre des excès, que tu en sois arrivé là ? Ou en es-tu là parce que ton pays a été ruiné par la guerre ? Parce que tu as été exécuté d'un coup de hache ? Parce que tu as mal agi et que tu n'as pas supporté d'avoir déshonoré les tiens ? Ou pour avoir souffert de la faim et du froid ? Ou simplement que tes années étaient arrivées à leur terme ?" Il se tut, amena le crâne à lui, s'en fit un oreiller et s'allongea pour dormir.

Au milieu de la nuit, le crâne lui apparut en rêve et lui dit : "Tes propos de tout à l'heure n'étaient que de la rhétorique. Tu as évoqué les servitudes auxquelles sont soumis les vivants, mais rien de tel n'existe plus dans la mort. Veux-tu que je te parle de la mort ? – Je veux bien", dit Tchouang-Tseu. Le crâne reprit : "Dans la mort, il n'y a plus ni princes au-dessus, ni sujets au-dessous, ni travaux des saisons. On est détaché de tout cela et l'on a pour soi la durée du Ciel et de la Terre. Même le plaisir royal de régner n'approche pas cette joie-là." Tchouang-Tseu fit, incrédule : "Si, à ma demande, le Maître des destinées était prêt à reconstituer ton corps, à te refaire les os, la chair, les muscles et la peau, à te rendre père, mère, femme, enfants, voisins et amis, accepterais-tu ?" Le crâne se rembrunit et répondit : "Comment pourrais-je renoncer à une joie royale pour me soumettre à nouveau aux peines de l'existence humaine ?" »

De nombreuses catastrophes naturelles – tsunamis, cyclones, tempêtes, feux de forêts, tremblements de terre, inondations – viennent régulièrement nous rappeler que la nature nous traite comme ces « chiens de paille » qui figuraient, dans la Chine ancienne, dans les offrandes, et qui étaient jetés et brûlés après les cérémonies. Image forte qui nous rappelle que nous sommes mortels. Pourtant, l'inondation d'images télévisuelles des désastres évoqués ci-dessus semble avoir sur beaucoup d'entre nous l'effet contraire d'un rappel de notre vulnérabilité et de notre nature mortelle.

Blasés, blindés sur nos canapés et devant nos assiettes face à la mort qui touche d'autres personnes, nous nous blindons surtout devant l'idée même de la mort. Nulle culture humaine n'aura été plus inventive que l'occidentale dans son désir de refuser, de nier la mort. Il ne peut pourtant y avoir d'humanité, d'authenticité qu'en reconnaissant qu'elle fait partie de la vie et qu'en mourant nous disparaissons comme individus séparés – nous l'aurons pourtant entretenue, cette illusion ! – et, devenus anonymes, retournons à la nature. Cycle éternel de la vie et de la mort qui est une source inépuisable de sagesse.

Une personne qui a véritablement compris qu'elle est mortelle a compris à quel point nous sommes tous éphémères. Bien sûr, l'« espérance de vie » des libellules humaines s'est considérablement accrue ! Cette personne ne va donc pas mentir à propos de la vieillesse et de la mort, ni en les niant ni en agissant comme si elles n'existaient pas, déni monstrueux qui explique beaucoup des difficultés de l'Occident. Cette personne va devenir sage comme la Nature elle-même. Qu'est-ce à dire ?

Elle traite tous les êtres avec respect. Elle honore le fait que chaque personne naît, se développe selon sa nature, grandit, fleurit à maturité, puis décline. Elle respecte profondément chacune de ces étapes naturelles, chacun de ces âges naturels. Elle ne privilégie donc jamais la jeunesse par rapport à la vieillesse et n'utilise jamais l'âge d'une personne pour prendre une décision à son égard – mais d'autres critères appropriés, ce qui n'est que justice et sagesse.

Elle traite tous les êtres qu'elle rencontre comme ses égaux, puisqu'ils sont ses égaux devant la mort. Chez elle, donc, aucun désir de se différencier, de se montrer en aucune façon supérieure. Au contraire, beaucoup de simplicité dans l'accueil. **La personne authentique traite tous ceux qu'elle rencontre d'égal à égal.**

Elle traite les personnes en tant que personnes, et jamais en les réduisant à leur intelligence ou à leurs compétences (fussent-elles remarquables), à leurs positions, à leurs rôles ou à leurs contributions dans l'organisation. Elle ne dresse pas de murs artificiels entre la vie professionnelle et la vie personnelle – puisqu'il n'y en a pas. Elle cherche à connaître et à comprendre chaque personne dans son intégrité, son unicité et sa totalité.

Elle est, comme la nature, directe et franche dans ses interventions. Elle ne tolère pas les mensonges, les demi-vérités, les hypocrisies. Si quelque chose doit être dit, exploré ou compris, elle recherche toujours une explication en face-à-face et ne s'abrite jamais derrière d'autres personnes, derrière des décisions prises par d'autres, voire en fuyant le face-à-face.

Elle s'étonne que tant de personnes – souvent par peur panique de la mort et de leur vraie nature – trouvent encore refuge dans l'illusion, et tente de leur dessiller les yeux. En effet, que de personnes sont dépendantes de croyances superstitieuses, abêtissantes, asservissantes, d'autant plus dangereuses qu'elles sont plus fanatiques.

Elle vit en harmonie avec la nature, avec le Tao. Elle respecte et honore la vie, toute vie. Elle est profondément attentive au respect de la nature, aux équilibres écologiques qui seuls permettent notre survie et qui sont aujourd'hui si dramatiquement menacés. Elle ne fait pas les mêmes erreurs que le capitaine du *Titanic* et de son équipage : refus de voir et d'écouter, négation des signaux d'alarme.

Elle parle peu et réduit ses besoins. Elle ne se répand pas en longs discours fallacieux, écrits et prononcés pour dissimuler et falsifier la réalité de ses actions et accélérer le déclin de l'humanité et de notre planète. Elle contrôle sa consommation et œuvre pour assurer à ses enfants, à tous les enfants, un monde caractérisé par la paix, la confiance, un développement harmonieux et durable.

Elle garde la paix du Tao en son cœur

« Tous nous serions transformés si nous avions le courage d'être ce que nous sommes. »

Marguerite Yourcenar

L'esprit du val ne meurt pas,
là réside le principe féminin.
Dans l'huis du principe féminin
se trouve la racine du ciel et de la terre

Subtil, ininterrompu, à peine visible,
on y puise sans que jamais il ne s'épuise

6

Calme, ouvert, à l'écoute

Nous commençons notre voyage au « pays de l'écoute » en compagnie de Sariputra : « Sariputra, le grand disciple du Bouddha, était assis en *zazen*, au bord d'un lac. À la surface de l'eau, de nombreux poissons sautaient. Sariputra changea de place et s'installa dans un endroit plus retiré. Mais le chant des oiseaux dérangeait son *zazen*. Les pensées affluaient, les illusions s'élevaient.. Les oiseaux et les poissons les troublaient, aussi décida-t-il de les tuer et de les manger. Mais l'indigestion le rendit malade. Cette anecdote est un fait de jeunesse de Sariputra. Inutile de chercher à fuir le bruit de l'eau ou le chant des oiseaux. Le trouble vient de notre esprit » (Taisen Deshimaru, *Le Bol et le Bâton, 120 contes zen*).

Je ne peux être ouvert que si je suis dans un état de calme intérieur. Je ne peux écouter l'autre qu'en étant moi-même paisible, disponible, ouvert. L'accent excessif mis sur l'action, dans nos entreprises et nos organisations, constitue une source majeure de stress mais plus encore de lacunes ou de manques souvent dramatiques de calme, de disponibilité et... d'écoute !

M'arrive-t-il de rencontrer certains des obstacles suivants lorsque j'écoute quelqu'un :

- □ Je forme mes pensées pendant que l'autre parle ? Je prépare ce que je vais lui dire ?
- □ J'ai une envie – parfois irrésistible – de lui donner mon avis, mon conseil ?
- □ Je crois avoir tout compris tout de suite ?
- □ Je pense à autre chose, aux tâches qui m'attendent ? Je suis facilement distrait ?

- □ Je tolère les interruptions (coups de téléphone, visites…) ?
- □ J'écoute seulement ce qui est dit ? Je n'accorde d'attention qu'aux mots ?

Comment puis-je surmonter de tels obstacles ? Peut-être dois-je, avant toute chose, faire le calme en moi, trouver ou retrouver le calme. Sans ce calme profond, sans calme intérieur, sans sérénité, comment pourrais-je écouter et aider les autres ? Comment pourrais-je apporter de la simplicité dans la complexité, sans pour autant être aucunement réducteur ? Pour trouver ce calme, je prends le temps de méditer et de réfléchir. Sans cette pratique régulière, mon action risque fort d'être inefficace et dénuée de sens et mon écoute un simulacre.

C'est grâce à la méditation et à la réflexion que je deviens capable d'attention et d'ouverture. Des temps de réflexion personnelle privilégiés, de longues marches régulières au contact de la nature vont m'apporter calme et sérénité et aiguiser mon attention et mon sens de l'observation. Car, là aussi, de nombreux obstacles se présentent. De nombreuses études soulignent que des troubles au niveau d'un déficit de l'attention – gravement préjudiciables au bon fonctionnement de nos organisations – sont de plus en plus répandus : décisions prises trop rapidement, mauvaises décisions, « détails » négligés qui n'en étaient pas, oubli de l'impact de nos décisions sur les personnes, du temps requis et des accompagnements nécessaires, liés au manque d'attention et d'écoute.

Explorons certains des obstacles qui nous empêchent d'être ouverts et attentifs. M'arrive-t-il :

- □ de vouloir tout comprendre et expliquer ? d'avoir une explication pour tout ?
- □ de jauger ? de juger ? de juger les autres ?
- □ de craindre les idées ou les opinions dérangeantes ou opposées aux miennes ?
- □ de les censurer ? de les refuser ? de les caricaturer ?
- □ de vouloir conclure ? de conclure trop vite ?
- □ de vouloir impressionner par la qualité de mon jugement ?
- □ de voir les faiblesses des autres mais pas les miennes ?

Comment vais-je surmonter ces obstacles majeurs à l'exercice d'une influence authentique ? Comment puis-je les surmonter ? En moi-même ? Dans mes comportements quotidiens ?

Une personne authentique est une personne qui écoute

- J'écoute avec mes yeux et suis attentif à la « danse », aux expressions du visage de mon interlocuteur, à ses gestes, à ce qu'il exprime avec son corps.
- J'écoute avec mes oreilles et suis attentif à la « musique » plus qu'aux mots, attentif au ton de la voix, à ce qui est exprimé entre les lignes, au-delà des mots.
- J'écoute ce qui est dit et... ce qui ne l'est pas.
- Je maintiens le contact du regard et suis attentif au regard de l'autre.
- J'écoute avec mon intellect, je cherche à bien comprendre, je reformule ce que j'ai entendu afin d'aider l'autre à s'exprimer plus profondément, à préciser sa pensée.
- J'écoute avec mes émotions et mes sentiments, ma sensibilité.
- J'écoute en me mettant à la place de l'autre, avec empathie.
- J'écoute en posant des questions ouvertes, afin de comprendre et d'approfondir.
- J'écoute avec mon corps, en étant attentif à ma propre posture, à mes gestes.
- J'écoute avec mon cœur, avec attention, bienveillance et compassion

Lorsque j'écoute, je respecte la règle des 80/20 : 80 % de temps d'expression pour l'autre, et 20 % – ou moins – pour moi. J'ai deux oreilles et une bouche et je respecte la nature..

La personne authentique est semblable à la vallée.
Elle a fait le calme en elle-même.
Sereine, attentive, ouverte aux autres et à ce qui advient,
elle est à l'écoute.

« L'essentiel est sans cesse menacé par l'insignifiant. »

René Char

Le ciel se prolonge, la terre demeure
Si le ciel peut se prolonger,
si la terre peut demeurer,
c'est parce qu'ils ne vivent pas pour eux-mêmes.
Voilà pourquoi leur vie ne finit pas

Le sage, quant à lui,
en se mettant à la dernière place,
se retrouve au premier rang.
Peu soucieux de lui-même,
il se maintient en vie.
C'est parce qu'il est sans moi propre
que son moi s'accomplit

7

Désintéressé(e), au service des autres

Nous commençons notre voyage au « pays du désintéressement » avec Souen-chou Ngao, dans une anecdote rapportée par Tchouang-Tseu : « Kien-wou demanda à Chen-Chou Ngai : "Vous avez occupé trois fois une haute fonction sans vous en glorifier ; vous avez été congédié trois fois sans vous en soucier ; je ne voulais d'abord pas y croire, mais je vois maintenant comment votre souffle est aisé entre vos narines. Comment donc gouvernez-vous votre esprit ?

– Comment aurais-je quelque chose de supérieur aux autres hommes ? dit Souen-chou Ngao. Quand la charge m'est venue, je ne pouvais la refuser ; quand elle m'a été retirée, je ne pouvais la retenir. J'ai pensé que sa possession et sa perte ne dépendaient point de moi, aussi ne m'en suis-je point soucié, voilà tout. En quoi donc me suis-je montré supérieur aux autres hommes ? D'ailleurs, je ne sais à qui appartient cette dignité, à moi ou à un autre. Si c'est à un autre qu'elle échoit, elle est perdue pour moi ; mais si c'est à moi qu'elle revient, elle est perdue pour un autre. Au milieu de ces incertitudes, et alors que je regarde de tous côtés pour tâcher de voir les choses de haut, comment aurais-je le temps de penser à l'estime et au mépris des hommes ?" »

C'est avoir l'esprit très primaire ou être très simpliste que de considérer que l'être humain accomplit de grandes choses parce qu'il est intéressé. Il est étrange que cette thèse soit encore répandue chez des dirigeants prétendument intelligents dans des sociétés dites développées…

- ☐ Suis-je ouvert à des idées ou suggestions différentes des miennes… *ou est-ce que ceux qui travaillent avec moi doivent le plus souvent accepter les miennes ?*

- □ Suis-je souple et ouvert... *ou bien plutôt « carré », très exigeant et rigide dans ma manière de diriger ?*
- □ Suis-je attentif à comprendre ce qui, pour chaque membre de l'équipe, peut constituer des obstacles à la performance, et à les en protéger... *ou est-ce que je pense qu'« on est là pour travailler » et que chacun n'a qu'à exécuter ce qu'il a à faire ?*
- □ Suis-je attentif aux aspirations, aux souhaits d'évolution personnelle des personnes dont je suis responsable... *ou n'ai-je jamais le temps d'aider les personnes à parler de leurs souhaits, de leurs rêves, de leurs désirs, à faire un vrai « bilan de développement personnel » ?*

Une personne authentique n'agit pas pour elle-même. Elle se met au service de ceux dont elle est responsable. Elle crée un environnement qui rend la performance dans la durée possible. C'est en aidant les autres à se réaliser qu'elle s'accomplit.

Nous sommes au service des autres lorsqu'ils nous perçoivent comme une personne :

- □ facile à approcher, disponible... *et non pas distante, inaccessible ou intimidante,*
- □ prête à passer du temps pour faire connaissance et mettre les autres à l'aise... *et non pas uniquement préoccupée des résultats à obtenir,*
- □ chaleureuse, sensible, patiente... *et non pas froide, indifférente, dure ou impatiente,*
- □ à l'écoute... *et non distraite, indifférente ou peu intéressée,*
- □ ouverte... *et non pas fermée, réservée, bloquée, secrète ou tendue.*

Dans son remarquable livre, *Good to Great*, Jim Collins parle des cinq niveaux suivants :

- □ Niveau 1. Individu très capable, qui apporte des contributions positives grâce à son talent, ses connaissances, ses compétences et ses aptitudes au travail.
- □ Niveau 2. Équipier, qui aide l'équipe à réaliser ses objectifs et travaille de manière efficace avec d'autres tout en apportant sa contribution personnelle.
- □ Niveau 3. Manager compétent, qui organise des personnes et des ressources pour atteindre effectivement et de manière efficace des objectifs préétablis.
- □ Niveau 4. « Leader » efficace, qui catalyse les énergies du groupe

pour réaliser une vision, stimule les autres pour atteindre une plus haute performance.
- Niveau 5. Dirigeant, qui bâtit une grande organisation dans la durée, grâce à un mélange paradoxal d'humilité et de volonté.

Les dirigeants authentiques dont parle Jim Collins sont ambitieux, mais pas pour eux-mêmes. Ils sont ambitieux pour le groupe qu'ils servent, pour l'organisation ou l'équipe qu'ils animent. Ils se sont mis au service des personnes qu'ils dirigent afin d'assurer la pérennité de l'organisation. Lorsqu'on leur demande comment ils ont atteint les très remarquables résultats réalisés, ils répondent : « Je ne crois pas que j'y sois pour grand-chose... nous avons des personnes si merveilleuses dans cette organisation. » Et les adjectifs qu'utilisent les autres pour les décrire sont les suivants : calmes, humbles, modestes, réservés, timides, aimables, effacés, ne se mettant pas en avant, etc. Nous voici loin des portraits complaisants de tous les soi-disant héros dont le cinéma et la littérature d'entreprise américaine nous ont abreuvés – jusqu'au dégoût – depuis une cinquantaine d'années ! Mais attention : il ne s'agit pas ici d'une de ces recettes dont nos jeunes ou moins jeunes managers sont si avides ! Ni de jouer au « dirigeant humble » ! « L'humilité du sage n'est pas calculée : elle serait alors hypocrisie, souligne Marcel Conche dans ses *Commentaires du Tao*. C'est spontanément que le sage s'efface, néglige, ou plutôt oublie de se mettre en avant, vit dans la dépréoccupation de soi-même, oublie de se considérer comme étant quelque chose, ne se pense même pas comme n'étant rien. Or c'est ainsi en s'effaçant, en étant vide de lui-même – vide d'ego –, et comme se dépouillant de toute pensée d'un intérêt propre ou de ce qui lui appartenait en propre, qu'il accomplit sa propre nature : il se fond dans la nature comme la goutte d'eau dans l'océan – qui, si elle veut exister à part, croit avoir une réalité par elle seule, en fait se dissipe en une bulle. »

Une personne authentique est désintéressée.
Elle se met humblement au service des autres.

« Il nous faut nous poser une seule question : "Pourquoi ?" Au service de quoi me faut-il unifier tout mon être ? La réponse est : pas pour moi-même. »

Martin Buber

L'homme qui fait le bien agit comme l'eau
qui donne vie à tous les êtres
et n'en favorise aucun.

L'eau sert tous les êtres,
occupant une place qu'aucun être ne veut,
elle est toute proche du Tao.

Elle occupe un terrain favorable
elle a un cœur profond comme un gouffre,
elle donne avec un parfait amour,
elle parle avec une profonde vérité,
elle gouverne avec un ordre parfait,
elle remplit son rôle avec une compétence extraordinaire,
elle agit au bon moment.

Ne rivalisant avec personne,
elle est irréprochable.

8
Agir comme l'eau

Nous commençons notre voyage au « pays de l'eau » en compagnie de mouettes : « Il était une fois, raconte Lie-Tseu, un homme qui aimait beaucoup les mouettes. Il n'aimait rien tant que se baigner tous les matins en leur compagnie. Elles le lui rendaient bien, se perchant sur ses épaules, jouant avec lui comme s'il était l'une d'elles. Un jour, le père de cet homme dit à son fils : "On dirait que tu t'entends bien avec ces oiseaux. Attrapes-en un et je le domestiquerai."

« En fils obéissant, il acquiesça. Mais le jour suivant, quand il alla nager avec elles, elles volèrent bien au-dessus de sa tête sans se poser sur ses épaules. On aurait dit que quelque chose les avait alertées. Le changement qui s'était produit dans l'esprit du jeune homme leur avait communiqué son intention de les mettre sous tutelle. Il ne faisait plus un avec ces oiseaux dont l'instinct naturel les avait avertis de s'en éloigner, tant il est vrai que les animaux sentent l'intention que l'on a envers eux et qu'ils y répondent avec justesse » (in C. A. et A. Simpkins, *Le Petit Livre du Tao*).

Le texte du Tao est limpide, comme l'eau. Avec la métaphore de l'eau, Lao-Tseu évoque de profondes qualités : agissant comme l'eau, le responsable ne lutte pas avec les personnes, il les traite avec équité. Il ne confronte pas les obstacles qu'il rencontre sur son chemin, il les contourne. Il n'entre donc jamais en conflit ouvert, ne rivalise avec personne, ne se bat pas pour triompher ou vaincre. Il se conduit comme l'eau, c'est dire qu'il ne cherche pas à dominer, à avoir la suprématie, à dominer les autres.

Évaluons l'authenticité de notre influence en nous demandant si nous sommes plutôt enclins à :

- □ aimer diriger et contrôler les autres… *ou les rendre capables d'agir,*
- □ nous mettre visiblement en avant… *ou être humble et discret,*
- □ rechercher le conflit, la confrontation… *ou rechercher l'harmonie, l'entente,*
- □ avoir une influence excitante… *ou avoir une influence apaisante,*
- □ faire preuve d'impatience… *ou faire preuve de patience.*

L'eau est surtout symbole de bonté agissante. Comme le souligne Marcel Conche dans ses commentaires du *Tao* : « Lao-Tseu ne doute, pas plus que Montaigne, de la bonté fondamentale du Réel. Il pourrait écrire, comme l'auteur des *Essais*, parlant de ce "grand et tout-puissant Donneur" qu'est la Nature – le Tao –, "Tout bon, il a fait tout bon". Le mot "bonté" ne s'entend d'ailleurs pas au sens moral, mais signifie : qui porte avantage à tout et à chacun. » Merveilleuse façon de parler du vrai rôle d'une personne ! Et questions que chacun d'entre nous, s'il a la responsabilité d'autres personnes, pourra utilement se poser :

- □ Est-ce que ce que *je fais* porte avantage à tous et à chacun ?
- □ Est-ce que ce que *je suis* porte avantage à tous et à chacun ?

Si la réponse à ces questions fondamentales n'est pas un cri du cœur qui vous fait exprimer un retentissant « oui ! », vous trouverez peut-être dans l'outil qui suit un éclairage utile. Dans notre recherche de l'équilibre et du juste milieu, il peut être utile de nous interroger sur nos manières préférées de n'être ni bon ni équilibré : plutôt comme ceci ou comme cela ?

- □ Je suis très occupé… ou je laisse faire, je suis laxiste,
- □ Je ne remarque pas… ou je ne remarque que trop,
- □ Je reste silencieux… ou je parle beaucoup/trop,
- □ J'oublie… ou je n'oublie pas,
- □ Je blâme… ou je me sens coupable,
- □ Je prends trop de risques… ou je ne prends aucun risque,
- □ Je suis passif… ou je suis actif.

Relisons cette liste en nous demandant quelle est notre manière préférée de ne pas manifester de bonté envers nous-mêmes et envers les autres.

Comment décidons-nous ce qui est approprié ? Comment nous conduisons-nous comme l'eau ?

Lors d'une session de coaching avec un cadre dirigeant, je lui restituais ses résultats de feedback à 360 degrés. Les perceptions de ceux qui l'entouraient étaient très négatives. Après avoir longuement parlé avec lui de ces résultats, il me dit soudain : « De toute façon, je n'aime pas les gens ! » Ainsi donc nos entreprises offrent-elles parfois des responsabilités de management à des personnes qui n'aiment pas les gens et qui, en outre, n'ont pas le désir de manager. Que de dégâts pour la personne et pour ceux qu'elle dirige ! La personne authentique, elle, est comme l'eau : elle est pleine d'attention bienveillante pour ceux qu'elle rencontre sur son chemin.

Explorons donc ce que signifient pour nous amour et attention :

- Qu'est-ce que l'amour ? Que signifie m'aimer moi-même ?
- De quelle manière est-ce que je m'aime ?
- Que signifie aimer une autre personne ?
- De quelle manière est-ce que je montre que j'aime ?
- De quelle manière est-ce que je montre mon attention bienveillante aux autres ?
- Comment est-ce que je sais que quelqu'un d'autre a une intention bienveillante à mon égard ?
- Comment puis-je montrer mon amour ou ma bienveillance avec mes parents ? mes enfants ? mon épouse ? mon mari ? mon partenaire ? mes amis ? mon manager ? mes collègues ? ceux avec qui je travaille ? ceux que je rencontre régulièrement ?

La personne authentique est comme l'eau : elle donne avec un parfait amour.

☯

« Le sage doit chercher le point de départ de tout désordre. Où ? Tout commence par le manque d'amour. »

Mo-Tseu,
Sung-mien Hsu.

Celui qui saisit et prend sans cesse
ne vaut pas celui qui renonce.
L'épée sans cesse martelée et aiguisée
perdra vite son tranchant.

Celui qui accumule or et jade en sa maison
ne pourra en préserver l'entrée.

Celui qui s'enorgueillit et reçoit tous les honneurs
attirera sur lui la catastrophe.

Une fois l'œuvre accomplie, retire-toi :
telle est la voie du ciel.

9

Savoir se retirer

Nous commençons notre voyage au « pays du renoncement » en compagnie de l'empereur Yao qui cherchait un successeur : « Yao voulut céder le monde à Hiu Yeou, celui-ci refusa. Alors Yao l'offrit à Tseu Tcheou Tche-fou, qui s'excusa en disant : "Je veux bien être Fils du Ciel, mais je me trouve avoir attrapé un mal qui me tourmente en sourdine. Je suis juste occupé à le soigner et je n'ai pas le temps de m'occuper du monde." Celui qui ne voulait pas ruiner sa santé pour la charge la plus importante du monde le ferait-il pour autre chose ? C'est seulement à celui qui se désintéresse du gouvernement du monde qu'on peut confier le monde » (Tchouang-Tseu, « Les Rois qui abdiquent », in Œ*uvre complète*).

Hommes politiques et chefs d'entreprise seraient bien avisés d'écouter les sages conseils de Tchouang-Tseu lorsque le temps est venu pour eux de se retirer et de désigner leur dauphin : le meilleur est rarement celui dont parlent les médias ou, hélas, celui qui brigue le poste !

Être un grand dirigeant, c'est avant tout savoir se retirer lorsque le temps est venu : lorsqu'on est gravement malade, lorsqu'on perd ses facultés, lorsqu'on a été longtemps aux commandes et que la relève est prête, pleine d'énergie. Le temps de lâcher prise est plus que jamais venu… lorsqu'on s'accroche ! On évitera de citer des noms ou des exemples, par discrétion d'abord, mais aussi, hélas, parce que la liste de ceux qui n'ont pas renoncé dans de telles circonstances serait trop longue !… Il faut croire que le pouvoir a du goût, pour à ce point aveugler ceux qui l'exercent. Il est encore plus triste – et, parfois, sinistre – de constater à quel point les entourages, qui encouragent servilement la personne à continuer à exercer ses responsabilités, sont trop souvent constitués de vils flagorneurs de piètre conseil. Les résultats ne se font guère attendre : la volonté de continuer à montrer son pouvoir et à exercer des responsabilités – qu'on eût dû donner à d'autres – revient à publiquement montrer plus tard son impuissance. Il y a un temps pour diriger et un temps pour lâcher prise !

L'histoire que nous conte Tchouang-Tseu nous rappelle ce que souligne Jim Collins dans son récent ouvrage, *Good to Great*, à savoir que les grands leaders qui ont apporté des transformations durables dans leurs entreprises tout en assurant des résultats exceptionnels (et supérieurs à ceux de compagnies vedettes universellement connues...) étaient des personnes de l'entreprise, non des personnes embauchées de l'extérieur (à grand renfort de coups de trompette). Si l'on s'occupe de trouver un candidat pour un poste-clé, choisir une personne qui connaît en profondeur l'organisation s'avère, comme le montrent les résultats de la recherche approfondie menée par l'équipe de Jim Collins, un bien meilleur choix.

Explorons donc, pour commencer, d'où peut bien venir mon aveuglement si, comme dirigeant, je fais preuve d'arrogance et d'aveuglement. Ai-je tendance à :

- □ penser que c'est moi qui ai la bonne – et la seule – solution ?
- □ rejeter ou critiquer les idées ou les propositions des autres ?
- □ mépriser et humilier les autres, les faire se sentir inférieurs ?
- □ être distant et dédaigneux afin d'obtenir ce que je veux ?
- □ penser que certains postes me reviennent de droit, ne serait-ce qu'en raison des études que j'ai faites ?
- □ penser que je suis plus intelligent, ou meilleur, tout simplement ?
- □ penser que si l'on me compare avec d'autres « il n'y a pas photo » ?
- □ éviter le feedback des autres (qui, de toute façon, « ne me comprennent pas »...) ?

Réfléchissons ensuite à propos d'éventuelles difficultés à lâcher prise et à passer la main. Ai-je tendance à :

- □ penser que je suis indispensable ? irremplaçable ?
- □ penser que je suis le seul à avoir pris la mesure des enjeux ?
- □ aimer l'exercice du pouvoir et les avantages qui en résultent ?
- □ vouloir amasser encore plus d'argent ?

- □ vouloir passer à la télévision, être en première page des journaux ?
- □ écouter les personnes qui me flattent ? qui me disent que je suis irremplaçable ?
- □ orchestrer la compétition et les rivalités entre d'éventuels successeurs ?
- □ vouloir supprimer un dauphin qui me déplaît ? voir dans les dauphins des rivaux ?
- □ penser que personne ne pourra faire aussi bien que moi ?
- □ juger rapidement et éliminer des personnes trop différentes de moi ?

Une personne authentique agit avec humilité et simplicité. Elle ne se met pas en avant. Elle est disponible, chaleureuse, à l'écoute. Elle traite les autres en égaux et en partenaires. Elle inclut les autres, bâtit sur leurs idées. Elle les aide dans leur développement. Elle prépare sa succession. Elle reconnaît toujours la contribution des autres dans ses réussites. Elle sait lâcher prise.

Elle se retire lorsqu'elle a accompli son œuvre.

☯

« Les soldats devraient craindre leur général encore plus que leur ennemi. »

Michel de Montaigne,
Essais.

Si ton esprit et ton corps sont en harmonie
peux-tu jamais perdre ton unité ?
Concentrant ton énergie et devenant souple,
peux-tu devenir comme un nouveau-né ?
En purifiant ta vision première
peux-tu être sans tache ?
En aimant les personnes et en dirigeant le groupe,
peux-tu ne pas agir ?
En ouvrant et en fermant les portes du ciel,
peux-tu jouer le rôle féminin ?
En comprenant et en étant ouvert à tout ce qui se passe,
peux-tu t'abstenir d'agir ?
Donner la vie et nourrir,
produire sans s'approprier,
agir sans rien attendre ;
guider sans contraindre,
voilà la Vertu primordiale.

10
Maîtrise de soi

Nous commençons notre voyage au « pays de la maîtrise de soi » avec une histoire que nous raconte Taisen Deshimaru dans *La Pratique du Zen* : « Il y avait, au cœur de la montagne, un dragon très malveillant qui dévorait tous ceux qui l'approchaient, aussi personne ne voulait plus aller dans cette montagne. Un jour, pourtant, un homme appelé Gobuki (ce qui signifie Cinq armes) partit muni d'une pique, d'une lance, d'une fourche, d'un bâton et d'une épée, pour débarrasser le village de ce fléau. Lorsqu'il arriva devant le monstre, il utilisa tour à tour chacune des armes, mais chaque fois l'arme lui revenait et se collait à son corps. Alors il demeura immobile, regardant tranquillement le dragon, sans parler, sans frayeur. Celui-ci rugit : "Pourquoi n'as-tu pas peur ? Pourquoi ? – Je n'ai pas du tout peur, répondit Gobuki, parce que je suis universel. Mon corps est, dans son essence, universel, et mon esprit aussi. Toi, tu es également, dans ton essence, universel. Aussi j'existe en toi et tu existes en moi, en mon corps et en mon esprit. Si tu me manges, tu te manges. Si tu te manges, tu es fou ! Cela dit, si tu désires me manger, je t'en prie, fais-le ! – Jusqu'à aujourd'hui, je n'ai jamais rencontré quelqu'un qui ne soit pas terrorisé, dit le monstre. Tes discours m'ont coupé l'appétit, je me sens mal. Garde tes armes et va-t'en !" »

Suis-je maître de moi la plupart du temps, ou m'arrive-t-il parfois de perdre le contrôle ? Explorons comment se manifestent pour nous maîtrise de soi et… perte de contrôle :

- □ Suis-je calme, même dans des situations difficiles… *ou ai-je tendance à perdre mon calme, à m'énerver en situation de stress* ?
- □ Confronté à une situation difficile, est-ce que je sais m'abstenir

de me mettre sur la défensive... *ou suis-je très sensible aux critiques, sur mes gardes, facilement irrité ?*

- □ Mon influence est-elle celle d'un médiateur, à l'écoute, apaisant, à la recherche de solutions... *ou, en situation de stress, m'arrive-t-il d'être très dur, très critique, insensible, froid ou distant ?*
- □ Suis-je capable d'exprimer mes émotions dans des situations difficiles... *ou puis-je apparaître indifférent et lointain, incapable de montrer ou de partager mes émotions ?*
- □ Les autres me considèrent-ils comme une personne équilibrée, fiable, mûre... *ou puis-je apparaître comme imprévisible, tour à tour agressif ou passif ?*
- □ Est-il difficile de me déstabiliser, même en cas d'imprévu... *ou suis-je aisément déstabilisé, en particulier lorsque je suis surpris ?*
- □ Lorsque j'éprouve des émotions négatives, suis-je capable d'en sortir rapidement... *ou suis-je susceptible de rester longtemps ,a proie de telles émotions, en les ressassant ?*

Dans son livre L'Art *d'aimer*, Eric Fromm nous parle de quatre prérequis pour la maîtrise : discipline, patience, concentration et intention suprême. En les explorant, évaluons notre capacité à nous maîtriser nous-mêmes – et à avoir une influence plus authentique :

Discipline :

- □ Ma pratique est-elle régulière et fréquente, suffisamment intense, de qualité... *ou est-elle fluctuante ?* Ai-*je tendance à prendre des résolutions et à ne pas les respecter ?*
- □ Suis-je discipliné dans tous les aspects de mon existence... *ou seulement dans certains domaines alors que je manque de discipline dans d'autres ?*

Patience :

- □ Est-ce que je peux attendre afin d'obtenir des résultats... *ou est-ce que je suis impatient, et ai tendance vouloir tout, tout de suite ?*
- □ Suis-je prêt à investir du temps dans ce qui est important... *ou ai-je tendance à faire ce qui est urgent sans vérifier si c'est important ?*
- □ Puis-je m'abstenir de vouloir imposer ma volonté... *ou ai-je un grand besoin de m'imposer, diriger et contrôler ?*
- □ M'arrive-t-il d'aller trop vite... *et de m'en mordre, après coup, les doigts ?*
- □ Puis-je prendre le temps... *sinon, qu'est-ce qui m'en empêche ?*
- □ Puis-je rester sans rien faire... *sinon, de quoi ai-je peur ?*

Concentration :

- □ Puis-je me concentrer sur ce que je fais et ne faire qu'une chose à la fois... *ou m'arrive-t-il de sauter d'une chose à l'autre, de me disperser, de perdre le fil, de considérer beaucoup de possibilités au point de m'y perdre* ?
- □ Puis-je rester seul, pour réfléchir ou méditer... *ou ai-je besoin de « me divertir », d'« oublier », de « passer à autre chose » au risque de passer à côté de moi-même* ?
- □ Puis-je aisément me débarrasser de pensées importunes qui me distraient... *ou suis-je parfois victime de pensées obsessionnelles* ?
- □ Puis-je donner toute mon attention aux personnes que je rencontre... *ou fais-je seulement semblant d'écouter et d'être attentif, alors que je pense à autre chose* ?
- □ Puis-je vivre pleinement ici et maintenant, dans le présent... *ou ai-je tendance à vivre trop dans le passé, ou à imaginer toutes sortes de scénarios futurs possibles* ?

Intention suprême :

- □ Ai-je une vision claire de qui je suis et de ce que je désire réaliser... *ou cela n'est-il pas le cas* ? Dois-je prendre le temps d'y penser et de le clarifier ?
- □ Est-ce que je vis en accord avec cette vision dans tous les aspects de ma vie... *ou suis-je un peu comme* Dr. *Jekyll et* Mr. *Hyde* ? Comment puis-je être vivre en vraie harmonie avec moi-même ?
- □ Est-ce que je dédie suffisamment de temps à la réalisation de ce qui est important pour moi... *ou est-ce que je me laisse influencer par les autres et perds de vue ce qui est important* ? Puis-je revenir à l'essentiel ?

Vivant en harmonie avec la nature, la personne authentique sait que tout développement est un processus naturel qui requiert du temps. Elle fait donc preuve de patience. Elle vit pleinement dans le présent. Disciplinée, concentrée, elle est attentive aux autres et à ce qui advient.

Seule comme en compagnie des autres,
elle fait preuve de maîtrise d'elle-même.

« T'es un requin, pour sûr, mais si tu gouvernes le requin en toi, tu seras un ange ; car tous les anges, c'est rien de plus que des requins bien gouvernés. »

Herman Melville,
Moby Dick.

Trente rayons convergent vers le moyeu
mais c'est le vide
qui donne à la roue son utilité.

C'est avec l'argile que l'on façonne le vase
mais c'est le vide au creux du vase
qui lui donne son utilité.

C'est l'espace intérieur
celui des fenêtres et des portes,
c'est le vide qui donne à la maison son utilité.

Ainsi lorsque nous tirons avantage de quelque chose
c'est le vide qui en fait l'utilité.

11

Bâtir une équipe performante

Nous commençons notre voyage au « pays du vide médian » en compagnie de Yao : « Yao gouvernait le monde depuis cinquante ans, sans savoir si celui-ci était en ordre ou non, et si les centaines de mille, les millions désiraient encore supporter son pouvoir ou non. À ce propos, il interrogea ses conseillers, mais ses conseillers ne purent lui donner aucune réponse. Il interrogea ceux qui venaient de l'extérieur à sa cour ; eux non plus ne trouvaient rien à dire. Il interrogea ceux qui travaillaient dans les champs, et les paysans ne trouvèrent aucune réponse. Alors Yao revêtit des habits simples et se promena par les rues, les grand-routes. Il entendit des enfants chanter une ballade qui disait : "Seule votre extrême bienveillance a procuré de la nourriture pour tout le peuple et celui-ci est dans l'oubli, et il ignore qu'il doit se conformer à la volonté de l'empereur." Yao très satisfait demanda : "Qui vous a appris cette chanson ?" Les jeunes gens répondirent : "Nous l'avons apprise du grand préfet." Il demanda alors à ce dernier ce qu'il en était et celui-ci dit : "C'est une très vieille chanson." Yao regagna son palais et y convoqua Chouen pour le charger du gouvernement de l'empire et Chouen accepta » (Lie-Tseu, « Vox populi », in *Le Vrai Classique du vide parfait*).

Un groupe peu efficace se caractérise par des objectifs peu clairs (ou pas acceptés), une distribution obscure des tâches et des responsabilités (personne ne sait qui est censé faire quoi et les membres du groupe ne se sentent pas responsables) ; une communication pauvre (personnes indifférentes ou impatientes, atmosphère tendue, membres du groupe qui parlent plus qu'ils n'écoutent) ; des critiques personnelles, des jugements sur les personnes (en public ou en secret) ; la domination du dirigeant ou de certains membres du groupe ; des accords de surface (acquis parfois par des votes tactiques, alors que couvent désaccords ou conflits...) ; des décisions hâtives ou non consensuelles (et plus tard les murmures se transforment en : « Vous auriez dû m'écouter », « Je vous l'avais bien dit ») ; l'absence d'expression personnelle et d'émotions (tout doit être « objectif » et « professionnel ») ; le fait qu'il n'y a aucun échange au sein du groupe sur ce qui se passe dans le groupe (mais les langues se délient – et comment ! – après les réunions, dans les couloirs ou... avec des personnes étrangères au groupe).

Il est utile d'évaluer notre équipe en la comparant à des équipes très performantes. Ainsi, nous connaîtrons mieux nos forces et saurons sur quelles forces nous pouvons nous appuyer pour corriger certaines de nos faiblesses par un plan d'action collectif :

- □ **Vision et objectifs clairs et partagés** : Nous avons une vision claire d'où nous allons, une mission partagée ; le sens de ce que nous faisons est clair pour chacun ; cette vision nous inspire ; chacun d'entre nous a des objectifs clairs et spécifiques ; nous parlons souvent ensemble de la meilleure manière de les réaliser ; nous mesurons ensemble les progrès accomplis et les célébrons.
- □ **Communication ouverte** : nous communiquons entre nous très ouvertement, au cours de nos réunions, mais aussi de manière informelle ; nous échangeons des feedbacks de manière régulière ; nous sommes honnêtes dans nos communications ; nous parlons de tout ; nous rions souvent ensemble.
- □ **Confiance et respect mutuel** : nous avons confiance les uns dans les autres, nous savons que nous pouvons toujours compter sur les autres membres de l'équipe ; nous estimons chacun des membres de l'équipe et nous respectons mutuellement profondément ; nous disons la vérité, nous échangeons des feedbacks authentiques, constructifs et honnêtes.
- □ **Leadership partagé** : le leader formel agit comme « coach » du groupe ; différents membres du groupe assument le leadership selon les besoins et les tâches à accomplir ; lorsqu'il y a urgence, les décisions sont prises rapidement par une personne ou un petit groupe pour trouver une solution.
- □ **Méthodes de travail efficaces** : nous avons établi ensemble des méthodes pour collecter, organiser, évaluer et traiter l'information ; nous encourageons la créativité et la prise de risques ; nos

politiques, normes et procédures apportent de l'efficacité sans la limiter ; nous sommes capables d'obtenir les ressources qui sont nécessaires.

- **Capacité à bâtir sur les différences** : nous connaissons, respectons et utilisons au mieux les connaissances, les compétences, les forces de chaque membre de l'équipe ; nous respectons des opinions différentes et apprenons des autres ; nous sommes ouverts vers l'extérieur et invitons régulièrement des personnes extérieures à notre équipe.
- **Souplesse et capacité d'adaptation** : nous nous adaptons en permanence à un environnement en perpétuelle évolution ; nous aimons le changement, source de progrès et opportunité d'apprendre ; nous partageons nos responsabilités et cherchons à améliorer nos manières de réaliser nos objectifs, de travailler ensemble.
- **Apprentissage permanent** : nous encourageons l'expérimentation et la prise de risques ; nous réfléchissons ensemble et nous mettons d'accord avant d'agir ; nous apprenons de nos réussites comme de nos échecs, analysant ensemble ce qui s'est passé, en tirant des leçons ; les difficultés rencontrées sont vues comme autant d'opportunités de trouver des solutions.

Trente rayons convergent vers le moyeu,
mais c'est le vide qui donne à la roue son utilité.

« Le vase donne une forme au vide et la musique au silence. »

Georges Braque

Les cinq couleurs aveuglent.
Les cinq tons assourdissent.
Les cinq saveurs gâtent le goût.
Les courses et les chasses rendent fou.
La recherche des richesses détourne de la Voie.

Le sage est guidé par ce qu'il ressent, et non par ce qu'il voit.
C'est pourquoi il rejette ceci et choisit cela.

12

Mieux vivre le temps qui nous est donné

Nous commençons notre voyage au « pays du silence et de l'éveil » en compagnie de Gautama : « Il apparut à Gautama que la prison dans laquelle il avait été enfermé pendant des milliers de vies s'était brusquement ouverte. L'ignorance en avait été le geôlier. Son esprit avait été voilé par l'ignorance, de même que la lune et les étoiles sont cachées par les nuages d'orage. Obscurci par des vagues incessantes de pensées trompeuses, l'esprit avait à tort divisé la réalité en sujet et objet, soi et autrui, existence et non-existence, naissance et mort, et de ces distinctions étaient nées des vues erronées – la prison des sensations, du désir, de la saisie dualiste et du devenir. La souffrance de la naissance, de la vieillesse, de la maladie et de la mort n'avait fait que consolider les murs de la prison. La seule chose à faire était de s'emparer du geôlier et de le démasquer. "Ignorance" était son nom. Une fois le geôlier éliminé, la prison disparaîtrait pour ne plus jamais être reconstruite » (Thich Nhat Hanh, *Old Path, White Clouds*).

Nous sombrons littéralement aujourd'hui dans un véritable tsunami d'images, d'informations (souvent dramatiques ou négatives) et de courriers électroniques (urgents ou présentés comme tels !). Lorsqu'il filmait de façon très réaliste un poste de télévision éclatant dans un salon et déversant le flot de boue d'un gigantesque égout, Ken Russell montrait ce qu'est devenue notre réalité quotidienne... tout comme George Orwell, puisque *1984* a cessé d'être une fiction pour devenir une description de la réalité du monde dans lequel nous vivons.

Nous n'avons souvent, dans ce contexte caractérisé par de profonds changements, une complexité croissante et une croissance exponentielle des flux d'images et d'informations (les fabricants de mobiles, portables, satellites et autres caméras s'empresseront d'ajouter que ce n'est qu'un début !), guère d'autre choix que celui de devenir des consommateurs étourdis, obéissants comme des rats conditionnés. Nous développons docilement des réflexes de drogués. Ce n'est plus la télévision pendant le repas, c'est le zapping d'une chaîne à l'autre pendant des heures entières – le nouvel art de rater sa vie... –, c'est le besoin de surfer sur Internet qui devient pour beaucoup, de manière insidieuse, une véritable maladie mentale, ce sont les médias qui informent de moins en moins et assènent de plus en plus massivement des idées toutes faites, qui sont aussitôt colportées et répétées dans les bureaux du monde, jusqu'à satiété. Et, bien entendu, au cœur même des entreprises, il y a ce phénomène dont tous les dirigeants et managers se plaignent : la surabondance monstrueuse des courriers électroniques, effrayante, ingérable, souvent génératrice d'une anxiété chaque jour renouvelée.

Le mal est d'autant plus sérieux qu'il peut être comparé à une épidémie universelle. Certains s'empresseront de crier que tout cela est source de meilleure productivité (!?), de plus grande efficacité (!?), de circulation de l'information (!?). Peut-être, mais le fait que le GSM ait sauvé des vies humaines et que nous appréciions de pouvoir envoyer un courriel à des amis, des associés ou des clients dans le monde entier ne saurait nous empêcher de nous interroger : sommes-nous devenus des esclaves du portable ? du GSM ? de la télévision ? d'Internet ?

Explorons donc comment nous vivons le temps qui nous est donné, et comment déjouer certains des pièges qui nous guettent :

- □ Est-ce que je réfléchis aux objectifs importants que je veux atteindre... *ou est-ce que je suis facilement pris dans le cercle vicieux des urgences sans importance ?...*
- □ Est-ce que j'établis des priorités personnelles... *et les respecte ?...*
- □ Ai-je réfléchi à ce qui est important dans ce que je fais et est-ce là que je concentre mon énergie... *ou m'arrive-t-il de perdre mon temps avec des choses sans importance réelle ? Pourquoi est-ce que je tolère cette situation ?*
- □ Est-ce que je vis pleinement chaque instant... *ou est-ce qu'il m'arrive de « perdre mon temps » par manque d'attention ou de discipline ?...*
- □ Est-ce que je regroupe certaines activités à certains moments de la journée... *ou est-ce que je fais un peu tout n'importe quand et n'importe comment ?...*

- Est-ce que je délègue suffisamment... *ou ai-je tendance à penser que « c'est mieux fait et plus vite fait » quand c'est moi qui le fais (aïe ! aïe ! aïe !) ?...*
- Est-ce que je respecte le temps des autres... *ou m'arrive-t-il de les interrompre, d'exiger que quelque chose soit fait tout de suite, de contrôler ce qu'ils font, de m'impatienter car je trouve que cela leur prend trop de temps ?...*
- Est-ce que je dis suffisamment non *et, pour dire non élégamment, est-ce que je demande à la personne qui me demande de faire quelque chose ce que je dois abandonner ou ne pas faire pour accéder à sa demande... ou ai-je simplement des difficultés à dire non alors que ce serait peut-être parfaitement justifié ?...*
- Est-ce que je me réserve, chaque jour, quelques moments privilégiés, juste pour moi... *sinon, quelles absurdes justifications et quelles inacceptables raisons suis-je capable d'inventer pour ne pas le faire ?...*

Être capable d'apprécier pleinement le temps qui nous est donné est l'une des choses les plus importantes que nous pouvons réaliser ! La liste ci-dessous nous offre une série de suggestions qui peuvent s'avérer, lorsque nous les réalisons, magiques :

- Méditer un quart d'heure (ou plus !) chaque matin...
- Faire une longue promenade en forêt...
- Écouter de la grande musique, la laisser résonner en moi...
- Lire un bon livre, en m'arrêtant pour goûter mon plaisir, imaginer ou réfléchir...
- Prendre une demi-heure (ou plus !) dans mon bureau pour moi chaque jour...
- Réfléchir à ce qui est important...

La personne authentique vit chaque instant qui lui est donné dans sa beauté et sa plénitude.

« J'ai découvert que tout le malheur des hommes vient d'une seule chose, qui est de ne savoir pas demeurer en repos, dans une chambre. »

Blaise Pascal,
Les Pensées.

« Accueille la grâce et la disgrâce
comme une surprise. »
« Apprécie un grand malheur
comme ton propre corps. »

Que signifie : « Accueille grâce et disgrâce
comme une surprise » ?
La grâce élève, la disgrâce abaisse.
Celui qui obtient la grâce
a l'air d'être surpris.
Celui qui entre en disgrâce
a lui aussi l'air d'être surpris.
Tel est le sens de l'expression :
« Accueille grâce et disgrâce comme une surprise. »

Que signifie : « Apprécie un grand malheur
comme ton propre corps » ?
J'éprouve un grand malheur
parce que j'ai un corps.
Si je n'avais pas de corps,
quel malheur pourrais-je éprouver ?

Ainsi celui qui tient pour bon de se donner au monde,
qu'on lui prête le monde.
Celui qui aime en se donnant au monde,
qu'on lui donne le monde.

13
Une vie réussie

Nous commençons notre voyage au « pays de la réussite » dans la Chine ancienne du *Jardin d'anecdotes* de Liu Xiang : « Le Yang, général du royaume de Wei, attaqua la ville de Zhongshan, où se trouvait son fils. Les habitants accrochèrent son fils à la muraille pour le lui montrer, ce qui n'affaiblit en rien sa détermination. Au contraire, il attaqua avec encore plus de vigueur. Alors les habitants firent cuire son fils et lui envoyèrent le bouillon. Il en but toute une tasse. Devant sa résolution, les habitants renoncèrent à se battre et se rendirent : c'est ainsi que le général agrandit le royaume du marquis de Wei. Celui-ci le récompensa pour ses mérites, mais garda des doutes sur sa personnalité.

Alors que Meng était à la chasse, il attrapa un faon vivant et envoya Qin Xiba le rapporter. Comme la biche suivait son petit, Qin Xiba le relâcha et le lui rendit, ne pouvant supporter ses cris. Meng Sun, en colère, chassa Qin Xiba, mais le rappela un an plus tard comme précepteur du dauphin. À son entourage qui s'étonnait qu'il nommât quelqu'un qui avait commis une faute envers lui, Meng Sun répondit : "Puisque Qin Xiba est incapable de se montrer dur envers un faon, comment le pourrait-il envers mon fils ?"

C'est pourquoi il est dit que la sincérité et la naïveté valent mieux que la ruse et la tromperie. Le Yang, par ses mérites, engendra le soupçon et Qin Xiba, à cause de sa faute, inspira la confiance. La raison en est la différence entre la bonté et son absence » (in *Propos et anecdotes sur la vie selon le Tao*).

Beaucoup d'entre nous sont mus, souvent de manière tout à fait inconsciente, par des préjugés sur ce que constitue une vie réussie, la « réussite ».

- □ La réussite consiste-t-elle à faire comme mon père ? À faire mieux que lui ?
- □ À faire comme mon frère ou ma sœur ? À faire mieux qu'elle ou lui ?
- □ À gagner beaucoup d'argent ? (Je veux dire beaucoup plus que ça !)
- □ À posséder beaucoup de biens ?
- □ À être connu et perçu comme une personne remarquable ?
- □ À « leur » montrer ce dont je suis capable ?

Ce qu'évoquent ces questions ne semblera dérisoire qu'à des personnes autonomes. De nombreux entretiens de coaching avec des dirigeants et des managers m'ont en effet appris à quel point l'image qu'ils avaient de leur père, de leur famille ou de ce qu'est la « réussite » détermine une grande partie de leurs choix. Il existe beaucoup moins de personnes autonomes que nous le prétendons quand nous parlons d'adultes. Adultes, des personnes qui ne savent pas se gouverner elles-mêmes ? Adultes, des personnes qui contrôlent et gèrent si pauvrement leurs émotions ? Adultes, des personnes qu'une promotion rend littéralement folles – de rage parce qu'elles ne l'ont pas eue, ou de prétention parce qu'elles l'ont obtenue ? Adultes, des personnes si dépendantes des blâmes ou des éloges qui leur sont faits ? Adultes, des personnes si soucieuses des apparences et de leur réputation, et prêtes à tous les mensonges pour la sauvegarder ? Adultes, des dirigeants et des managers si inquiets de l'humeur du patron, si attentifs aux bonnes grâces du chef ? si courtisans ? si lèche-bottes ? Adultes, enfin, des dirigeants si arrogants, si narcissiques, si paranoïaques ?

Ce qu'évoque ici Liu Xiang, c'est la fragilité humaine qu'il a pu observer dans la Chine d'il y a deux mille cinq cents ans. La comédie a simplement pris des formes légèrement différentes en raison de tous les artefacts des cultures humaines. Mais indépendamment même de cette grande, inépuisable et sinistre source de motivation externe qu'est l'argent, notre fragilité se révèle aussi profondément ailleurs. Explorons-la :

- □ Suis-je sensible aux éloges qui me sont faits... *ou est-ce que je prétends y être insensible ou bien n'y suis-je que trop sensible* ? Suis-je *prêt à aller fort loin pour plaire ? pour faire ce qui plaît* ?
- □ Est-il important pour moi d'être reconnu publiquement.. *et*

pourquoi ne puis-je me satisfaire simplement d'avoir conscience d'avoir fait ce que j'ai à faire?

- □ Suis-je sensible aux critiques et aux blâmes?... *Pourquoi? Injustifiés, comment en suis-je si certain? Ils sont en partie justifiés et je n'en suis que trop blessé? plein de rancune? prêt à prendre ma revanche?*
- □ M'arrive-t-il devant mes supérieurs de ne rien dire alors que je pense avoir une perspective importante à apporter?... *Qu'est-ce qui m'empêche alors de parler? manque de confiance en moi-même? introversion? difficulté à m'affirmer? peur?*
- □ M'arrive-t-il de flatter mes supérieurs?... *Pourquoi? Suis-je honnête ou flagorneur? ou par trop soucieux de ma prochaine promotion?*
- □ M'arrive-t-il d'accepter ce que disent mes supérieurs même si je suis en désaccord?... *Suis-je prêt à accepter une décision qui va à l'encontre de mes valeurs?*
- □ Quand est-ce que je fais preuve de liberté et d'autonomie... *ou, étant donné ma position et ma rémunération, en ai-je fait mon deuil?*

Parce qu'elle a clarifié qui elle est, qu'elle est une personne libre et autonome, qu'elle a clarifié ses valeurs, la personne authentique accorde plus d'importance à l'être qu'à l'avoir.

Sereine, calme, insensible à l'éloge comme à la critique, elle ne se soucie pas des opinions que les autres ont d'elle. Elles ne le touchent pas, non que la personne authentique soit indifférente, mais parce qu'elle connaît la nature humaine et qu'elles ne peuvent l'atteindre, car elle s'est débarrassée de son ego. Jamais indifférente aux autres, c'est parce qu'elle est indifférente à elle-même qu'elle accomplit des merveilles avec eux.

Une vie réussie est une vie constellée d'actes de bonté quotidiens. Une telle vie est ancrée dans le Tao.

« Il aime à entendre qu'on prend les licornes aux arbres, les ours aux miroirs, les éléphants aux trous, les lions aux rets et les hommes aux flatteries. Mais quand je lui dis: "Vous haïssez les flatteurs", il répond: "Oui", car c'est ce qui le flatte le plus. »

William Shakespeare,
Jules César.

Si on le regarde, on ne le voit pas,
car il est l'invisible, le sans-forme.
Si on l'écoute, on ne l'entend pas,
car il est l'inaudible, le sans-bruit.
Si on le touche, on ne le sent pas,
car il est l'impalpable, le sans-corps.
Ces trois états, dont l'essence
est indéchiffrable, insondable,
se fondent dans l'unité.

Sa face supérieure n'est pas dans la lumière,
sa face inférieure n'est pas dans l'obscurité.
Perpétuel, on ne peut le nommer,
car il appartient au royaume
des sans-chose.
Il est la forme sans forme,
l'image sans corps,
fuyante, insaisissable.
Si tu l'accueilles,
tu ne peux voir sa tête.
Si tu le suis,
tu ne peux voir son dos.

Qui suit l'ancien Tao
maîtrise les événements d'aujourd'hui.
Celui qui sait ce qui est à l'origine
est au cœur même du Tao.

14

Honorer notre intuition

Nous commençons notre voyage au « pays de l'intuition » en compagnie de Milton Erickson : « Un été, raconte-t-il dans *Ma voix t'accompagnera*, je vendis des livres pour payer mes études. J'arrivai dans la cour d'une ferme vers cinq heures et demandai au fermier si cela l'intéressait d'acheter des livres ; il me répondit : "Mon garçon, je ne lis pas ; je n'ai pas besoin de lire. Je m'occupe seulement de mes cochons. – Est-ce que cela vous ennuie que je reste auprès de vous pour parler pendant que vous donnez à manger aux cochons ? – Non, répondit-il, parle donc, mon gars, tu n'en seras pas plus avancé. Je n'ai pas l'intention de me soucier de toi ; je suis assez occupé à nourrir mes cochons." Et je commençai à parler de mes livres. Comme j'avais été élevé dans une ferme, je ramassai sans réfléchir quelques brindilles par terre et me mis à gratter le dos des cochons tout en parlant. Le fermier me regarda faire, s'arrêta et me dit : "Quelqu'un qui sait gratter le dos des cochons d'une façon qui leur plaît, c'est quelqu'un que j'ai envie de connaître. Reste donc à dîner avec moi ce soir, tu peux aussi dormir ici, et je vais acheter tes livres. Tu aimes les cochons. Tu sais les gratter de la façon qui leur plaît." »

Beaucoup d'obstacles se dressent devant nous pour honorer ainsi notre intuition. Les premiers sont liés au fait que nos organisations se défient souvent de l'intuition.

Mon organisation est-elle plutôt comme ceci... *ou comme cela* ?

- ◻ Orientée vers le présent, le court-terme... *ou orientée vers le futur* ?
- ◻ Orientée vers l'opérationnel... *ou vers le stratégique* ?
- ◻ Privilégie les évolutions lentes... *ou les transformations profondes* ?

- □ Préfère aller étape par étape... *ou par « percées » et changements profonds* ?
- □ Punit les erreurs... *ou encourage l'expérimentation et la prise de risques* ?
- □ Valorise la stabilité... *ou valorise le changement* ?

Nous pouvons paralyser l'intuition des autres (et les autres peuvent le faire avec nous) en utilisant des expressions comme celles-ci : « Tu rêves encore... », « Encore une de tes idées ! », « Tu donnes trop de place à tes émotions... », « Que veux-tu dire quand tu dis que tu ne peux pas l'expliquer ? », « Ce n'est pas logique, ça ne tient pas debout », « Cette idée n'est pas intéressante », « C'est très subjectif », « Ne perdons pas notre temps à parler de sentiments », « Nous n'avons pas le temps d'en parler, de déjeuner ensemble, d'aller marcher dehors »... En effet, toutes les idées sont intéressantes, rêver peut nous permettre de trouver la solution de problèmes complexes, les émotions constituent une riche source d'informations différentes, ce qui n'est pas logique est parfois génial, et pour trouver de vraies idées il faut souvent, paradoxalement, « perdre son temps »...

Nous sommes souvent, enfin, nos pires ennemis lorsqu'il s'agit de ne rien comprendre et de ne rien discerner ! Utilisons la liste suivante pour établir un ordre de priorité personnel parmi ces quelques manières favorites, et universellement utilisées, pour supprimer notre intuition :

- □ Je ne m'arrête jamais pour faire une pause.
- □ J'abats tant d'arbres que je n'ai pas le temps d'aiguiser ma scie.
- □ J'ai trop de travail pour pouvoir prendre du recul.
- □ Je me dis : « C'est une idée folle » lorsqu'une idée intéressante se présente à moi.
- □ Je ne suis guère attentif aux idées qui me viennent, je les laisse s'enfuir, je ne les note pas et, plus tard, ne les retrouve pas.
- □ Je n'aime guère les histoires, les contes, les images, les métaphores, les rêves, je me dis que ce sont des choses bonnes pour les enfants.
- □ Je me répète qu'il ne faut pas faire ceci ou cela.
- □ Je n'écoute pas cette petite voix qui me dit : « Il va m'appeler. Change de file... Je devrais faire ceci... »
- □ Je ne lis pas de romans, je ne visite pas d'expositions, je ne vais pas au cinéma, je n'écoute pas de musique...

Comment puis-je accéder à mon intuition, la cultiver, l'honorer ?

- □ En lisant des romans et des livres ou des articles dans des domaines différents de ceux auxquels je m'intéresse habituellement (que de découvertes !).
- □ En regardant, très longuement, un tableau ou une œuvre d'art, en la découvrant, en l'explorant, en la laissant parler en moi (quelle source d'infinies découvertes !).
- □ En allant voir des films de pays étrangers et en en parlant ensuite avec des amis (que de merveilles non américaines !).
- □ En écoutant de la musique, en travaillant avec de la musique.
- □ En écoutant la petite voix qui parle en moi ; en étant attentif aux signaux que m'envoie mon corps ; en écoutant et en exprimant mes émotions.
- □ En lisant des poèmes, des histoires, des contes, à voix haute, en créant et en écrivant des histoires, des contes, des poèmes qui évoquent ce que je vis – en les partageant !
- □ En notant les idées qui me viennent dans un journal (que je relis ou consulte parfois pour retrouver des images, des émotions, le fil rouge...).
- □ En rêvant à ce qu'il serait possible de faire, à ce qu'il faut changer, et en faisant de mon rêve... une réalité.
- □ En expérimentant, en prenant des risques, en osant faire ce qui me plaît (quel plaisir !).
- □ En faisant de longues marches en forêt, en montagne, au bord de la mer ou d'un lac (que de merveilles !).
- □ En m'endormant en pensant à un problème ou à une difficulté que je rencontre (pour trouver au matin la solution !).

La personne authentique sait que le secret
est caché en elle-même et dans la nature.
En honorant son intuition, elle le découvre.

☯

« Mais quand nous sommes confrontés à dix facteurs différents qui agissent tous les uns sur les autres et se combinent pour engendrer au total un nombre astronomique de variantes, la raison abdique, et seule l'intuition s'avère à la hauteur. »

Yehudi Menuhin,
Le Voyage inachevé.

Les anciens, qui pratiquaient le Tao,
étaient si subtils, si fins,
si perçants et si profonds,
qu'il était difficile de les pénétrer,
dans toute leur profondeur.

Comme il est en effet difficile de les comprendre,
on peut tout de même chercher à évoquer
leurs comportements en usant de métaphores.

Ils étaient prudents comme celui qui passe
une rivière à gué en hiver ;
timides comme celui qui
ne se lie pas facilement avec ses voisins ;
réservés comme un glaçon qui fond ;
purs et simples comme un bloc de marbre blanc ;
ouverts comme une vallée.

Qui peut tranquilliser l'eau boueuse ?
Celui qui la rend peu à peu limpide.
Qui peut mouvoir l'eau limpide ?
Celui qui la rend vivifiante.

Qui suit le chemin
ne veut pas être plein.
C'est parce qu'il refuse de s'emplir
qu'il vieillit sans décliner.

15
À l'écoute des maîtres

Nous commençons notre voyage au « pays des maîtres » avec « L'Idéal du souverain et du roi » de Tchouang-Tseu : « "Racine du ciel" se promena dans le domaine de la "Grande lumière", parvint à l'eau profonde où elle rencontra "Homme sans nom". Elle lui demanda : "Comment peut-on gouverner les hommes ?

– Va-t'en, ignorante ! répondit Homme sans nom. Ta question manque d'à-propos ! Je contemple le secret de la création. Quand ma curiosité sera satisfaite, j'enfourcherai l'oiseau immense pour m'évader de l'univers et errer librement au pays du néant et de l'infini. Comment veux-tu que je m'intéresse au gouvernement des hommes ?"

Racine du ciel insista.

– "Applique-toi au détachement, répondit Homme sans nom ; concentre-toi dans le silence, conforme-toi à la nature des êtres, sois sans égoïsme. Alors les hommes seront en paix" » (*Œuvre complète*).

Tchouang-Tseu et Lao-Tseu soulignent l'admiration et le respect que suscitent les vrais maîtres pour mieux nous faire comprendre que vouloir diriger en édictant des règles ou des principes de vie morale ou sociale, et en fonction d'opinions préétablies – erreur que commettent tant de personnes en position de responsabilité –, n'est qu'une façon de tromper les hommes. Le manager authentique ne régit jamais les hommes du dehors, en imposant sa loi ou ses idées. Il commence au contraire par s'amender lui-même. Il affermit sa propre capacité. C'est ainsi qu'il devient puissant. **Sa puissance, paradoxalement, jaillit de ce travail sur lui-même, et de son effacement, de son harmonie avec la nature.** Cette vérité paradoxale traverse les siècles et les millénaires sans avoir pris une ride. Elle est, au contraire, peut-être plus actuelle qu'elle ne le fut jamais !

Explorons donc, à la lumière de ces textes, comment nous exerçons nos responsabilités :

- □ Suis-je subtil dans mes propos et mes interventions... *ou chacun me voit-il plutôt arriver avec mes idées bien arrêtées, toujours les mêmes, et mes gros sabots ?*
- □ Suis-je pénétrant, attentif à la danse et à la musique plus qu'aux mots, à ce qui est exprimé entre les lignes ou entre les mots... *ou m'arrive-t-il de conclure trop vite, de passer à l'action, de juger, de me satisfaire d'explications toutes faites sans comprendre le comment ni le pourquoi ?*
- □ Suis-je profond, capable d'anticiper les conséquences de certains actes, vraiment préoccupé de la pérennité, de ce qui est durable... *ou suis-je mû par le court terme, superficiel, prêt à répéter les idées à la mode par peur de ne pas être « dans le coup » ?*
- □ Suis-je prudent, mesurant bien toutes les implications et les impacts de nos actions... *ou suis-je au contraire plutôt volontiers direct et brutal pour arriver à mes fins et parce que je crois que c'est la seule manière d'atteindre des résultats ?*
- □ Suis-je réservé, écoutant chaque personne, attentif à ne pas conclure trop vite, prenant le temps nécessaire avant de décider... *ou suis-je plutôt « fort en gueule », doué pour argumenter, pour « passer en force » et « mener les troupes à la bataille » ?*

Au-delà de ces importantes qualités de finesse, de discernement, de prudence, de discrétion et de respect de la confidentialité qui caractérisent tout grand dirigeant, voyons plus loin. Écoutons les grands maîtres pour comprendre ce qui les rend grands. Lao-Tseu utilise ici des métaphores que nous ne sommes guère accoutumés à associer à la pratique du management : « effacés comme de la glace qui fond, rustiques comme le bois brut, vides comme la vallée, indiscernables comme l'eau trouble ». Interrogeons-nous sur nos propres pratiques.

- □ Suis-je suffisamment effacé dans mon rôle ? Est-ce que je donne à tous la possibilité de s'exprimer, en particulier à ceux qui défendent des positions différentes ? Est-ce que je respecte la variété des compétences et la riche diversité des personnalités présentes ?... Ou *est-ce que je joue habilement de ma position pour imposer mes idées, sans me rendre compte à quel point nombreux sont ceux qui s'alignent sur mes positions, privant ainsi notre organisation d'idées, d'innovations, ou de solutions nouvelles ?*

□ Suis-je simple et rustique comme du bois brut, c'est-à-dire honnête, disant ce que je perçois, partageant mes sentiments profonds, mes émotions, ayant le courage d'afficher des opinions ou des idées qui peuvent paraître surprenantes à certains ?... Ou *suis-je un politicien rusé, rompu aux jeux d'alliances, prêt à détruire toute idée innovante ou trop différente, ayant toujours une théorie dans ma manche, « intellectuel », fuyant les émotions comme la peste ?*

□ Suis-je vide comme la vallée, c'est-à-dire ouvert, à l'écoute, prêt à écouter chaque personne, donnant sa chance à chacune ?... Ou *rarement disponible, protégé que je suis par mon agenda surchargé et une cohorte d'assistants et autres courtisans ? Tout est-il déjà filtré à l'avance, avons-nous déjà décidé, de toutes manières, ce que nous allons faire et toutes ces réunions, de vous à moi, ne sont que simulacres... ?*

□ Suis-je calme, serein, clair comme une eau paisible en toutes circonstances, grâce à ma pratique régulière de la méditation ?... Ou *m'arrive-t-il d'être troublé, stressé, de dire dans le feu de l'action des mots ou des phrases que je regrette ensuite, d'attaquer des personnes ou des idées avec violence, voire d'utiliser la violence comme stratégie ?*

□ Suis-je en paix avec moi-même, sans désirs, sans agenda caché ?... Ou *suis-je plein de désirs, d'ambition, de rêves de grandeur, voulant toujours plus d'argent, de jouissances, de visibilité, de gloire ?*

C'est parce qu'elles ont clarifié le sens de leur vie
et des événements que les personnes
authentiques aident les autres à les clarifier
pour elles-mêmes et par elles-mêmes.

« Il est en toi une tranquillité, un sanctuaire où tu peux te retirer en tout temps et être toi-même. »

Hermann Hesse,
Siddharta.

Lâche prise, vide-toi de toute chose.
Et laisse ton esprit reposer dans la paix.
Face à l'agitation frénétique universelle
reviens à toi, et à la source même de l'Être.

Les êtres grandissent, fleurissent, et s'en retournent à leur origine.
Retourner à son origine, c'est retrouver la sérénité.
Être serein, c'est être en contact avec la nature et avec vous-même.

La nature ne change pas. Connaître ce qui est constant
C'est être conscient, éveillé, présent.
Lorsque mon esprit est constant, je suis ouvert.

Celui qui ne connaît pas la sérénité crée son propre malheur et celui des autres.
Celui qui est serein et qui a l'esprit ouvert a aussi le cœur ouvert.
Celui qui a le cœur ouvert aime, encourage : il agit comme un maître.
Celui qui agit comme un maître atteint le divin.
Celui qui est divin est un avec le Tao.
Celui qui est un avec le Tao est éternel.
Et bien que le corps meure, jamais ne disparaît le Tao.

16

Retrouver notre vraie nature

Nous commençons notre voyage au « pays du retour sur soi » en compagnie de Tchouang-Tseu : « Le penseur n'est pas heureux si des idées ne se succèdent pas dans sa tête, écrit-il dans "Su Wou-kouei", le sophiste n'est pas heureux quand aucune discussion ne se développe, l'inspecteur n'est pas heureux quand il ne peut pas interroger et intimider : ils sont tous pris dans leurs affaires. Ainsi les grands de ce monde cherchent-ils à briller à la cour, les hommes d'un rang moins élevé à s'illustrer dans les fonctions officielles, les hommes forts à accomplir des hauts faits dont ils pourront se vanter. Les courageux sont excités par le danger, les soldats cherchent le combat, les ermites s'emploient à se faire une réputation, les légistes à multiplier les lois, les ritualistes à paraître révérencieux, les justes à redresser l'injustice. Le paysan n'est pas à l'aise quand il ne cultive pas son champ, non plus que le marchand quand il n'est pas au marché à vendre et à acheter. Les hommes du commun ont besoin d'avoir à faire du matin au soir pour se maintenir en activité, les artisans ont besoin de pratiquer leur métier pour développer sans cesse leur savoir-faire. L'avare est soucieux quand il n'amasse pas des biens et de l'argent, l'ambitieux souffre quand sa position ne s'élève pas, l'aventurier est à l'affût des troubles et, quand l'occasion se présente, ne peut faire autrement que de se jeter dans l'action. Tous ils se laissent porter par les heures et les jours et mener par leurs affaires. Hélas, hélas ! Ils harcèlent sans cesse leur corps et leur nature propre, se perdent dans les choses et ne reviennent jamais sur eux-mêmes ! » (*Œuvre complète*).

Quelle juste et fourmillante image de la comédie humaine ! De la comédie que nous nous jouons à nous-mêmes ! Si occupés que nous prenons si rarement du recul ! Si occupés à produire des rapports ou à nous réunir que nous prenons rarement le temps de nous demander : « Pourquoi, oui, pourquoi, vraiment ? »

Dans ses pénétrantes études sur Tchouang-Tseu, Jean-François Billeter analyse cette situation en parlant des **ravages *de l'intention***. Ce constat, suggère-t-il, est au cœur même de la pensée de Tchouang-Tseu : « Pour lui, nos erreurs et nos souffrances ont pour cause principale l'assujettissement de la conscience à l'intentionnalité qui lui est naturelle. Mais il pense que la conscience peut aussi, par un acte critique, reconnaître cet assujettissement et lever l'intentionnalité qui l'habite. Elle peut acquérir le pouvoir d'être intentionnelle ou non, de vouloir et de ne pas vouloir, et de se libérer par là de l'erreur et de la souffrance. »

Nous voici au cœur des œuvres de Tchouang-Tseu et de Lao-Tseu, pleines d'histoires et d'injonctions paradoxales qui sont **autant d'invitations à lâcher prise... pour nous retrouver !**

Entreprise passionnante, pleine de découvertes, seul chemin qui vaut d'être suivi, et qui va nous mener à la personne que nous avons le potentiel de devenir, que nous sommes.

Comment puis-je prendre plus de recul ?

- □ En prenant du temps pour moi-même, pour réfléchir et méditer.
- □ En grimpant régulièrement sur l'arbre pour voir la prairie dans laquelle je travaille.
- □ En relativisant l'importance de mes actes.
- □ En ne me prenant pas tellement au sérieux ! En travaillant et en agissant avec légèreté.
- □ En utilisant des images, des métaphores, en racontant des histoires plutôt qu'en faisant de longs discours ou des présentations sur Power Point !
- □ En purifiant et en simplifiant mon travail.
- □ En cessant de travailler seul, en demandant à d'autres comment ils s'y prendraient pour résoudre tel problème, surmonter une difficulté ou aborder un entretien difficile.

Comment puis-je devenir maître de mes intentions ?

- □ En reconnaissant que, malgré ma volonté et mes efforts, je n'atteins pas toujours les buts que je cherche à atteindre. Se pourrait-il alors que ce soit en raison même de mes efforts, de mon vouloir et de la tension qui m'habite que je n'y arrive pas ?
- □ En ayant le courage de me remettre en cause, d'expérimenter,

de prendre des risques, de remettre en question mes façons de penser, de travailler ou de communiquer.

- □ En changeant certains de mes comportements, pour me débarrasser de ceux qui ne m'apportent ni joie ni réussite afin de trouver plus de joies et plus de vraies réussites.
- □ En calmant mon perpétuel discours intérieur pour retrouver le silence.
- □ En lisant Lao-Tseu, Tchouang-Tseu, Lie-Tseu, Héraclite, Montaigne..., de grands romans, des poèmes de René Char, Henri Michaux, Francis Ponge ou Ryôkan..

Comment puis-je mourir à moi-même pour vivre enfin ?

- □ En cessant de tout et toujours planifier – en particulier en calculant que si je fais ceci j'obtiendrai cela – en vivant dans l'instant présent.
- □ En lâchant prise, en faisant ce que je pense avoir à faire sans me soucier du profit que j'en retirerai ou de quel impact cela aura sur les autres.
- □ En reconnaissant la profondeur et la richesse de ce qui m'habite profondément au lieu de les nier, en reconnaissant et en explorant ce qui m'angoisse ou me fait peur.
- □ En reconnaissant ma fragilité, mes vulnérabilités, ces ombres de mes forces.
- □ En clarifiant ce qui peut me rendre, réellement, profondément, heureux.
- □ En redécouvrant tout ce qui me lie à la nature et aux autres êtres humains.

Serein, en harmonie avec lui-même et la nature,
agir avec la puissance de celui qui a lâché prise.

« C'est une vie exquise, celle qui se maintient en ordre, jusque dans son privé. »

Michel de Montaigne,
Les Essais.

Le meilleur gouvernement est celui que le peuple ignore,
ensuite vient celui que le peuple aime et loue,
puis celui qu'il redoute et craint,
enfin celui contre lequel il se rebelle.

Si tu n'as pas confiance en une personne,
cette personne perdra confiance en toi.

Lorsque le sage est effacé, il utilise peu de mots.
Lorsqu'il agit, tous prospèrent.
« Voilà le fruit de nos efforts ! »
clament cent voix.

17

Accompagner les autres dans leur développement

Commençons notre voyage au « pays du coaching et de l'accompagnement » avec Bankei : « Un de ses élèves vint voir Bankei pour lui dire :

– J'ai un tempérament incontrôlable. Je me mets souvent dans des colères noires. Que puis-je faire, maître ?

– C'est très étrange, répondit Bankei, montre-moi cela.

– Je ne peux pas maintenant, répliqua l'autre.

– Quand, alors ? demanda Bankei.

– Ça me prend tout à coup, dit l'élève.

– Alors, ça ne doit pas être ta vraie nature, conclut Bankei, si c'était le cas, tu pourrais me le montrer à tout moment. À ta naissance, tu ne l'avais pas, et ce ne sont pas tes parents non plus qui te l'ont donné. Réfléchis à cela » (« Un tempérament », in Paul Reps, *Le Zen en chair et en os*).

L'un des plus beaux métiers du monde est l'un des moins reconnus financièrement. Tous les couples qui ont célébré la venue au monde d'un enfant savent qu'il y a un moment où la sage-femme joue, durant l'accouchement, un rôle essentiel. Il y a beaucoup à apprendre d'elle à propos du management et de la vie : la sage-femme accompagne, guide et rassure. Disponible, présente, elle a une influence apaisante, mais sait aussi être exigeante quand il le faut, car – avec sa grande expérience – elle suit les différentes phases de l'accouchement, en combinant empathie et attention à l'ici et maintenant. Une fois l'enfant mis au monde, on l'oublie.

On pense ici à Socrate, ce frère de Lao-Tseu, qui pratiquait la maïeutique, l'art d'« accoucher les esprits ». Riche source d'exemple puisque, le sachant ou non, tout manager peut agir comme lui : en posant des questions ouvertes, il aide l'autre à explorer, à aller plus loin, à se remettre en cause. Parfois de façon si subtile – comme Bankei – que la personne va soudain réaliser ce qu'il pouvait y avoir de stupide dans les opinions qu'elle défendait quelques instants plus tôt, et s'éveiller. *Satori* qui jaillit du questionnement ! À Athènes, au ve siècle, nous n'étions pas loin des *koans* du Zen. Nous en sommes parfois si loin, aujourd'hui...

Guider pour aider la personne à trouver son propre chemin, l'aider à aller au-delà de ce qu'elle pensait pouvoir faire, à découvrir ce qu'elle est capable de faire et qui elle est vraiment : voilà ce que les êtres authentiques nous aident à réaliser. **L'authenticité m'aide à devenir la personne que je peux devenir**

Le manager agit aussi souvent comme un médiateur. Il aide à mieux se comprendre les uns les autres. Il évite que l'on dépende de lui. Avec empathie, il invite les autres à prendre une nouvelle perspective, celle de l'interdépendance.

De vrais actes de coaching ou de médiation ont un immense impact sur les autres. Grâce au coaching, la personne trouve son propre chemin, ses solutions. Grâce à des actes de médiation réussis, les personnes apprennent à respecter leurs différences, à s'accepter, à éviter insultes, querelles et conflits.

Quelques questions :

- □ Mon intention est-elle d'aider ceux avec qui je vis, ou avec qui je travaille, à grandir ?
- □ Comment se traduit-elle en actes ?
- □ Que puis-je faire pour mieux aider les autres à grandir et à découvrir ce dont ils sont capables ?

Quelques questions pour notre organisation .

- □ Notre culture encourage-t-elle le développement personnel, la prise de responsabilité, l'autonomie individuelle ?
- □ Notre organisation a-t-elle une culture d'accompagnement du développement des personnes, de coaching ?
- □ Nos managers et nos dirigeants donnent-ils l'exemple de grands coachs ?
- □ Sinon, comment pourrions-nous évoluer vers une telle culture ?

Au cours de nombreux séminaires et entretiens de coaching, il m'est souvent arrivé de demander aux personnes que je rencontrais d'évoquer avec moi quelques-unes de leurs plus grandes réalisations. Une chose m'a frappé : à quel point, plutôt que d'évoquer des résultats, des réussites techniques, des produits ou des ventes exceptionnelles, les personnes évoquaient, très naturellement, d'autres personnes, qu'elles avaient aidées à grandir.

- □ Qui ai-je personnellement aidé à grandir ?
- □ Qui m'a personnellement aidé à grandir ? Qu'ai-je appris de cette personne, de ces personnes ? Comment m'ont-elles aidé à grandir ?

Si vous avez perdu le respect des autres, si certains se rebellent contre vous, si vos actions engendrent des conflits, s'il n'y a guère que les médias pour parler de vous positivement, vous n'êtes qu'un abominable dirigeant. Si l'on vous craint, si l'on redoute vos actes et vos paroles, si vous utilisez la peur et ne cessez d'agiter des épouvantails pour justifier vos actes et dompter les gens, vous êtes un très piètre dirigeant. Si vous parlez et agissez beaucoup, si l'on vous loue et si l'on apprécie vos paroles, vous êtes sans doute entouré d'une cour de flatteurs, et votre direction est peu significative... **Si vous aimez les autres, si vous avez confiance en eux, si vous désirez qu'ils grandissent et se réalisent, si vous les respectez, si votre influence est aussi discrète qu'il est possible, votre manière de diriger et d'agir émane du Tao.**

> « Quelle est la première partie de la politique ? L'éducation. La seconde ? L'éducation. Et la troisième ? L'éducation. »
>
> Michelet,
> *Le Peuple.*

Lorsque le Tao est abandonné
apparaît la justice humaine.

Lorsque l'intelligence et la raison se manifestent
là se révèlent artifices et hypocrisies.

Lorsque les six parents se disputent
apparaissent piété filiale et amour paternel.

Lorsque la famille du prince est dans le désordre et la nuit
des serviteurs loyaux se révèlent.

18
Authenticité et hypocrisies

Nous commençons notre voyage au « pays des hypocrites » avec une histoire zen, « Avaler le serpent », citée par Alexandro Jodorowsky dans *Le Doigt et la Lune* : « Un jour, dans un monastère zen, un grand maître arriva à l'improviste. Le chef cuisinier dut lui préparer un repas au pied levé. Il s'empressa de cueillir des légumes dans le potager, de les couper et d'en faire une soupe succulente. L'hôte mangea la soupe. Il s'en délecta jusqu'au moment où il trouva une tête de serpent dans sa cuiller. On fit venir le cuisinier pour lui demander des explications. Celui-ci, apercevant la tête du serpent, allongea le bras, la prit et l'avala tout rond sous les yeux de l'assistance médusée. Ensuite, très digne, il fit demi-tour et retourna dans ses cuisines sans dire un mot. »

On aimerait que beaucoup de nos dirigeants – qu'ils aient des responsabilités économiques, politiques ou sociales – aient la même dignité, et qu'ils se montrent ainsi capables de reconnaître et d'« avaler » – comme ce grand cuisinier – leurs erreurs...

Lao-Tseu nous parle du retour à l'originellement pur, du respect de la nature et de vivre en harmonie avec elle. L'un des pires crimes de l'humanité est le divorce d'avec la nature – ah ! Descartes, que d'erreurs !... –, qui a pris et continue de prendre des formes diverses. Nous avons si bien réussi à assurer la maîtrise et la domination de la nature que nous assassinons les espèces animales et détruisons la flore sur des millions d'hectares, sans parler, à fleur d'eau, d'immenses récifs de coraux autrefois splendides, réduits aujourd'hui à l'état de cadavres blanchis... Le rêve humain se réalise : celui d'un désert de béton rempli d'autoroutes, de supermarchés et de caméras de surveillance, le « meilleur des mondes », le pire des cauchemars. Les discours politiques se font de plus en plus hypocrites, tissus de paroles trompeuses, mensongères, discours cache-misère qui ne révèlent que la misère de leurs auteurs. Dans ces discours, tout le pouvoir est laissé à un « intellect » ou un « mental » tyrannique et totalitaire, non régulé par le respect du corps, des émotions et de la dimension spirituelle en nous. Nous sommes quatre fois divorcés d'avec nous-mêmes.

Notre quotidien est envahi par des images pipées : politesse de façade entre personnes qui se détestent ; sourires devant les caméras et, dès qu'on a le dos tourné, langues de vipère ; fausses apparences, poignées de main qui cachent d'infâmes tractations indignes de marchands de tapis véreux ; importance accordée aux formes, aux préséances, aux rites et aux rituels ; effets télévisuels destinés à la galerie mondiale anxieuse de les diffuser à tous. Fellini s'est trompé en leur disant adieu : on n'est certes pas privé de très mauvais clowns !

D'où vient ce sentiment de catastrophe ? De la puissance de la pensée dominante et, avec elle, de l'absence totale de toute remise en cause, personnelle ou collective. Nous ne voulons rien entendre, nous refusons de remettre en question certains des fondements sur lesquels repose un monde qui va, pourtant, à sa perte.

Pourquoi ? Parce que trop d'intérêts sont en jeu ? *Mais lesquels ? Ceux de l'humanité ?* Il y va de notre tête, nous y perdrions notre poste ?... *Et nous ferions enfin quelque chose d'utile ?* Nous sommes de connivence avec cet ensemble ?... *Aurions-nous simplement accepté de nous vendre ou de nous prostituer ?* Nous avons un point aveugle ?... *Et nous préférons ne pas y penser ?* Nous nous voyons dans le miroir ?... *Et nous n'aimons que trop l'image qu'il nous renvoie ? Ou nous ne la détestons déjà que trop, avant que ne vienne, peu à peu, le dégoût ?*

Notre monde est devenu si complexe qu'il requiert de profondes transformations de nos manières de penser. Pourtant, si tout le monde reconnaît que les changements se sont accélérés, que les flux d'informations deviennent difficiles à gérer, que la complexité augmente de manière exponentielle, nous ne remettons pas en question nos modes de penser. Il semble au contraire que beaucoup de dirigeants se contentent d'idées toutes faites, de prêt-à-penser, d'idéologies simplistes, quand ils ne pratiquent pas purement et simplement le mensonge pour poursuivre les fins de domination dont ils se gardent bien de parler. On tente de persister à parler de progrès de l'humanité, on parle de guerre des étoiles et de conquête de l'espace. L'homme va encore poser ses pieds sur la

Lune ? La belle affaire, s'il est incapable de préserver la vie et la paix, la sécurité et l'harmonie sur sa propre planète ! Et si on a l'honnêteté de juger vraiment les hommes à leurs actes et non à leurs discours, en vérité, en vérité, je vous le dis, le Veau d'or – pardon, le Veau Dollar – est toujours debout : le seul dieu devant lequel tant de personnes se prosternent, la seule religion universelle ?

Résultats de ce système bloqué ? Des jeux à somme nulle. Des perdants et des gagnants. Des pauvres de plus en plus pauvres, des humiliés, des offensés et des exclus, et des riches obscènes, de plus en plus riches, se pavanant, comme des marionnettes impuissantes, devant toutes les caméras de télévision du monde. Des désastres climatiques et écologiques quotidiens, dont les coûts sont exorbitants. Des puissances crispées sur leurs avantages dérisoires, incapables de prendre des initiatives significatives pour réduire la pauvreté, préserver l'air, l'eau, changer de source d'énergie ou préserver les ressources qui garantiront la vie dans l'avenir. Au lieu de tels actes, on nous propose des navettes interplanétaires sur lesquelles des riches réservent leur place pour être les premiers à aller faire un tour. Et des industries de l'armement plus prospères que jamais.

Comment retrouver ce qu'évoque Lao-Tseu : notre liberté, notre authenticité, notre humanité ? En remettant en cause nos croyances, nos idéologies, nos modes de penser, en nous demandant honnêtement ce que nous voulons accomplir et quel monde nous voulons personnellement contribuer à bâtir.

Et en changeant, radicalement, de cap.

☯

« Les petits voleurs sont en prison, les grands voleurs sont tous princes. »

Tchouang-Tseu

Laisse de côté ta sagesse et ton intelligence,
le peuple en tirera cent fois plus de profit.

Laisse de côté ta justice et ton humanité,
et l'amour entre père et fils refleurira.

Laisse de côté tes ruses et tout goût du profit,
et tu verras disparaître escrocs et voleurs.

Pourtant, ces trois préceptes ne sont qu'accessoires,
puisque pour gouverner il te faut ·

discerner le simple,
embrasser le naturel,
réduire ton égoïsme,
maîtriser tes désirs.

19
Revenir en nous-mêmes

Nous commençons notre voyage au « pays de nous-mêmes » en compagnie de Bodhidarma : « Bodhidarma s'assied face au mur. Son futur successeur est debout dans la neige et lui montre son bras endolori.

– Mon esprit n'est pas pacifié, maître, accorde la paix à mon esprit, pleure-t-il.

– Si tu m'apportes cet esprit, dit Bodhidarma, je le pacifierai pour toi.

– Quand je cherche mon esprit, dit son disciple, je ne peux le trouver.

– C'est donc que ton esprit est déjà en paix, conclut Bodhidarma » (« Bodhidarma pacifie l'esprit », in Paul Reps, *Le Zen en chair et en os*).

Ce sont paradoxalement les choses les plus simples qui semblent être les plus difficiles à réaliser. Pourquoi ? Parce que nous possédons trop de biens, d'intelligence, de culture, qui sont autant d'obstacles pour trouver notre vraie nature ? Parce que nous avons tant pris goût à ce que nous possédons que nous n'en voyons même plus le caractère artificiel ou dangereux ? Parce que nous préférons l'avoir à l'être ? Parce que nous sommes devenus ce que nous possédons ? Parce que nous avons fait des choix qui nous emprisonnent plutôt qu'ils ne nous libèrent ? Vivons-nous, comme je l'ai entendu dire si souvent de dirigeants que j'ai rencontrés, dans des cages qui pour être dorées n'en sont pas moins des cages ? Lorsque je vois comment nous utilisons, défigurons et prostituons le mot « zen » par exemple, mis à toutes les sauces, du zen de supermarché, je ne peux m'empêcher de penser – avec certains maîtres zen – qu'il y a des coups de bambou sur la nuque qui se perdent ! « Vous êtes zen », en voilà un beau mensonge ! Et combien d'heures et d'années avez-vous passées à faire *zazen*, s'il vous plaît ? Avez-vous déjà rencontré un maître zen ? Car, autre paradoxe, il suffirait précisément de faire *zazen* ! Il n'y a pas de recettes ou de techniques pour revenir en nous-mêmes, il faut nous arrêter, nous retrouver, redevenir l'être spontané et simple que nous sommes au fond de nous-mêmes.

Décrivons ce qu'est « faire *zazen* » : les maîtres zen disent qu'il suffit de s'asseoir sans rien faire, et voilà tout. Paradoxalement, si nous nous asseyons ainsi quelques moments par jour sans rien faire pendant plusieurs mois, de grands changements se produiront en nous... Asseyons-nous devant un mur, à la distance de notre bras. Gardons les yeux mi-clos, portant un regard flou sur le mur. Notre dos est bien droit. Nos bras décontractés le long de notre corps, nos mains placées l'une dans l'autre, nos pouces se touchant, de manière à former un ovale. Respirons naturellement, en portant notre attention sur l'expiration. Des idées nous viennent à l'esprit, laissons-les passer comme nuages dans le ciel. Restons ainsi cinq minutes... vingt minutes... immobiles.

Ce n'est pas sorcier, mais c'est magique.

Il existe des centaines de techniques extraordinaires pour revenir en nous-mêmes et nous retrouver. Elles ont été pratiquées par des maîtres et raffinées pendant des millénaires. Elles constituent l'un des plus précieux patrimoines de l'humanité. Nombre d'entre elles sont décrites, par exemple, dans le livre d'Osho Rajneesh, *Techniques de méditation*. Il nous faut trouver celle qui nous convient, et mieux vaut choisir une ou deux techniques et les mettre en pratique que de nous mettre à consommer des techniques comme s'il s'agissait encore d'un nouveau gadget ! La plupart sont d'ailleurs suffisamment puissantes et exigeantes pour que l'on s'aperçoive vite que leur effet est extraordinairement apaisant ou bien qu'il nous faut apprendre, qu'il nous faut discipline et volonté, car nous ne parvenons pas aisément initialement... à rester assis, ne fût-ce que quelques minutes, immobiles.

Ce que la pratique de la méditation nous apporte, c'est une prise de conscience et un oubli de nous-mêmes qui nous permet de retrouver notre vraie nature, notre naturel, notre spontanéité, notre sourire, souvent cachés derrière les masques que nous portons pour survivre en société ou y jouer un rôle qui ne correspond pas à ce que nous sommes au fond de nous-mêmes.

Contrairement à beaucoup d'idées reçues – et complètement fausses –, méditer ne veut pas forcément dire s'asseoir en silence et ne rien faire ! Nous pouvons aussi méditer en dansant, en marchant, en nageant, en riant, en étant attentifs à la manière dont nous respirons, au cours d'un voyage en avion, en rêvant, en étant attentifs à notre cœur, en allant au cœur même de notre être pour maîtriser colère ou désirs violents, en chantant, en écoutant de la musique, en regardant attentivement un simple objet ou une œuvre d'art, en lisant...

Nous pouvons aussi profiter de moments importants de la journée pour le faire : le petit matin, au réveil, et le soir, avant de nous endormir. Nous pouvons profiter de la lumière, ou de l'obscurité. Nous pouvons nous concentrer sur la circulation du souffle dans l'orbite microscopique et retrouver toute notre énergie. Nous pouvons détendre tout notre corps pour trouver paix et sérénité.

Toutes ces techniques ont des effets positifs différents. Plus nous les mettons en pratique, plus nous réalisons qu'elles nous sont naturelles, qu'elles expriment ce qu'il y a de plus riche et de plus profond en nous, notre vraie nature, plus nous y prenons goût. Et plus nous découvrons qu'il n'y a pas de ligne de démarcation entre les moments où « je médite » et les autres moments de mes journées. Chaque geste que nous faisons – y compris ceux qui sont souvent considérés comme triviaux : faire la vaisselle, me laver le visage, ranger un objet – devient une occasion de « méditer », c'est-à-dire d'être tout simplement présent et conscient. Ainsi, méditer c'est retrouver la beauté oubliée de nos gestes les plus quotidiens.

La personne authentique prend le temps de méditer.
Parce qu'elle médite, elle est consciente, elle est présente.
Elle abandonne tout ce qui n'est pas essentiel.
Ses actions sont puissantes : elles viennent de la source.

« Quel est le meilleur gouvernement ? Celui qui nous apprend à nous gouverner nous-mêmes. »

Johann Wolfgang von Goethe

Cesse de vouloir trop apprendre, et vis sans soucis.
Pourquoi vouloir toujours faire des différences ?
Quelle est la différence entre beauté et laideur ? bien et mal ?
Ce qui effraie autrui, suis-je obligé de m'en effrayer aussi ?
Quelle absurdité !

Ils sont tous là à s'échauffer et s'exciter
comme s'ils festoyaient au Sacrifice du Bœuf
ou comme s'ils montaient sur les terrasses du printemps.
Moi seul je reste calme, en paix,
sans faire aucun signe
comme un nouveau-né
qui ne sait pas encore sourire.
Pareil à une plume suspendue dans l'air,
je suis détaché comme un sans-logis.

Chacun amasse et thésaurise,
moi seul je parais démuni.
Quel innocent, quel idiot je suis !
Tout le monde est très malin
tandis que moi, je me tais,
fluctuant comme la mer
soufflant comme le vent.
Tout un chacun poursuit son but,
moi seul je m'en abstiens,
rebelle et têtu.

Pourquoi suis-je si singulier ?
Parce que j'ai choisi de « téter la Mère ».

20
Sagesse et folie

Nous commençons notre voyage au « pays de la folie et de la sagesse » en compagnie de Tchouang-Tseu qui interroge Lao-Tseu sur l'art de protéger la vie : « Peux-tu revenir à l'état de nouveau-né ? Le bébé vagit tout le jour sans avoir la gorge enrouée, tant son harmonie est parfaite. Il serre le poing tout le jour sans en avoir des fourmis, car il sait concentrer ses forces. Il peut fixer son regard tout le jour sans ciller parce que le dehors n'existe pas pour lui. Il marche sans savoir où il va, et s'immobilise sans savoir où il est. Il ballotte au gré des choses et se laisse porter par la vague » (in Jean Lévi, *Propos intempestifs sur le Tchouang-Tseu*).

Le sage qu'évoquent ici Lao-Tseu et Tchouang-Tseu est signe de contradiction. Il vit dans l'harmonie première et se conduit différemment des autres. S'il y a une mode, il l'ignore. Si une théorie triomphe, il l'ignore. Il se tient en effet à l'écart des modes, des idées « nouvelles ». Parce qu'il sait que le *yin* coexiste avec le *yang*, il est signe de contradiction. Il irrite beaucoup de personnes car il n'est pas un mouton de Panurge.

Il a appris à se méfier des théories qui se succèdent et s'annihilent les unes les autres comme les vagues de la mer ; il se défie des règles qui enrégimentent ; il ne laisse personne lui laver le cerveau (tâche de moins en moins évidente) ; il se tient à l'écart des soi-disant intellectuels, si prompts à retourner leur veste ou à se prostituer aux plus offrants ; il ne fait pas partie d'un club de personnes qui se congratulent et se renforcent mutuellement dans leurs opinions, leurs préjugés, leurs a-priori.

Il a appris à se méfier des signes par lesquels les hommes prétendent se différencier les uns des autres (voitures, maisons, positions, possessions, collections). Ainsi, parce qu'il est libre et sage, peut-il apparaître à certains comme naïf, excentrique, fou, imbécile ou idiot. Rien ne fait plus peur aux hommes que ceux qui leur révèlent l'inanité de leurs soucis et qui, tels les bouffons du roi d'autrefois, osent révéler leur médiocrité, leurs petitesses ou leurs bassesses.

Yin et *yang*. Chacun de nous fait un voyage de développement personnel, comme l'a montré Carol Pearson dans son livre *Awakening the Heroes Within* qui traite des grands archétypes universels et de la manière dont nous pouvons mieux nous comprendre nous-mêmes.

Explorons chacune des six paires de douze archétypes décrits ci-dessous, en identifiant ceux qui nous ont caractérisés, nous caractérisent aujourd'hui, en pensant à notre parcours·

- □ **L'Innocent** recherche la sécurité. Sa peur : être abandonné. Sa tâche : être fidèle, plein de discernement. Ses dons : confiance, optimisme et loyauté. Ses drogues : déni, excès de consommation et... sucreries.
- □ **L'Orphelin** cherche à retrouver la sécurité perdue. Sa peur : être victime. Sa tâche : traiter pleinement sa douleur, s'ouvrir aux autres. Ses dons : interdépendance, empathie, réalisme. Ses drogues : cynisme, inquiétude, sentiment d'impuissance.
- □ **Le Guerrier** a pour objectif de gagner, de vaincre. Ses peurs : la faiblesse, l'impuissance. Sa tâche : s'affirmer, se battre pour ce qui est important. Ses dons : courage, discipline, compétence. Ses drogues : réalisations, réussites, succès, victoires.
- □ **Le Donneur** a pour objectif d'aider les autres, d'aimer. Ses peurs : l'égoïsme et l'ingratitude. Sa tâche : donner sans abîmer soi-même ou les autres. Ses dons : générosité et compassion. Ses drogues : besoin de venir à la rescousse, codépendance.
- □ **Le Chercheur** recherche vie meilleure ou meilleure façon d'agir. Ses peurs : le conformisme, l'enfermement. Sa tâche : être fidèle à une vérité plus profonde ou plus haute. Ses dons : ambition et autonomie. Ses drogues : indépendance, perfectionnisme.
- □ **Le Destructeur** recherche la croissance, la métamorphose. Ses peurs : la stagnation, la mort sans renaissance. Il veut être détruit ou détruire. Sa tâche : apprendre à lâcher prise, à accepter la mort. Ses dons : humilité, acceptation. Ses drogues : le suicide, l'autodestruction.
- □ **L'Amoureux** recherche le bonheur, l'unité. Sa peur : la perte de l'amour. Il veut être heureux et aimer. Sa tâche : s'engager pour

ceux qu'il aime. Ses dons : engagement, passion, extase. Ses drogues : les relations avec les autres, le sexe.

- **Le Créateur** cherche à créer une vie ou une réalité nouvelles. Ses peurs : l'inauthenticité, la faillite de l'imagination. Sa tâche : se créer, s'accepter comme parcelle de la création. Ses dons : l'identité, la vocation. Ses drogues : obsession, travail, création.
- **Le Souverain** cherche un royaume et une vie prospères et harmonieux. Ses peurs : le chaos, la perte de contrôle. Sa tâche : être responsable dans le monde. Ses dons : souveraineté, responsabilité, compétence. Ses drogues : besoin de contrôler, codépendance.
- **Le Magicien** recherche la transformation pour un univers meilleur. Sa peur : la sorcellerie. Sa tâche : aligner sa volonté avec celle de la nature. Son don : la puissance personnelle. Ses drogues : sentiment de pouvoir illimité, hallucinogènes.
- **Le Sage** cherche à connaître la vérité. Ses peurs : la déception, la désillusion. Il veut apprendre, comprendre, transcender ses peurs. Sa tâche : trouver la connaissance, la sagesse, l'illumination. Ses dons : le scepticisme, la sagesse et le détachement. Ses drogues : le jugement, la certitude d'avoir raison, et... les tranquillisants.
- **Le Fou** cherche la joie, le plaisir, la vie. Sa peur : liée à tout ce qui ne vit pas. Il veut donc jouer, ou jouer des tours... Sa tâche : faire confiance, apprécier le voyage en lui-même. Ses dons : la joie de vivre, la liberté, la libération. Ses drogues : alcool et.. drogues.

Être authentique, c'est apprécier la diversité des personnes rencontrées, les peurs qu'elles doivent surmonter, ce qu'elles doivent accomplir pour se réaliser, les dons qu'elles apportent. C'est aider les autres à éviter les écueils, les dépendances qui les guettent et à trouver leur manière, unique, de faire une différence dans le monde.

☯

« La sagesse qu'un sage cherche à communiquer a toujours un air de folie. »

Hermann Hesse,
Siddharta.

La grande Vertu suit le Tao
et le Tao seul.

Le Tao est fuyant, insaisissable ;
fuyant, insaisissable,
en lui se trouvent pourtant des formes ;
fuyant, insaisissable,
en lui se trouvent cependant des choses.
Obscur et profond,
il est habité par une essence ;
cette essence est vraie,
et pleine d'efficience.

Des temps anciens jusqu'à nos jours
son nom demeure ;
il se trouve dans la contemplation
de l'origine de tous les êtres.
Comment puis-je savoir que telle est
l'origine de tout être de l'univers ?
Par ce que je viens de dire.

21
Une vision authentique

Nous commençons notre voyage au « pays de la vision » avec Tchouang-Tseu et un dialogue entre un homme du marché et un prince. Celui-ci réalise soudain que la voie proposée pour réaliser sa vision est plus exigeante qu'il ne le croyait : « Le prince dit : "Je ne sais comment faire, car cette voie est longue et dangereuse, elle traverse des rivières et des montagnes, et je n'ai ni bateau, ni char." L'homme du marché : "Abandonnez toute prétention, laissez toute convention, cela vous servira de char." Le prince : "Qui me tiendra compagnie dans ce voyage long et solitaire, à travers ces contrées désertes ? Comment arriverai-je au bout si les provisions viennent à me manquer, si je n'ai plus rien à manger ?" L'homme du marché : "Si vous limitez vos dépenses, si vous réduisez vos désirs, vous y arriverez même sans provisions. Vous traverserez des rivières, vous voguerez en pleine mer et, vous retournant vers la rive, vous ne l'apercevrez plus ; regardant vers l'avant, vous n'en verrez pas l'autre bord. Pendant ce temps, ceux qui vous auront escorté jusqu'au rivage seront rentrés chez eux – vous vous éloignerez de plus en plus. Celui qui possède les autres est empêtré, ceux qui sont possédés par quelqu'un se sentent menacés. Le roi Yao n'a pas voulu posséder les autres, ni être possédé. Défaites-vous donc à votre tour de l'embarras du pouvoir, de l'inquiétude d'être prince, et cheminez selon la voie, seul au royaume des vastes espaces !" » (cité par Jean-François Billeter, *Études sur Tchouang-Tseu*).

Sans vision, nous n'existons tout simplement pas. Une de nos premières responsabilités consiste donc à clarifier ce que nous désirons réaliser. Tout travail sur la vision commence par un travail sur nous-mêmes et par une recherche de ce qui, pour nous, a vraiment du sens. Prenons le temps de visualiser ce que nous désirons, ce à quoi nous aspirons.

Nous allons nous imaginer dans trois à cinq ans. Commençons par trouver un endroit que nous aimons. Asseyons-nous confortablement. Détendons-nous. Respirons profondément. Puis répondons aux questions ci-dessous, soit en fermant les yeux et en imaginant ce que nous souhaitons, après chacune des questions, soit en notant les images qui nous viennent en réponse à chacune des questions :

- *Où suis-je ?... Qu'est-ce que je vois ? ressens ? entends ?... Qu'est-ce que je fais ?*
- *Qui est avec moi ?... Comment est-ce que je communique ?...*
- *Qu'est-ce que je fais ?... Qu'est-ce que je dis ?... Qu'est-ce que les autres disent de moi ?... Qu'est-ce qui est important pour moi ?...*

Nous pouvons utiliser ces questions pour aider une autre personne à visualiser son avenir.

Autrefois, les entraîneurs sportifs mettaient presque exclusivement l'accent sur l'entraînement physique. Aujourd'hui, ils prennent en compte les dimensions mentale et émotionnelle, et les techniques de visualisation sont couramment utilisées par les athlètes de haut niveau. Pour inspirer une vision partagée au sein d'une organisation, considérons des approches et des comportements complémentaires à la visualisation décrite ci-dessus :

- Est-ce que j'invite les autres à parler de leurs aspirations ?
- Est-ce que la vision que je présente est claire, attirante, motivante, fascinante ?
- Lorsque je parle du futur, suis-je positif et enthousiaste ?
- Est-ce que je montre aux autres comment ils peuvent réaliser ce qu'ils désirent ?
- Est-ce que je parle du sens de notre travail, de nos efforts ?
- Est-ce que je célèbre suffisamment les réussites ?

Inspirer une vision partagée, cela suppose une capacité à donner du sens à ce que nous faisons, à ce qui va souder l'équipe. Pourtant, lorsqu'on parle de vision et de stratégie, beaucoup de dirigeants déclarent que le problème n'est justement pas là, mais que « le problème, c'est la mise en œuvre » ! Peut-être seraient-ils bien avisés de commencer par balayer devant leur porte !

- □ Est-ce que nous impliquons les membres de l'organisation dans la définition d'une vision... *ou ce processus est-il réservé à quelques élus ?* Et, *si tel est le cas, pouvons-nous nous étonner de ce que la vision ne soit pas partagée ?*
- □ Expliquons-nous suffisamment le sens de ce que nous réalisons... *ou avons-nous plutôt l'œil rivé sur les résultats mensuels ?*
- □ Reconnaissons-nous les contributions individuelles et collectives, célébrons-nous les réalisations régulièrement... *ou considérons-nous que c'est normal, et qu'« on est là pour travailler » ?* Et, *si tel est le cas, comment osons-nous parler de motivation ?*
- □ Est-ce que nous communiquons dix fois, cent fois, mille fois, notre vision, en utilisant des images, des métaphores, des histoires... *ou nous contentons-nous de donner des directives et de présentation sur* Power Point, *en osant croire que « ça va suivre » ?*

Il n'existe, enfin, tout simplement pas de vision authentique sans prise en compte des dimensions écologiques et éthiques.

- □ Est-ce que, dans tout ce que nous faisons, nous respectons l'environnement... *et la loi de la nature, avec laquelle personne ne peut tricher sans être fauteur de désastre ?*
- □ Est-ce que, dans tout ce que nous faisons, nous respectons les personnes... *employés, clients, fournisseurs, partenaires...* ?
- □ Est-ce que nous respectons et encourageons les idées nouvelles et l'innovation... *Sans elles, ni survie, ni avenir.*
- □ Est-ce que nous considérons avec attention les moyens que nous utilisons, nous assurant qu'ils ne contredisent aucunement les objectifs poursuivis ?... *Les moyens déterminent toujours la fin...*

La vision de toute personne authentique procède du Tao.

> « L'homme n'est pas une créature médiocre. Une partie de lui-même – murée, obscurcie depuis l'origine – est ouverte à l'infini. Ce qu'on appelle condition humaine est un point d'intersection d'autres forces. Peut-être notre condition n'est-elle pas humaine ? »
>
> Octavio Paz,
> *Courant alternatif.*

Celui qui plie restera intègre,
celui qui s'incline sera redressé,
celui qui se vide sera rempli,
celui qui se fanera reverdira,
celui qui possède peu fructifiera,
celui qui possède beaucoup s'égarera.

Ainsi le sage, embrassant l'unité,
sera un modèle pour les autrs.
Il ne s'exhibe pas, et il resplendit.
Il ne s'affirme pas, et il illumine.
Il ne se glorifie pas, et il est reconnu.

Il tait ses succès et reste aux commandes.
Comme il ne rivalise avec personne
personne ne peut rivaliser avec lui.

Le vieux proverbe : « Qui plie restera entier »
n'est pas une parole creuse.

Reste intègre, tout viendra à toi

22
Lâcher prise

Pour réfléchir à ce dont nous pourrions nous débarrasser, afin d'être plus authentiques, commençons notre voyage sur une route boueuse en compagnie de deux moines japonais : « Tanzan et Eikeido voyageaient ensemble. Ils se trouvaient sur une route boueuse et il pleuvait des cordes. Soudain, à un tournant, apparut une belle jeune fille vêtue d'un kimono et d'une ceinture de soie, qui n'arrivait pas à traverser.

– Attendez, je vais vous aider, dit Tanzan à celle-ci. Et, soulevant la jeune fille, il la porta au-dessus de la boue.

Eikeido ne dit plus un mot jusqu'au soir. Mais lorsqu'ils s'arrêtèrent pour la nuit dans un temple, il éclata :

– Nous, les moines, nous n'approchons pas les femmes, et surtout celles qui sont jeunes et belles. C'est dangereux. Pourquoi as-tu fait cela ?

– J'ai laissé la jeune fille là-bas, répondit Tanzan, mais toi, serais-tu encore en train de la porter ? » (in Paul Reps, *Le Zen en chair et en os*).

Nous continuerons notre route (cette route boueuse, quelle belle métaphore des difficultés que nous rencontrons, quotidiennement !) en nous interrogeant :

- ☐ Mon comportement est-il en accord avec mes intentions ?
- ☐ Est-ce qu'il m'arrive de vouloir faire quelque chose sans réussir à le faire ?
- ☐ M'arrive-t-il de ne pas vouloir faire quelque chose et ne pas pouvoir m'arrêter de le faire ?
- ☐ Est-ce que je reconnais consciemment ma difficulté ?
- ☐ Ai-je l'intention de changer de comportement ?
- ☐ Puis-je écrire cette intention noir sur blanc ?

- Puis-je créer de nouveaux comportements qui m'aideront à lâcher prise et à me débarrasser de vieux comportements qui ne sont ni productifs ni utiles ?

Lorsque nous devons décider de lâcher prise devant des obstacles que nous rencontrons, il peut être utile de réfléchir à la nature même de ces obstacles. Une manière de le faire consiste à analyser la nature des obstacles afin de mieux les approcher :

- Obstacles que je peux surmonter maintenant : *comment vais-je le faire* ?
- Obstacles par rapport auxquels je peux avoir une influence : *de quels soutiens ai-je besoin pour y parvenir* ?
- Obstacles sur lesquels je n'ai pour l'instant aucune influence : *puis-je créer les conditions qui rendront le changement possible* ?

Est-ce que j'y vois plus clair ? Ai-je le courage de faire ce que j'ai à faire ?

Nous pouvons personnellement lâcher prise et nous débarrasser de toutes sortes de choses : une pensée qui nous tourmente, des choses que nous conservons sans en avoir besoin, une mauvaise habitude, des choses que nous faisons sans vraiment vouloir les faire, des pensées négatives sur nous-mêmes, ou à propos d'autres personnes, quelque chose qui nous rend tristes, des sentiments de ressentiment, de haine, de revanche à prendre, une peur...

Lâcher prise est difficile : difficulté à déléguer des tâches importantes, besoin de faire soi-même, besoin de contrôler, manque de confiance dans les autres, besoin d'être reconnu, etc. Il existe bien des manières – subtiles ou moins subtiles – de ne pas lâcher prise. La liste ci-dessous pourrait être utilisée comme un petit outil d'auto-évaluation de notre capacité à NE PAS **lâcher prise**. Ai-je tendance à :

- imposer mes idées, mes sentiments, ma façon de voir ?
- ne pas écouter les autres ? préparer ce que je vais dire alors que l'autre me parle ?
- vouloir tout contrôler, exercer le pouvoir ?
- me concentrer sur l'opérationnel, au détriment du stratégique ? m'affairer ?
- m'en tenir à ce que l'on m'a dit ou enseigné ?
- insister sur une approche purement rationnelle ?

- □ avoir peur de perdre quelque chose ?
- □ refuser les réponses émotionnelles et les sentiments (les miens ou ceux des autres) ?
- □ évaluer et juger les autres en secret ?

De quoi puis-je me débarrasser pour devenir une personne plus authentique ?

Question importante, car une seule pomme pourrie peut pourrir tout le panier...

Prenons donc un moment pour faire un petit exercice. Imaginons que notre vie soit un grand tas de pommes. Il y a là beaucoup de pommes : des choses que nous avons réalisées, des moments de bonheur – et je désire les conserver.

Il y a aussi quelques pommes qui commencent à pourrir, ou qui sont pourries – je pourrais m'en débarrasser.

Prenons un moment pour trier et enlever ces pommes pourries du tas. Elles sont peut-être petites, ou plus grosses. Elles sont peut-être vieilles, trop vieilles pour être utiles, ou bien elles n'ont jamais été bonnes pour nous de toute manière.

De quelles pommes vais-je me débarrasser ?

Après avoir pris mes pommes pourries et les avoir mises de côté je prends un moment pour réfléchir à la manière de m'en débarrasser : quand ? comment ? aurai-je besoin de soutien ? **Je prends un moment pour mesurer et apprécier la différence que cela va faire dans ma vie : en me débarrassant de cette pomme, ou de ces pommes, je contemple ce que je vais gagner.**

☯

« Si l'homme parfois ne fermait pas *souverainement* les yeux, il finirait par ne plus voir ce qui vaut la peine d'être regardé. »

René Char,
Feuillets d'Hypnos.

Grâce au silence
l'action devient naturelle.

Un grand vent disparaît avec la fin de la matinée.
Une averse ne dure pas toute la journée.

Qui produit pluie et vent ? Le ciel et la terre.
Si les œuvres du ciel et de la terre ne durent pas,
comment celles des hommes dureraient-elles ?

Que dire de l'œuvre des hommes ?
Qui cultive le Tao fait un avec lui.
Qui cultive la Vertu devient vertueux.
Qui courtise la perte se perd.

Celui qui aspire au Tao, le Tao l'accueille.
Celui qui aspire à la Vertu, la Vertu l'accueille.
Celui qui va vers sa perte, la perte l'accueille.

Là où il n'y a pas de sincérité, il n'y a pas de fidélité.

23
Silence

Commençons notre voyage au « pays du silence » avec une histoire soufie rapportée par James Fadiman et Robert Frager dans *Essential Soufism* : « Un sultan chevauchait à travers le pays, entouré de courtisans et de soldats. Tout le monde se prosternait à son passage, à l'exception d'un seul derviche.

Le sultan arrêta sa suite et demanda que l'on fasse comparaître le derviche devant lui. Il voulait en effet savoir pourquoi l'homme ne s'était pas prosterné.

Le derviche lui répondit : "Laissez tous ces hommes se prosterner devant vous. Ils désirent tout ce que vous possédez – de l'argent, du pouvoir, un rang. Mais tout cela ne signifie rien pour moi, j'en rends grâce à Dieu." Puis il ajouta : "En outre, un homme libre ne saurait se prosterner devant un esclave.

– Que voulez-vous dire ? s'écria le sultan.

– Vous êtes l'esclave de la colère et de l'avidité, dit le derviche calmement, le regardant droit dans les yeux. J'en ai fait mes serviteurs et suis un homme libre."

Reconnaissant la vérité de ce qu'il entendait, le sultan se prosterna devant le derviche. »

Chaque personne a besoin de moments de silence, de réflexion, de méditation, de retour sur elle-même, **afin de voir ce qui est essentiel**.

Pourquoi tant de personnes ont-elles une telle peur du silence, qu'elles assimilent au vide ? Serait-ce parce qu'elles sont trop pleines de leurs propres pensées, de leurs objectifs, de leurs opinions, de leur désir de les imposer aux autres ? Ou serait-ce parce que – à force d'être si actives, pleines d'idées et pleines d'elles-mêmes – elles en deviennent creuses ? J'ai trop vu de managers et de dirigeants auxquels tout le monde – leur épouse ou leur époux, leurs enfants et leurs collaborateurs – avait envie de dire : « Allez moins vite ! Respirez ! Calmez-vous ! »

Où courons-nous d'ailleurs si vite ? Vers les migraines, vers l'ulcère à l'estomac, vers des douleurs dans le dos ou vers l'infarctus qui nous guettent ?

Apprenons à mieux détecter les signes de cette peur du silence. Lorsque je deviens très exigeant, lorsque je « mets la pression », lorsque je parle beaucoup – trop – au cours des réunions, ou quand j'ai l'impression que « c'est moi qui fais tout »... Ou encore, dans mes interactions avec les autres, lorsque j'utilise des questions closes ou manipulatrices, lorsque je ne sais plus tenir mon cheval extraverti hennissant par les rênes, et que je bombarde de questions mes interlocuteurs. Ou encore lorsque je suggère fortement : « Ne pensez-vous pas que ? » (« *Si, si, chef, j'allais justement vous le dire...* », *s'empresse de répliquer un paillasson, tandis que l'autre, plus libre, se dit tout bas* : « Non, ça *c'est plutôt ce que vous pensez, vous.* ») Ou lorsque je recommande : « Si j'étais à votre place... » (*pendant que l'autre se dit en son for intérieur* : « On *voit bien qu'il n'y est pas...* »).

La peur du silence et du vide épargne peu de personnes. Beaucoup tentent de l'exorciser en zappant sur leurs téléviseurs ou en surfant sur Internet dès qu'ils ont l'opportunité de profiter d'un moment... de silence ! Ils ne font ainsi que la nourrir et l'aggraver, rendant à chaque instant plus difficile ou plus improbable un vrai retour sur soi.

Pis encore, bien des personnes qui ont du temps à elles en souffrent, et se culpabilisent en secret : « Je ne vaux rien puisque je ne suis pas occupé ou actif comme tous les autres ! » Quand nous ne tournons pas en rond le nez dans le guidon du travail, nous tournons en rond pour nous changer les idées dans des centres commerciaux ! N'est-ce donc qu'en de très rares occasions, bloqués au cours d'un voyage par un accident imprévu, voire seulement lorsque nous sommes en vacances, que nous pourrons prendre le temps de faire silence, nous arrêter, et goûter le vrai miel de la vie ?

Suis-je maître de mon agenda, de mon temps, ou en suis-je l'esclave ? Quand, pourquoi et comment suis-je libre et serein ?

Il y a, bien sûr, tant d'impératifs : concurrence, mondialisation, efforts de productivité, réduction des coûts, réduction des dépenses, réunions, expliquer, informer, convaincre, manager des fournisseurs, développer des stratégies marketing, des campagnes publicitaires, des argumentaires de vente, revoir les résultats financiers, sans parler des programmes qualité, de l'administration ! Et... il y a les personnes qui font tout cela ! Il y a le temps que je leur donne, pour les motiver, les écouter, les connaître, les accompagner. Où et comment trouver le temps pour tout cela ?

La quasi-totalité des dirigeants que je rencontre me le disent : « J'ai besoin de temps pour établir les priorités », « de mieux manager mon temps », « de trouver du temps pour me consacrer à l'essentiel », « de passer plus de temps sur les questions stratégiques », « de mieux me préparer pour aborder une question difficile avec un de mes collaborateurs », « de dégager du temps pour mieux connaître, comprendre et accompagner ceux qui travaillent avec moi », « de penser à ce que je peux déléguer à qui, quand et comment »...

Autres paradoxes : c'est lorsque je ne cherche pas à « faire passer » une idée que l'autre la fait sienne, tout simplement parce qu'elle était en lui pour commencer ! C'est lorsque je ne cherche pas à « vendre » ce que je fais que les clients s'intéressent de plus en plus aux services que je propose. C'est lorsque je me réserve une heure et demie tous les matins porte close et sans interruption que je deviens naturellement tout à la fois plus disponible et plus fin stratège. C'est lorsque j'écris que je me prépare à mieux agir.

L'action efficiente d'une personne authentique jaillit directement de son silence.

« La condition souveraine du savoir est le silence. »

Abd-Allah Ibn Muqaffa,
Kalila et Dimna.

Celui qui se dresse sur la pointe des pieds
ne tiendra debout de manière stable.
Celui qui court en trop longues foulées
ne tiendra le rythme et n'ira pas loin.
Celui qui est satisfait de lui-même
ne sera pas respecté.
Celui qui se met en avant ne rayonnera pas.
Celui qui se vante ne sera pas reconnu.

Selon le Tao, *tout cela est comme trop manger*
ou voyager avec trop de bagages.

Les adeptes du Tao *l'évitent donc.*

24

Des ravages de l'ambition et de l'arrogance

Nous commençons notre voyage au « pays de l'ambition » en compagnie de Bankei : « Un jour où Bankei dirigeait une retraite au monastère de Sanyûji dans la province de Bizen, laïcs et religieux affluaient en grand nombre pour l'écouter les jours où il prêchait. Or, à proximité, il y avait un grand temple de la secte Nichiren dont l'abbé était renommé pour sa connaissance du Sutra du Lotus et vénéré par toute sa congrégation. À cette époque, Bankei était célèbre dans tout le pays et son enseignement attirait des foules considérables. Même les fidèles de l'abbé s'empressaient d'aller écouter ses sermons. Un jour, l'abbé exaspéré leur dit : "D'après ce que j'ai entendu, ce Bankei est complètement inculte. Si je le rencontre, je lui poserai une question et je suis sûr que je lui clouerai le bec d'un seul mot." N'y tenant plus, il décida de se rendre à la réunion. Il resta à l'arrière de la salle et, au milieu du sermon, il lança d'une voix tonitruante : "Tous ces gens qui ici vous écoutent croient en votre doctrine et en ce que vous leur racontez. Mais quelqu'un comme moi n'acceptera jamais vos principes. De quels arguments useriez-vous si vous deviez me faire accepter vos thèses ?" Bankei leva son éventail et dit : "Voudriez-vous vous approcher ?" L'abbé fit quelques pas. "Venez encore un peu plus près !" L'abbé s'avança encore. "Alors, monsieur l'abbé, vous voyez bien que vous acceptez ce que je dis !" En plein désarroi, l'abbé quitta la réunion sans ajouter un mot » (Bankei Kokushi, in *Le Goût du Zen, recueil de propos et d'anecdotes*).

Si le désir de se mettre au service d'une organisation et d'une mission peut être très noble, ainsi que celui d'utiliser nos compétences et nos talents du mieux que nous le pouvons, l'ambition et l'arrogance viennent trop souvent gâcher les dons de certaines personnes.

Commençons donc en tentant de nous évaluer honnêtement. Est-ce que :

- □ je me concentre sur ce que j'ai à faire et m'efforce de bien l'accomplir avec mon équipe... *ou sur ce que cela va me rapporter* ?
- □ je laisse les résultats obtenus avec mon équipe parler de mon influence et de mon style de management... *ou je m'attribue le mérite du travail fait par d'autres* ?
- □ j'aide les autres à se développer et à progresser... *ou je n'hésite pas à les écraser pour être remarqué et passer devant eux* ?
- □ j'aide les autres à résoudre les problèmes qu'ils rencontrent... *ou je travaille surtout sur les sujets qui m'intéressent et me servent personnellement* ?
- □ je mets en valeur les membres de mon équipe, je reconnais publiquement les contributions individuelles et collectives... *ou j'ai plutôt tendance à être critique et très exigeant avec eux, parfois agressif* ? *à ne pas leur faire confiance* ?
- □ je donne de la visibilité aux membres de mon équipe... *ou je suis seul à parler à mon management, de manière à bien me vendre et à me positionner* ?
- □ je dis ce que je pense... *ou je dis aux autres ce qu'ils veulent entendre* ?
- □ je me mets au service des autres et du bien de l'organisation... *ou j'ai trouvé un terrain idéal pour réaliser mes propres ambitions* ?

M'arrive-t-il de :

- □ prétendre être ce que je ne suis pas ?
- □ vouloir impressionner par mes résultats et la manière que j'ai de les présenter ?
- □ critiquer les idées des autres pour me mettre en avant et vendre les miennes ?
- □ être froid, distant, désireux de montrer mon évidente supériorité ?
- □ masquer mes pensées et mes sentiments ?

Beaucoup de personnes ambitieuses ont tendance à se surestimer et à surestimer... ce qu'elles apportent à l'organisation ! Il peut être utile pour une personne très ambitieuse de s'exposer à un feedback à 360 degrés, afin de vérifier si les forces qu'elle croit avoir sont bien perçues et reconnues par les autres, et en particulier les personnes dont elle est responsable ; si elle ne se surestime pas ; si elle n'a pas des faiblesses qu'elle ignore ou à propos desquelles elle préfère s'aveugler plutôt que de se regarder honnêtement dans le miroir.

Un schéma très classique, dans les rapports de feedback à 360 degrés, chez les managers très ambitieux, est qu'ils sont perçus très positivement par leurs managers, beaucoup moins par leurs pairs et de façon parfois désastreuse par leurs propres collaborateurs... C'est ce qui s'appelle manager en regardant seulement vers le haut ! Or le feedback le plus significatif en ce qui concerne nos vraies qualités – même si celui de notre manager ou de nos pairs est important – est toujours celui de nos collaborateurs directs. Un autre schéma classique dans ces rapports de feedback à 360 degrés est que l'auto-évaluation peut y être très complaisante. Arrogance, ambition et aveuglement font un très bon ménage à trois ! Il est parfois très difficile pour certains d'accepter le feedback tel qu'il est, une photographie de moi-même dans laquelle je n'aime guère l'image que je vois...

Les personnes qui ont tendance à être trop ambitieuses bénéficient souvent beaucoup des perspectives d'un coach ou d'un mentor, qu'ils fassent partie ou non de l'organisation.

La personne authentique sait que l'ambition, dans sa substance, n'est que l'ombre d'un rêve, comme l'a admirablement dit Shakespeare. Elle l'évite donc, comme la peste noire. Elle traite tous ceux qu'elle rencontre comme ses égaux, elle se conduit et s'habille simplement, elle est discrète, elle rencontre des personnes très diverses, voyage beaucoup et côtoie les maîtres classiques.

Jamais elle ne se met en avant.

« L'ambition souvent fait accepter les fonctions les plus basses : c'est ainsi qu'on grimpe dans la même posture que l'on rampe. »

Jonathan Swift,
Instructions aux domestiques.

Il y avait l'Un,
indivis, accompli,
avant la formation
du ciel et de la terre.

Silencieuse, illimitée,
indépendante, inaltérable,
circulant partout sans se lasser.
La Mère du monde tout entier.

Ne connaissant pas son nom,
je l'appelle le Tao.
Ne pouvant le définir, je le dis « grand »,
sa grandeur impliquant l'extension,
son extension l'éloignement,
son éloignement appelant le retour.

Ainsi le Tao est grand.
Le ciel est grand.
La terre est grande.
L'être humain est grand.
L'être humain est l'un
des quatre grands du monde.

L'homme dépend de la terre.
La terre dépend du ciel.
Le ciel dépend du Tao.
Le Tao ne dépend que du Tao.

25

Réaliser ce que je désire

Nous commençons notre voyage au « pays du rêve réalisé » en compagnie de W.N. Murray, le leader de l'expédition écossaise de l'Himalaya : « Aussi longtemps qu'une personne ne s'est pas engagée, il y a de l'hésitation, la possibilité de se retirer, et toujours de l'inefficacité. En ce qui concerne tous les actes d'initiative (et de création), il existe une vérité élémentaire. L'ignorer tue d'innombrables idées et des plans splendides. Au moment même où nous décidons de nous engager, la providence nous accompagne. Toutes sortes de choses se produisent qui ne se seraient pas produites autrement. Toute une vague d'événements engendrés par notre décision, au travers d'incidents imprévus, de rencontres et d'assistance matérielle, viennent nous soutenir, d'une manière dont nous n'aurions pas même pu rêver » (*The Scottish Himalayan Expedition*).

Qu'est-ce que je désire réaliser ? Mais encore ? Comment saurai-je que j'ai atteint mon but ? Qu'est-ce que les autres observeront alors ? Qu'est-ce que je ferai que je ne fais pas actuellement ? Où et avec qui serai-je ? Comment est-ce que je me sentirai ? Comment et pourquoi ma vie sera-t-elle meilleure ? Quelles sont les étapes majeures pour atteindre ce but ? Comment saurai-je que je l'ai presque atteint ?...

Réalisons ce que nous voulons réaliser [1]

- Identifions **les domaines qui sont importants pour nous** (vie familiale, relations, communauté ou association, travail, loisirs, développement personnel, santé, etc.).
- Sélectionnons ceux dans lesquels nous désirons **réaliser quelque chose d'important**.

- □ Pour chacun des domaines identifiés, identifions **des résultats spécifiques que nous voulons atteindre**. Allons le plus loin qu'il nous est possible : si j'avais « carte blanche » et pouvais réaliser tout ce que je désire, que ferais-je ?
- □ Identifions **d'éventuelles sources de conflit ou d'incompatibilité** entre les résultats identifiés et désirés. Demandons-nous comment nous pouvons résoudre ces conflits ou surmonter les difficultés.
- □ Identifions aussi **les éventuelles synergies et complémentarités** entre les résultats identifiés et désirés. Demandons-nous comment nous pouvons les mettre en œuvre...

De quels soutiens nous aurons besoin pour le faire ? Ai-je besoin :

- □ de personnes qui vont m'aider à clarifier ce que je désire ?
- □ de personnes qui vont m'aider à atteindre les objectifs que je souhaite poursuivre ?
- □ de personnes qui vont me secouer, me remettre en question, me challenger ?
- □ de personnes qui vont me donner du feedback ?
- □ de personnes qui vont reconnaître et célébrer mes réalisations, mes réussites ?
- □ de personnes qui ont réalisé ou tentent de réaliser quelque chose de similaire et desquelles je peux apprendre ? Que puis-je apprendre d'elles ?
- □ d'autre chose... ?

Pour certains d'entre nous, travailler en profondeur sur les objectifs que nous nous fixons peut s'avérer extrêmement utile. L'outil classique décrit ci-dessous offre une bonne manière de le faire, seul ou avec une autre personne. Mon objectif est-il :

- □ **spécifique ?** Ai-je défini avec précision les buts et les résultats que je désire atteindre ? Puis-je être plus précis encore en les décrivant ?
- □ **mesurable ?** Comment saurai-je que j'ai atteint l'objectif ?
- □ **acceptable ?** Importante vérification écologique : n'y a-t-il aucun impact négatif sur quiconque, ni sur le monde et la nature qui m'entoure ?
- □ **réalisable ?** Puis-je atteindre cet objectif ? Est-il suffisamment ambitieux sans pour autant l'être trop ?

- temporellement clair ? Quand l'aurai-je atteint ? Ou, s'il s'agit d'un processus, à quel rythme est-ce que je veux le réaliser (méditer vingt minutes chaque jour, préparer des entretiens d'évaluation, marcher en forêt trois fois par semaine, etc.).

Pour beaucoup d'entre nous, la question n'est pas tant de clarifier nos objectifs (encore que ce ne soit jamais inutile !...), mais – parce que nous rencontrons des difficultés, avons ess ye diverses approches qui se sont avérées infructueuses, ommes à court d'idées ou sommes tout simplement bloqués – de trouver des idées pour les atteindre ou les réaliser. La technıque décrite ci-dessous peut leur être très utile.

Lorsque j'ai besoin d'idées pou. réaliser quelque chose que je désire :

- je réunis un petit groupe de personnes, en pensant à inclure des personnes qui ne sont pas familiarisées avec mon environnement, mes objectifs ou ma problématique...
- je leur explique brièvement ce que je désire réaliser ·
- je leur tourne le dos ;
- je demande aux membres du groupe de donner toutes leurs idées, leurs réactions, leurs suggestions, les solutions qu'ils envisagent. Pendant qu'ils parlent, je les écoute et prends un maximum de notes ;
- lorsque que j'ai une longue liste d'idées, je me retourne et continue d'explorer avec eux celles qui me paraissent intéressantes, riches ou prometteuses.

Nous sommes beaucoup plus forts que nous ne le pensons parfois. Tout ce que nous pouvons faire, ou rêvons de pouvoir faire, si c'est en harmonie avec le Tao, faisons-le !

**Comme l'a dit Goethe, le courage est accompagné de génie, de puissance et de magie.
Cela même qui caractérise l'action permanente du Tao dans l'univers.**

« Toute leur vie, les hommes vont à la pêche sans savoir que ce n'est pas du poisson qu'ils cherchent. »

Henry David Thoreau

Le lourd est la racine du léger ;
le calme est le maître de l'agitation.

Ainsi le sage, voyageant toute la journée,
ne perd pas de vue son bagage.
Bien qu'il y ait des choses admirables à voir,
il reste calme, sans attaches, au-dessus de tout.

Pourquoi le maître de dix mille chars
se conduirait-il avec légèreté en public ?

Qui se conduit avec légèreté perd ses propres racines,
qui s'agite perd la maîtrise de soi.

26
Gouverner

Commençons notre voyage au « pays du gouvernement » en compagnie d'un roi chinois : « Le roi Tchouang de Tch'ou interrogea Tchan Ho et dit : "Que faut-il faire pour gouverner l'État ?" Tchan Ho répondit : "Pour votre sujet, il n'y a de clair que le gouvernement de soi-même. En ce qui concerne le gouvernement de l'empire, je n'ai aucune intelligence." Le roi Tchouang de Tch'ou reprit : "Notre humble personne a reçu en héritage les temples de nos ancêtres et les autels de notre État. Nous désirerions une doctrine qui nous permette de conserver cet héritage." Tchan Ho répondit ainsi : "Votre sujet n'a pas encore entendu dire que lorsqu'on sait gouverner sa propre personne, l'État puisse être en désordre. D'autre part, je n'ai pas encore entendu dire que celui qui est soi-même en désordre puisse avoir un État policé. La cause du désordre est dans son moi propre, et je n'ose point parler des effets ultimes." Le roi de Tch'ou dit : "C'est bien !" » (Lie-Tseu, « Il importe de se gouverner d'abord soi-même », *Le Vrai Classique du vide parfait*).

On souhaiterait volontiers aux dirigeants du monde entier d'avoir un coach tel que Tchan Ho ! Et d'avoir l'humilité et la capacité d'écoute du roi Tchouang de Tch'ou ! Lao-Tseu l'a dit par ailleurs : la vraie maîtrise dans l'art de gouverner commence et finit avec la maîtrise de soi. Sans maîtrise de soi, il n'est pas utile de penser à gouverner. Tout dirigeant authentique prend soin de mettre sa propre maison en ordre, il est attentif à balayer devant sa porte. En un temps – notre temps – où l'ambition, l'arrogance, la prétention, l'obsession de l'argent et des possessions, le mensonge et l'hypo crisie, le mépris de l'opinion des peuples, la corruption sont si profondément liés à l'exercice du pouvoir, car ils sont confortés et renforcés par la pensée dominante, le message de Lie-Tseu et de Lao-Tseu n'a jamais été plus actuel !

Nous ne pourrons jamais gouverner les autres si nous recherchons égoïstement notre propre réussite ; si nous sommes centrés sur nous-mêmes ; si nous sommes prêts à tout et n'importe quoi pourvu que cela rapporte de l'argent ; si nous faisons preuve de complaisance vis-à-vis de nous-mêmes ; si nous méprisons les mots en les défigurant ; si nous faisons preuve de relativisme en matière d'éthique ; si nous ne respectons pas toutes les personnes que nous rencontrons ; si nous ne respectons pas les ressources naturelles.

Lorsqu'on voit le nombre de scandales qui frappent le monde politique et économique depuis quelques années, on se demande parfois comment sont formés nos dirigeants. Le sont-ils autrement que par les mauvais exemples qui les entourent ? Surtout si l'on songe – au-delà des scandales publics qui défraient les chroniques et qui masquent parfois les bons exemples – aux vrais scandales : recherche exclusive du profit et de la croissance à n'importe quel prix ; face cachée de ce qu'on appelle la mondialisation et qui n'est souvent qu'une gigantesque exploitation éhontée des pauvres ; poursuite de la fortune personnelle par tous les moyens ; spéculations criminelles ; manipulations des cours des matières premières ; surexploitation des forêts avec le seul souci de la rentabilité à court terme ; exploitation criminelle des ressources de la mer ; pollutions non maîtrisées pour lesquelles tout le monde paie... De beaux discours cache-misère sur la gouvernance, c'est un peu court !

Pour gouverner de manière authentique, il faut commencer par écouter et par suivre les personnes dont nous avons la charge. Or c'est souvent le contraire qui se passe. De faux dirigeants non éclairés imposent leurs décisions à ceux qu'ils gouvernent sans même se soucier de leurs aspirations et de leur opinion. Cela est vrai de dirigeants politiques sourds à la voix de leur propre peuple, mais aussi d'autres dirigeants. Mais l'âge des révoltes et des révolutions semble passé... On a quand même de quoi vivre, alors on se résigne, on se tait, on dit bonjour à la paresse, on est frustré, on doute, on est démotivé, on ne croit plus ce que disent ministres, patrons ou chefs d'État, on oublie tout ça, on se console comme on peut. Bref, on est lâche et... mal gouverné.

Que faire ? **Nous gouverner tout d'abord nous-mêmes**. En devenant plus conscients, en pratiquant la méditation, en respirant consciemment, en utilisant des techniques physiques qui nous aideront à être centrés. Pour certains d'entre nous, devenir plus conscient impliquera de nous réformer nous-mêmes, d'abandonner des habitudes improductives ou malsaines, pour retrouver notre vraie nature, et nous consacrer à ce que nous pensons pouvoir contribuer à faire. Il nous faut donner à notre vie un sens.

Il nous faut donc nous réformer nous-mêmes, désapprendre, réapprendre, apprendre à apprendre, remettre en cause nos préjugés et nos opinions toutes faites, nos modèles mentaux, pour enfin apprendre et réaliser ce en quoi consistent la pensée systémique, les théories du chaos et de la complexité, les modèles d'auto-organisation, la nature même de la vie, l'intelligence intrapersonnelle et l'intelligence interpersonnelle, l'art du management, en un mot, afin d'être mieux à même de relever les immenses défis auxquels notre monde fait face.

Il nous faut donner un vrai sens au mot « gouvernance ». Il nous faut écouter, comprendre que c'est en suivant ce que nous disent ceux qui nous suivent, en étant attentifs à leurs aspirations, à leurs rêves les plus nobles, que nous jouerons notre rôle de responsables, ce qui pourra entraîner, pour certains d'entre nous, des changements radicaux dans nos comportements, nos manières d'être et d'opérer. Il nous faut être comptables et responsables de tous nos actes, privés ou publics, vis-à-vis de tous les autres. Il nous faut considérer quelle équipe, quelle organisation, quel pays, quelle région, quelle planète nous voulons créer et transmettre à nos enfants et à leurs enfants. Il nous faut planter les semences du monde futur que nous désirons. Il nous faut être exigeants à propos des dimensions de l'écologie radicale dont parle si remarquablement Fritjof Capra dans *La Toile de la vie*.

Ayant trouvé le sens de la vie, le sens de sa vie,
le dirigeant authentique crée du sens pour et avec les autres.

« Comment pourrais-je gouverner autrui, qui moi-même gouverner ne saurais ? »

François Rabelais,
Vie inestimable du grand Gargantua.

Un bon marcheur ne laisse pas de traces ;
un bon orateur ne fait pas de fautes ;
un bon comptable n'a pas besoin de comptes.
une bonne porte n'a pas besoin de serrure,
et pourtant nul ne peut l'ouvrir.
Une bonne reliure n'a pas besoin de nœuds,
et pourtant nul ne peut la défaire.
C'est pourquoi le sage prend soin de tous les êtres
et n'en abandonne aucun.
Il prend soin de toute chose
et n'en abandonne aucune.
Cela s'appelle « suivre la lumière ».
Quel est l'homme bon ? Celui qui fait progresser le moins bon.
Quel est l'homme moins bon ? Celui qui dépend du bon.
Si le maître n'est pas respecté et les étudiants laissés à eux-mêmes,
la confusion naîtra, même si le dirigeant est très intelligent.
Voici le cœur même du mystère.

27
Une vie sans artifices

Nous commençons notre voyage au « pays des artifices » avec une des *Fables* d'Ambrose Bierce qui met en scène un grand principe : « Un grand principe rencontra un jour un intérêt matériel, sur un pont trop étroit pour qu'ils puissent s'y croiser. "Allonge-toi, chose vulgaire ! tonna le grand principe, que je puisse passer sur toi !" L'intérêt matériel se contenta de fixer son interlocuteur dans les yeux, sans dire un mot. "Bon, dit le grand principe après une hésitation, tirons au sort qui de nous deux laissera le passage à l'autre..." L'intérêt matériel resta silencieux, et ne baissa pas le regard. "Dans un souci d'apaisement, reprit le grand principe – de plus en plus mal à l'aise –, je m'allongerai donc moi-même, et c'est toi qui passeras sur moi." L'intérêt matériel retrouva alors sa langue qui, par une heureuse coïncidence, se trouvait justement dans sa bouche : "Je ne suis pas sûr qu'il vaille la peine de te passer dessus, dit-il. Je suis un peu délicat des pieds. Et si tu passais, tout simplement, à la nage ?" Ainsi fut fait. »

Voici un petit portrait de dirigeants pleins de principes, mais qui savent ne pas oublier leur intérêt matériel (double langage, double langage, quand tu nous tiens...) :

- Ils disent qu'il est important de communiquer mais ils ne reculent devant rien pour ôter aux mots leur sens, et pour les prostituer. Ils font de longs discours. Ils utilisent les mots pour l'effet qu'ils font et non pour ce qu'ils signifient... Ils impressionnent. Lorsqu'ils ont parlé, les gens disent : « Ils parlent bien ! » et, si on leur demande ce qu'ils ont dit, ils répètent : « Ils parlent bien ! »
- Ils se présentent comme rassurants et mesurés mais tiennent des discours dans lesquels couve la menace : ils jouent sur la

corde de la peur, ils pointent leur doigt, ils menacent de guerres, de délocalisations, de licenciements, de retraites anticipées, ils aiment les guerres feutrées, les fausses négociations. Ils adorent jouer à « fais-moi peur et rassure-moi ».

- Ils se croient stratèges mais ils font des calculs, prévoient des « coups », se disent qu'en montant un tel contre tel autre, ils réussiront ; ils sont les rois de la cabale, des clubs, des coteries, des coups fourrés, des messes basses.
- Ils prétendent que la liberté est importante mais adorent les outils d'observation et de flicage pour en priver les autres le plus complètement possible, sous prétexte qu'« il faut les surveiller » et qu'« on ne peut pas leur faire confiance ».
- Ils prônent l'ouverture mais musellent la presse, mettent à leur botte médias ou services de communication interne ; ils fonctionnent en vérifiant que les personnes qui vont être admises à leurs réunions pensent « ce qu'il faut » et « comme il faut ».
- Ils disent qu'il faut éduquer et enseigner, mais lorsqu'on regarde leurs actes et non leurs paroles on s'aperçoit qu'ils voulaient dire qu'il faut plier, formater, déformer, cloner, mouler, bref, qu'il faut faire du lavage de cerveau.
- Ils disent qu'il faut informer, mais lorsqu'on regarde ce qu'ils font et non ce qu'ils disent, on s'aperçoit qu'ils déforment tout ce qu'ils touchent.

Nous pourrions aussi nous interroger sur les règles du jeu implicites – et parfois inconscientes – qui régissent les manières d'opérer dans les organisations auxquelles nous appartenons. Quelles sont-elles ? Et quelles en sont les conséquences ?

- Si j'ai un poste de responsable, j'arrive toujours tôt et je pars toujours tard.
- Si je suis un financier, je ne lâche jamais un chiffre que je n'ai pas vérifié, et ne donne jamais les vrais chiffres aux vendeurs qui « ne savent pas tenir leur langue ».
- Si je travaille dans les ressources humaines, je dois « faire comprendre » aux gens ce qu'on attend d'eux.
- Si je travaille dans la vente, je gonfle toujours mes prévisions afin d'« assurer ».
- Si je fais des prévisions, je revois les chiffres des vendeurs à la baisse (« ils les exagèrent toujours... »).
- Si j'établis un budget, j'en garde toujours « sous le coude »...

Chris Argyris (*On Organizational Learning*) a analysé comment, dans nos organisations, à cause de ces règles du jeu implicites et/ou de notre incapacité à remettre en cause les présupposés et les valeurs qui nous gouvernent, nous finissons souvent par produire les mauvais résultats. Ainsi répétons-nous les mêmes erreurs ou nous retrouvons-nous dans des scénarios identiques à ceux que nous ne connaissons que trop bien.

L'état actuel des sociétés dites développées rend enfin légitimes toute une série de questions relatives au sens même de nos actions :

- Sommes-nous capables de maîtriser le progrès technologique et scientifique, de prévenir ses impacts négatifs sur les personnes ou l'environnement, ou sommes-nous des apprentis sorciers ?
- Réalisons-nous l'impact de nos modes de consommation de l'énergie ? Que faisons-nous pour prévenir l'extinction des espèces animales et de la flore terrestre, et, à terme, celle de l'espèce humaine ?
- Jetons-nous le bébé du développement avec l'eau du bain du libéralisme ? Est-il d'ores et déjà noyé ? Allons-nous jusqu'à prétendre qu'il ne faut pas soutenir le développement ? Sommes-nous d'hypocrites criminels contre l'humanité qui paradent comme de « grands dirigeants » ?

Le dirigeant authentique ne prétend pas défendre de « grands principes » car il ne sait que trop bien – pour en revenir à la fable d'Ambrose Bierce –, comme le démontrent tant d'hommes politiques et de « grands patrons » de nos jours, que les grands principes sont aisément trahis par les intérêts matériels. Il est fidèle au Tao, à la nature, à sa propre nature, à la voix de la nature en lui. Fidèle à lui-même, à sa nature, à la nature et au Tao – principe d'où toutes choses tirent leur origine –, il est bon.

C'est parce qu'il est bon que c'est un bon manager.

« ICI N'ENTREZ PAS, HYPOCRITES, BIGOTS,
VIEUX MATAGOTS, MARMITEUX, BOURSOUFLÉS. »
François Rabelais, *Gargantua*
(inscription au fronton de l'abbaye de Thélème).

Connais la force masculine,
mais sois attentionné comme une femme
Sois le courant au cœur de l'univers !
Étant ainsi, toujours vrai et droit,
redeviens, encore une fois, l'enfant que tu fus.

Connais le blanc, mais conserve le noir !
Sois un exemple pour les autres et le monde,
toujours authentique et inébranlable,
retourne à l'infini.

Connais l'honneur, en restant humble.
Sois la vallée dans l'univers !

Toujours authentique et plein de ressources,
reviens à l'état du bloc non encore sculpté !
Lorsque le bloc est sculpté, il devient utile.
Quand le sage l'utilise, il devient le maître.
C'est pourquoi un grand maître taille peu.

28
Mieux déléguer

Nous commençons notre voyage au « pays de la délégation » au cœur d'une forêt, avec l'histoire du bûcheron racontée par Taisen Deshimaru dans *La Pratique du zen* : « Un bûcheron coupait du bois dans la forêt. Il avait entendu parler d'un animal fabuleux, l'animal *satori*. Grande était son envie de le posséder. Un jour, l'animal *satori* vint le visiter. Le bûcheron courut après, et quelle ne fut pas sa surprise d'entendre une voix lui dire : "Tu ne m'auras pas parce que tu veux m'avoir." Le bûcheron retourna à son bûcheronnage. Il avait complètement ignoré l'animal. Il ne pensait plus à rien, sinon à ses bûches. L'animal *satori* vint à lui, et fut écrasé par l'arbre qu'il abattit. »

Indépendamment de la profondeur de son message spirituel (l'illumination n'est donnée qu'à ceux... qui ne veulent pas l'obtenir), j'aime cette tragique histoire zen parce qu'elle évoque puissamment les dégâts que nous infligeons aux autres et à nous-mêmes en raison de notre incapacité à prendre du recul, à réfléchir, à nous organiser pour mieux déléguer et rendre notre vie, et celle des autres, plus belle, satisfaisante et digne d'être vécue. Cette histoire me fait aussi songer aux multiples sessions de coaching au cours desquelles des dirigeants m'ont parlé de leurs difficultés à préserver un équilibre entre vie professionnelle et vie personnelle tant ils étaient submergés de travail et de responsabilités. Pas de temps pour réfléchir et prendre du recul. De longues journées de travail (dix, douze heures, parfois plus...). Des dossiers complexes sur lesquels on travaille aussi durant le week-end. Des vacances reportées. Sans évoquer ici fatigue, stress, irritabilité ou problèmes de santé ou d'équilibre, parfois bien réels... Ce scénario n'est, hélas ! que trop fréquent.

Comment faire face à de tels défis ? Mieux gérer notre temps, notre agenda, nous organiser, établir de vraies priorités, dire non, choisir de ne pas faire certaines choses et s'organiser pour les faire réaliser par d'autres, déléguer, bien sûr ! Mieux déléguer pour libérer du temps pour motiver les autres, les développer, réfléchir, anticiper, réaliser plus et mieux. Nous sommes pourtant souvent ici nos pires ennemis : nous désirons continuer à exercer le contrôle, nous n'avons pas confiance, nous préférons faire par nous-mêmes, nous ne faisons pas confiance aux autres...

Ce piège s'est refermé comme un piège à loup sur beaucoup de managers. Les résultats sont souvent dramatiques, voire tragiques : tâches déléguées à la va-vite, sans suivi, sans accompagnement et sans soutien ; tâches déléguées en dernière minute parce qu'on n'y arrive plus ; tâches soudain exigées dans l'urgence à des personnes qui, elles aussi, ont leurs propres priorités, et leur vie ; travail mal planifié ; plans bousculés ; responsabilités que je ne déléguerais pour rien au monde tant je crois qu'elle m'appartiennent ; « reprises en main » après « délégations » parfois terriblement frustrantes pour des personnes compétentes, qualifiées et motivées ; et un joyeux cortège de personnes démotivées, fatiguées, prêtes à jeter l'éponge, auxquelles il faut parler...

Évaluons donc notre capacité à déléguer... et nos éventuelles difficultés à le faire :

- □ Je délègue aux autres des responsabilités... *ou je préfère faire les choses moi-même, car ainsi « cela va plus vite et c'est bien fait... »* ?
- □ Je délègue des tâches importantes, y compris celles que j'aime réaliser... *ou je me réserve ces tâches et délègue celles qui m'ennuient ou qui sont moins importantes* ?
- □ Je fais confiance aux personnes à qui je délègue... *ou je tends à contrôler, à vérifier constamment comment les projets évoluent* ?
- □ Nous nous accordons sur les objectifs et je laisse toute liberté sur la manière de les atteindre... *ou je tends à structurer les tâches dans le détail* ?
- □ Je laisse toujours les autres terminer les tâches que j'ai déléguées... *ou, si le projet n'avance pas comme je le veux, je suis susceptible de tout reprendre en main (aïe !)* ?
- □ Je prends le temps d'expliquer pourquoi je délègue, et les enjeux... *ou je donne des responsabilités sans parler du pourquoi* ?
- □ Je délègue tout en restant en charge, responsable... *ou j'ai tendance à « laisser faire », à m'en laver les mains, voire à abdiquer* ?

□ Je prends du temps pour réfléchir à la distributio i des responsabilités... *ou je suis débordé, je n'arrive à pas prend e le temps de penser comment... déléguer?*

Mieux déléguer c'est, paradoxalement, commencer par s'interroger sur nous-mêmes, nos propres pratiques, et clarifier ce qui est important, nos valeurs et nos priorités. C'est aussi prendre du temps pour planifier, organiser les tâches à réaliser par l'ensemble des personnes dont nous sommes responsables, connaître leurs compétences et ce qui les motive, afin de pouvoir leur confier des tâches formatives. C'est leur confier de vraies responsabilités, des tâches complètes, car rien n'est plus mobilisateur et motivant. C'est les accompagner et les soutenir dans les responsabilités que nous leur confions, souvent en les « protégeant » d'influences négatives. C'est, avant tout, leur faire confiance, croire en eux, en leur capacité de réussir. C'est les encourager. C'est célébrer avec eux, tout au long du chemin, les victoires remportées. C'est se mettre d'accord ensemble sur la manière de mesurer les progrès réalisés, sur le contenu et la fréquence des revues. C'est surtout s'interdire d'intervenir sur le comment, de trop contrôler, de reprendre les choses en main. **C'est donc faire le deuil de « notre manière de faire », c'est accepter de « lâcher prise », c'est enterrer « notre perfectionnisme » pour rendre les autres capables d'exceller.**

Le manager authentique combine l'énergie *yang* qui entraîne l'équipe vers des objectifs ambitieux et l'énergie *yin* qu'il sait utiliser pour se retirer et motiver les autres. Elle lui permet de faire confiance, d'être humble, et d'agir pour que les autres réalisent ce qu'ils ne pensaient pas être capables de réaliser, signe d'une grande délégation.

En déléguant, nous réalisons notre vraie mission aider les autres à réaliser leur potentiel

« Le grand tailleur de bois surveille la taille, mais lui-même ne taille pas. »

Marcel Conche,
Tao Te King, Commentaires.

Ainsi, vous pensez pouvoir dominer le monde
et le façonner à votre guise ?
Mais cela ne peut être réalisé.

L'univers est sacré.
Vous ne pouvez l'améliorer.
Si vous tentez de le transformer,
vous le détruisez.
Si vous tentez de le posséder,
vous le perdrez.

Le sage évite les extrêmes, les excès et la complaisance.

29
Du bon usage de la force

Commençons notre voyage au « pays de la force » en compagnie d'un samouraï et d'un sage : « Un soldat nommé Nobushige alla voir Hakuin et lui demanda :

– Est-ce qu'il y a vraiment un enfer et un paradis ?

– Qui es-tu ? répliqua l'autre.

– Je suis un samouraï, dit le guerrier.

– Toi, un soldat ! s'exclama Hakuin, quel ministre voudrait de toi comme garde ? Ton visage ressemble à celui d'un mendiant.

Nobushige, fou de colère, tira son épée, mais Hakuin renchérit : "Ah ! tu as une épée ! Ton arme est sûrement trop émoussée pour pouvoir me couper la tête." Et, voyant l'homme prêt à frapper, il ajouta : "Ici, s'ouvrent les portes de l'enfer."

À ces mots, le samouraï rengaina son épée et s'inclina devant le sang-froid du maître.

"Ici s'ouvrent les portes du paradis", dit alors Hakuin » (in Paul Reps, « Les portes du paradis », *Le Zen en chair et en os*).

Nous sommes si fréquemment confrontés aux abus de la force liés à la position hiérarchique ou à la position de la personne (président, directeur, ministre, senior vice-président, etc.) que nous oublions parfois que l'abus de la force peut prendre d'autres formes, parfois subtiles, parfois moins : guerres ouvertes ou larvées entre fonction marketing et ventes et fonction production, entre recherche et développement et production, entre finance et ventes... On joue des jeux à somme nulle là où seule la coopération permettrait de progresser !

L'abus de la force se manifeste d'autres façons au cours de réunions ou de comités de direction : pouvoirs liés à la manière de communiquer, au ton de la voix, au temps de parole, à la force de conviction, à la personnalité, à l'intelligence aiguë (très redoutée, vu la façon dont elle se manifeste, souvent terriblement blessante), à la force de volonté, à la vitesse dans la prise de décision, à la logique ou à la brutalité de l'argumentation, etc. Pour couronner le tout et aggraver la situation, l'une des métaphores favorites des entreprises est celle... de la guerre : « Nous sommes en guerre avec nos concurrents », « Ce trimestre se joue une bataille décisive contre... ». On motive ses « troupes » comme on motive des soldats.

Il est utile pour chacun d'évaluer l'importance relative de différentes sources de pouvoir personnel, en utilisant une échelle de notre choix (1 à 5, par exemple) :

- □ Personnalité, caractère : ...
- □ Position dans l'organisation : ...
- □ Expertise professionnelle : ...
- □ Conviction, courage : ...
- □ Ressources dont je dispose : ...
- □ Personnes que je connais/réseau : ..

Nous pouvons également utiliser la liste ci-dessus pour dessiner le « profil de pouvoir » d'une autre personne.

Explorons notre manière favorite d'abuser du pouvoir. Ai-je tendance à :

- □ contrôler les échanges, empêcher l'expression d'idées différentes des miennes ?
- □ imposer mon point de vue aux autres ?
- □ vouloir décider vite et agir tout de suite ?
- □ faire preuve d'impatience avec ceux que je déclare hésitants ou « trop lents » ?
- □ « passer en force », « forcer la main », pousser les autres ?
- □ utiliser « la carotte et le bâton », réduire la motivation à une caricature ?
- □ contrôler, vérifier, être sur le dos des autres, être coercitif ?
- □ « reprendre en main » des tâches que j'avais pourtant déléguées ?

L'utilisation de la force se retourne contre celui qui l'utilise. C'est peu de dire que l'usage violent de la force aboutit à des effets contraires à ceux qu'elle prétend rechercher : elle laisse des traces et des blessures faussement cicatrisées, restées ouvertes à travers les années, voire les siècles. Plus modestement – mais tout aussi malignement –, l'insulte, la critique injuste ou injustifiée, le manque de respect (pour ne pas parler ici de licenciement abusif...) pourront laisser des traces invisibles, douloureuses pendant toute une vie.

Le manager authentique, quant à lui, est à l'écoute, et agit peu, et discrètement. Il crée un environnement qui va permettre le développement de chaque personne, de chaque groupe humain en respectant leur personnalité, leur talent et leur voie propre. Il respecte les personnes qu'il dirige comme ses propres enfants – dont il sait que chacun a sa propre nature, dont il sait qu'ils sont fragiles et délicats, et qu'ils ont besoin d'encouragement et de soutien.

Il a compris à quel point l'arrogance est criminelle, il sait que son point de vue personnel n'est tout juste qu'un point de vue (après tout, il y en a plus de six milliards sur notre planète). Il évite l'excès, dans sa consommation, son langage et ses comportements. **Il ne se met jamais en avant.**

Il n'est pas violent. Il sait que toute violence est un viol, viol de l'intégrité de l'autre ou viol de la planète. **Son action est source de paix pour les autres.** Il sait que l'on accomplit beaucoup plus par la non-violence que par la violence. Gandhi – qui représente un extraordinaire exemple d'authenticité personnelle encore trop mal compris – est un modèle dont nous pourrions nous inspirer, lui qui était en harmonie avec le Tao lorsqu'il écrivait : « La non-violence sous sa forme active consiste en une bienveillance active envers tout ce qui existe. C'est l'amour pur. »

Comment pouvons-nous devenir des artisans de la non-violence ?

« L'une des plus grandes sagesses en l'art militaire, c'est de ne pousser son ennemi au désespoir. »

Michel de Montaigne,
Essais.

Lorsque vous conseillez un dirigeant dans la voie du Tao,
conseillez-lui de ne pas utiliser la force pour conquérir l'univers.
Car cela provoquera seulement de la résistance.

Partout où est passée l'armée poussent des buissons d'épines.
La guerre amène dans son sillage vaches maigres et pauvreté.
Faites seulement ce qui doit être fait.
N'abusez jamais de la force.

Atteignez des résultats, sans jamais vous en glorifier.
Agissez, mais sans jamais vous enorgueillir.
Atteignez des résultats, car c'est la voie naturelle,
agissez, mais sans jamais avoir recours à la violence.

Ce qui succède à la puissance est la perte de la puissance.
La force n'est pas la voie du Tao.
Ce qui va à l'encontre du Tao bientôt mourra.

30

Pratique de la non-violence active

Nous commençons notre voyage au « pays de la violence » en compagnie de Zi Lu dans le *Jardin d'anecdotes* de Liu-Xiang : « Zi Lu s'entraînant à l'épée, Confucius lui demanda :

– À quoi sert ton épée ?

– Si je porte sur moi une épée, répondit Zi Lu, je peux protéger ceux qui sont bons et me défendre des méchants.

– La force de l'homme de bien, rétorqua Confucius, est la fidélité : ses armes sont la générosité, et, sans même avoir à sortir de chez lui, son influence se répand à mille lieues. Lorsqu'il rencontre des hommes mauvais, il peut transformer ses adversaires par sa fidélité et, par sa générosité, il est capable de maîtriser la tyrannie : ainsi, à quoi bon porter une épée ?

– Permettez-moi, répondit Zi Lu, de la décrocher de ma ceinture et de vous servir » (in *Propos et anecdotes de la vie selon le* Tao).

Le terme chinois de *wu-wei* défie toute traduction. Il est lié à la doctrine du non-agir. On le confond souvent avec l'indifférence, la paresse, le laisser-aller ou le laisser-faire. Lao-Tseu nous invite au contraire à nous engager totalement dans la vie, en respectant *wu-wei*, c'est-à-dire en respectant toute vie, en ayant l'esprit ouvert, en évitant frictions, désaccords, discordes et conflits, aussi bien en nous-mêmes que dans nos relations avec les autres. Pour y parvenir, recherchons un état de calme, de paix et de sérénité profonde. **C'est la force et la profondeur de cette sérénité qui vont dissoudre les tensions et résoudre les conflits.**

Wu-wei implique, bien sûr, la non-violence. Pour Lao-Tseu, comme pour Gandhi, la violence sous toutes ses formes est un signe de barbarie, une attitude criminelle. Le crime consiste à prétendre être civilisé – voire, pire encore, prétendre apporter à d'autres la « civilisation » – en utilisant la violence. La violence n'est jamais constructive. La guerre ne constitue donc qu'une preuve irréfragable de régression de la nature humaine, de totale dégénérescence et d'absence d'humanité.

Si Lao-Tseu prône la non-violence, il va beaucoup plus loin que Confucius qui disait aussi qu'il fallait répondre au mal par le bien. Lao-Tseu rencontre ici Jésus qui invite à tendre l'autre joue. Pourtant, la non-violence active n'est en aucun cas un signe de faiblesse ou de lâcheté, argument dont se régalent certains en ricanant. On pourrait leur rappeler qu'en Chine – comme le souligne J.-C. Cooper dans son remarquable livre *La Philosophie du Tao* – celui qui, dans une querelle, assénait le premier coup, était considéré comme le perdant, tandis que les honneurs de la témérité revenaient à celui qui tirait le dernier son épée. À cette aune, il devient difficile de trouver des dirigeants téméraires dans le monde... Nous vivons aujourd'hui dans un monde de perdants-perdants, caractérisé par le terrorisme et la guerre. Cooper ajoute : « La violence livre l'homme à des forces démoniaques et elle est un signe de sadisme ; elle vise à faire mal, même si ce désir n'est pas toujours conscient. » Et, puisque nous sommes désormais dépendants des images, des images, nous n'en manquons pas, morts déchiquetés, films de torture dégradants... Et si Lao-Tseu disait simplement... la vérité ?

De dangereuses tendances à la violence nous habitent. Réfléchissons à la manière dont elles se manifestent éventuellement en nous. Ai-je tendance à être violent ? Ai-je tendance à :

- □ être convaincu d'avoir raison... *ou à être ouvert aux opinions différentes* ?
- □ être plutôt « fonceur »... *ou attentif à l'impact de mon comportement sur les autres* ?
- □ apte à me mettre en colère... *ou à être calme, serein, maître de moi* ?
- □ imposer mes idées... *ou écouter et respecter celles des autres* ?
- □ hausser la voix... *ou parler de manière douce et mesurée* ?
- □ chercher à vaincre, à l'emporter... *ou chercher à comprendre* ?
- □ blâmer les autres, les accuser... *ou les comprendre et les pardonner* ?
- □ culpabiliser les autres... *ou reconnaître ma contribution au problème* ?
- □ chercher l'avantage unilatéral, le conflit, la faille... *ou rechercher la paix* ?
- □ utiliser des mensonges pour arriver à mes fins... *ou écouter les contre-arguments, parler honnêtement, rechercher la meilleure solution possible* ?

Écoutons donc celui qu'Albert Einstein considérait comme le plus grand dirigeant de son temps, Gandhi : « J'ai constaté que la vie subsiste au sein de la destruction et qu'il doit par conséquent exister une loi supérieure à la destruction. Conformément à cette loi, et seulement alors, une société bien ordonnée serait intelligible et la vie vaudrait la peine d'être vécue. Et si telle est la loi de la vie, nous devons l'appliquer dans la vie quotidienne. Chaque fois qu'il y a des heurts, chaque fois que l'on se trouve confronté à un adversaire, il faut le conquérir par l'amour. D'une façon grossière, j'ai appliqué cela dans ma vie. Cela ne signifie pas que toutes nos difficultés seront résolues. J'ai constaté toutefois que cette loi de l'amour a produit des effets alors que la loi de la destruction ne l'a jamais fait... Il faut une formation longue et assidue pour accéder à l'état mental de non-violence. Dans la vie quotidienne, il faut appliquer une discipline, même si elle déplaît, comme, par exemple, dans la vie d'un soldat. Mais je reconnais que, sans coopération sincère de l'esprit, le simple respect extérieur ne sera qu'un masque, préjudiciable à l'homme lui-même et aux autres. L'état parfait n'est atteint que lorsque l'esprit, le corps et le discours sont en harmonie. Mais il y a toujours une intense lutte intérieure. Ce n'est pas que je sois incapable de colère, mais je parviens toujours à contrôler mes sentiments. Quel que soit le résultat, il y a toujours en moi la volonté consciente de suivre la voie de la non-violence, délibérément et continuellement. Une telle volonté rend plus fort. La non-violence est une arme de fort » (Mohandas Gandhi, *Ma foi en la non-violence*, in *Résistance non violente*).

La violence est l'arme des faibles.
Que grandisse en nous la force de la non-violence.

☯

« C'est la loi de l'amour qui gouverne l'humanité. Pourtant le drame est que les hommes et les nations soi-disant civilisés se comportent comme si le fondement de la société était la violence. »

Mohandas Gandhi,
L'Avenir, in *Résistance non violente*.

Les armes sont des outils de malheur.
Nul ne les aime, elles suscitent l'horreur.
L'homme qui suit le Tao leur tourne le dos.

On honore un gentilhomme en le plaçant à gauche,
un homme qui porte les armes à droite
car les armes sont de mauvais augure.

Il ne sied pas au gentilhomme d'utiliser des armes
si la nécessité ne l'y contraint pas,
car il honore la paix, la tranquillité,
et, s'il est vainqueur, il ne se réjouit pas de sa victoire.

Car se réjouir d'une victoire,
c'est se réjouir de massacrer des hommes ;
et quand on se réjouit de les massacrer
comment peut-on prospérer avec eux ?

Aux heures fastes, la gauche est place d'honneur,
et la droite aux heures néfastes.

À la guerre, le chef d'armée se tient à gauche
et le général en chef à droite.
Ils sont placés comme au cours des funérailles.

Lorsque meurent un grand nombre d'hommes,
il est juste de porter le deuil,
et la victoire à la fin d'une bataille
s'accompagne de rites funèbres.

31
La force de l'empathie

Commençons notre voyage au « pays du boomerang et de l'empathie » avec le roi de Wu dans le *Jardin d'anecdotes* : « Quand le roi de Wu voulut attaquer le royaume de Chu, il commença par menacer de mort quiconque l'en critiquerait. Un de ses jeunes favoris voulut l'exhorter à ne pas se lancer dans cette guerre, mais n'osa pas s'exprimer. Tous les jours, dès l'aube, il se rendait dans le parc du palais avec une arbalète, si bien que ses habits étaient trempés par la rosée. Le roi, le voyant trois matins de suite se livrer à cette conduite bizarre, lui cria de revenir au lieu de rester à mouiller ses vêtements. Le jeune homme répondit :

– J'observais une cigale en haut d'un arbre qui chantait tristement et aspirait la rosée. Elle ne savait pas qu'il y avait une mante religieuse derrière elle, prête à l'attraper. La mante s'était penchée en avant et se concentrait pour la saisir, mais ignorait qu'à côté d'elle un loriot tendait le cou pour la gober. Et l'oiseau à son tour ne voyait pas que j'étais en bas avec mon arbalète, attendant de le tuer. Ces trois animaux étaient tellement accaparés par la proie qu'ils convoitaient devant leurs yeux qu'ils ne faisaient pas attention au désastre qui les attendait derrière eux.

– C'est bon, dit le roi et il abandonna son projet d'attaquer le royaume de Chu » (in *Propos et anecdotes sur la vie selon le* Tao).

Oserai-je ajouter que je connais les noms de nombreux dirigeants politiques et quelques chefs d'entreprise qui auraient bénéficié des conseils d'un pareil favori ? Mais je suppose peut-être un peu vite qu'ils aient – car c'est là que le bât blesse – la sagesse du roi de Wu !... Toute personne qui a d'importantes responsabilités pourrait méditer cette histoire archétypale. On attend en effet des grands dirigeants qu'ils soient des « décideurs », toute la question étant de savoir si les fameuses décisions sont – ou non – les bonnes ! Ou, pour aborder le problème différemment, lorsqu'une erreur majeure a été faite, il serait intéressant de comprendre pourquoi, afin d'éviter que ne se répète le même scénario !

Quelques questions pour commencer notre exploration :

- Est-ce que j'apprends de mes réussites ? Comment ?
- Est-ce que j'apprends de mes échecs ou de mes erreurs ? Comment ?
- Est-ce que je tiens un journal ? Et pourquoi pas ?

Que le lecteur me permette ici de partager mon expérience. Il m'est parfois arrivé de rencontrer, au cours de séminaires ou d'entretiens de coaching, des personnes qui avaient une remarquable connaissance d'elles-mêmes, qui étaient conscientes – parfois avec beaucoup d'acuité – de l'impact de leurs comportements sur les autres. Dans les relativement rares instances où cela s'est produit, j'ai toujours cherché à comprendre d'où venait cette connaissance aiguë que ces personnes avaient d'elles-mêmes. Presque immanquablement, celles-ci m'ont expliqué qu'elles tenaient régulièrement un journal personnel... Voici donc une invitation à lever les obstacles qui nous en empêchent !

Continuons notre exploration, en pensant aux éventuels obstacles qui seraient susceptibles de nous faire commettre des erreurs de jugement parfois fatales...

Lorsque d'autres personnes me donnent leur point de vue – qui est différent du mien – à propos d'une importante décision, pour laquelle l'engagement et le support des personnes impliquées sont essentiels, ai-je plutôt tendance à :

- Parler beaucoup... *ou écouter beaucoup* ?
- Expliquer et démontrer à l'autre... *ou comprendre et explorer avec l'autre* ?
- Imposer mon point de vue... *ou comprendre le point de vue de l'autre* ?
- Défendre ma position... *ou me mettre à la place de l'autre* ?
- Proposer mes solutions... *ou chercher des solutions nouvelles* ?
- Vouloir conclure... *ou envisager encore d'autres options* ?

Le manager authentique sait que la solution à un problème complexe impliquant d'autres personnes n'est presque jamais *sa* solution... On aurait pourtant tort de conclure que son rôle est alors passif, car la solution, souvent différente de celle à laquelle il avait pensé ou qu'il voulait imposer, sera celle que son attitude permettra de faire émerger. Les obstacles les plus profonds sont en nous-mêmes, points aveugles qui sont souvent visibles aux yeux des autres et qui les font parfois souffrir... Comment et combien de temps pouvons-nous les ignorer ou les refuser ? Évaluons-nous honnêtement :

- □ J'aime « avoir raison », j'aime « camper sur mes positions »..
- □ J'ai tendance à n'en « faire qu'à ma tête », on me dit entêté...
- □ Je pense que l'on ne peut pas dire la vérité...
- □ Je n'écoute pas la petite voix qui parle en moi..
- □ Je n'écoute pas les autres...
- □ Il m'arrive de m'énerver et de perdre le contrôle de moi-même..
- □ Je crois qu'il y a une explication logique à tout...
- □ Il m'arrive d'être exigeant, voire violent...
- □ Je crois que j'ai raison, même quand j'ai tort...

Nous pouvons aussi utiliser cette liste pour penser à la manière dont les autres nous perçoivent.

Il faut souvent beaucoup de temps aux personnes inauthentiques pour découvrir peu à peu que leurs soi-disant victoires n'étaient que de terribles défaites. *Yin/yang. Yang/yin.* Il y a toujours deux manières de voir et de comprendre l'impact de nos actes. De mon point de vue *et*... de celui de l'autre. **Je suis à ma place *et*... je me mets à la place de l'autre.**

Sans véritable empathie, pas d'authenticité.

> « La force dénuée d'intelligence s'effondre sous sa propre masse. »
>
> Horace,
> *Odes.*

Éternel, sans nom, le Tao
invisible en sa simplicité première,
rien au monde ne le surpasse.

Si les seigneurs ou les rois
pouvaient suivre le Tao
tous les êtres humains
lui rendraient hommage.

Ciel et terre s'uniraient
pour faire descendre
une douce rosée.

Le peuple trouverait,
sans aucune contrainte,
la paix.

Celui qui établit une institution
utilise noms et fonctions.
Avec les noms et les fonctions
il faut savoir s'arrêter.

Qui sait s'arrêter à temps
évite tout danger.

Le Tao est au monde tout entier
ce que mers et vallées
sont aux ruisseaux et aux fleuves.

32
Être soi-même

Nous commençons notre voyage au « pays de nous-mêmes » en compagnie de Nan-jong Tchou, auquel l'ermite Keng-sang Tch'ou, à qui il avait demandé quel est le secret de la sagesse, avait recommandé de s'adresser à Lao-Tseu : « – Mais pourquoi viens-tu ici, suivi de tout ce monde ? lui demanda Lao-Tseu. Stupéfait, Nan-jong Tchou jeta un coup d'œil derrière lui...

– Ne vois-tu pas ce que je veux dire ? reprit Lao-Tseu.

Nan-jong Tchou baissa la tête, honteux, puis, relevant les yeux, dit en soupirant :

– Je ne sais plus que répondre, et d'ailleurs j'ai oublié la question que je venais poser.

– Mais de quoi s'agissait-il ? lui demanda Lao-Tseu.

– Quand je me contente d'être ignorant, on me traite d'imbécile, expliqua Nan-jong Tchou, mais quand je cherche à m'instruire, je suis angoissé. Quand je me dispense d'être bon, je fais du mal aux autres ; mais quand je m'efforce de l'être, cela me jette dans des tracas sans fin. Quand je renonce à être juste, je cause du tort à autrui ; mais quand je cesse de l'être, je me trouve devant des problèmes insolubles. Je ne sais comment me tirer de là. Ce sont ces trois dilemmes qui me tourmentent, et c'est là-dessus que je viens vous consulter, sur la recommandation de Keng-san Tch'ou.

– Tout à l'heure, lui répondit Lao-Tseu, je t'ai fixé entre les deux yeux et j'ai su dans quel état tu étais. Ce que tu me dis me confirme dans mon idée. Tu as l'air égaré de quelqu'un qui aurait perdu son père et sa mère et qui les chercherait au fond de la mer avec une gaffe. Tu es un homme désorienté, désemparé. Tu désires rejoindre ton être propre et tu ne sais comment t'y prendre ! » (in Jean-François Billeter, *Études sur Tchouang-Tseu*).

Dans ce court texte de Tchouang-Tseu, Nan-jong Tch'ou parle, d'une manière extraordinairement vraie et honnête, des dilemmes qui caractérisent la vie des personnes responsables. Et Lao-Tseu, lui, parle, d'une manière extraordinairement pénétrante, de l'une des sources majeures des dilemmes : le manque de contact que nous avons avec nous-mêmes.

- □ Est-ce que je me connais... *ou m'arrive-t-il de m'illusionner ou de m'aveugler* ?
- □ Quelles sont mes qualités, mes forces, mes compétences ?.. *Sont-elles perçues par tous ceux qui m'entourent* ? *Qui me l'a confirmé* ?
- □ Quels sont mes défauts ?... *Ceux que je connais* ? *Ceux que d'autres m'ont indiqués* ?
- □ Quelles sont les réalisations dont je suis le plus fier ?... *Qu'ai-je appris en les réalisant* ? *Sur quelles forces et quels talents puis-je bâtir* ?
- □ Quels sont les actes dont je suis le moins fier ?... *Qu'ai-je appris sur moi en les réalisant* ? *Que me révèlent-ils sur moi-même* ?
- □ S'il y avait quelque chose en moi que je voudrais absolument garder, ce serait quoi ?
- □ S'il y avait quelque chose en moi dont je voudrais me défaire, ce serait quoi ?...

Ces questions demandent réflexion et ne tolèrent pas la malhonnêteté. C'est en nous regardant dans un miroir que nous y répondrons.

Prenons garde, en effet, d'y répondre trop vite, avec naïveté ou complaisance. Il se pourrait que nous ayons à regarder la lumière, mais aussi l'ombre en nous. *Yin* et *yang*. Il se pourrait que, si nous sommes conscients, ouverts et attentifs, nous découvrions que là où se trouvent nos difficultés les plus profondes, là se trouvent aussi nos plus grandes opportunités d'apprentissage. **Là où nous trébuchons, là se trouve notre trésor...** Ce voyage est difficile. Il se pourrait même qu'il nous faille l'aide de quelqu'un pour le faire. Il se pourrait qu'au cours de ce voyage nous nous découvrions. Il se pourrait que nous nous réconcilions avec nous-mêmes.

Quel voyage ! Mais c'est le seul voyage !

« Nous ne cesserons pas d'explorer et au terme de notre exploration nous arriverons à l'endroit d'où nous étions partis et nous connaîtrons cet endroit pour la première fois », écrit T. S. Elliot.

Vivre. Être soi-même, être authentique, être fidèle à ce que nous étions, enfants. Retrouver l'émerveillement, des émotions et des croyances profondes qui n'étaient certes pas de nature animiste, qui n'étaient pas inspirées par la peur, qui étaient au contraire marquées par la découverte, la curiosité, l'amour et le respect de la vie, que dis-je, par la passion de la vie !

**Être fidèle aux valeurs qui traversent notre vie. Être, en un mot.
Naître. Naître à nous-même. Être qui nous sommes.
Oser être celle ou celui que nous sommes vraiment.**

Et, si nous l'avons oublié, rien n'est plus urgent que de bien regarder des nouveau-nés, de réapprendre d'eux ce qu'est la vie qui nous est donnée. Oui, un don. Voilà bien l'étrangeté de l'être véritablement humain, celle que célèbrent et mettent en scène, pour notre plus grande jubilation intérieure, tous les grands films, toutes les grandes pièces de théâtre, tous les grands romans : cette aptitude à soudain se réveiller, à tout plaquer, à naître à soi-même, peut-être parce qu'il y a une faille quelque part, quelque chose d'inacceptable, une inacceptable dissonance. Se réveiller.

**Il s'agit de naissance. D'être toi-même. D'être qui tu es.
D'être l'admirable personne que tu es, toi, oui, toi,
toi qui fais une différence sur notre planète.**

« Si tu ne trouves pas la vérité à l'endroit où tu es,
où espères-tu la trouver ? »

Dogen

Qui connaît les autres est avisé,
qui se connaît lui-même est éclairé.

Qui triomphe sur les autres est fort,
qui triomphe sur lui-même est puissant.

Qui se contente de peu est riche,
qui a la volonté d'agir se réalise.

Qui ne perd pas son cap se maintient.
Qui meurt sans disparaître connaît l'immortalité.

33

Connaissance de soi

Nous commençons notre voyage au « pays de la connaissance de soi » en compagnie d'un grand maître hassidique : « Un jour, Zusia, le grand maître hassidique, vint voir ses deux disciples. Ses yeux étaient rouges d'avoir pleuré, et son visage blanc était marqué par la peur.

– Zusia, que se passe-t-il ? Tu parais effrayé ?

– L'autre jour, j'ai eu une vision. Durant cette vision, j'ai appris la question que les anges me poseront un jour à propos de ma vie.

Les disciples étaient très intrigués. "Zusia, tu es pieux. Tu es éduqué et humble. Tu as aidé beaucoup d'entre nous. Quelle question à propos de ta vie pourrait donc être si terrifiante que tu serais à ce point effrayé d'y répondre ?"

Zusia leva les yeux vers le ciel. "J'ai appris que les anges ne me demanderont pas : 'Pourquoi n'as-tu pas été un Moïse, qui libéra son peuple de l'esclavage ?'

Ses disciples persistèrent :

– Mais que demanderont-ils donc ?

– Et j'ai appris, soupira Zusia, que les anges ne me demanderont pas : "Pourquoi n'as-tu pas été un Josué, qui conduit son peuple à la terre promise ?"

L'un des disciples s'approcha de Zusia et lui fit carrément face. Le regardant droit dans les yeux, il lui demanda :

– Mais que te demanderont-ils donc ?

– Ils me diront : "Zusia, il n'y avait qu'une chose qu'aucune force sur terre ni au ciel n'aurait pu t'empêcher de devenir." Ils me diront : "Zusia, pourquoi n'étais-tu pas Zusia ?" » (traduit de Doug Lipman, in *The Storytelling Coach*).

Notre influence vient directement de notre être. Elle émane de notre personnalité. Elle vient de qui nous sommes au plus profond de nous-mêmes. De nos croyances, de nos valeurs, de nos intentions, de nos actes, de nos habitudes, de nos secrets.

Une manière de mieux nous connaître consiste à identifier et à réfléchir à nos expériences de réussite, à nos plus grandes réalisations personnelles.

Identifions ainsi cinq à sept grandes réalisations personnelles – à différentes étapes de notre vie, enfance, adolescence, jeune adulte, adulte, et en embrassant la sphère personnelle autant que la sphère professionnelle – et prenons, tout d'abord, le temps de les décrire en détail.

Après les avoir identifiées, posons-nous, à propos de ces expériences, quelques questions :

- Qu'ai-je ressenti (émotions, sentiments) à cette occasion ?
- Qu'ai-je appris de cette expérience ?
- Qu'ai-je appris à propos de moi-même ?
- Qu'est-ce que cette expérience révèle à propos de mes qualités ?
- Comment ai-je dirigé ou influencé d'autres personnes à cette occasion ?

Afin d'approfondir notre réflexion, évoquons les grandes pratiques définies par James Kouzes et Barry Posner dans *The Leadership Challenge*, suite à leur recherche sur les dirigeants et les managers les plus admirés et les plus respectés. Ces pratiques et ces comportements exemplaires sont les suivants :

- **Ils donnent l'exemple** : leurs valeurs sont claires ; ils les vivent ; ils disent ce qu'ils font et font ce qu'ils disent ; leurs comportements sont cohérents et consistants ; ils aident ainsi les autres à clarifier leurs valeurs ; ils célèbrent les petites victoires ; ils sont pour les autres des modèles qu'ils ont envie d'imiter...
- **Ils inspirent une vision partagée** : ils ont une vision pour l'avenir ; leur mission et leurs objectifs sont clairs ; ils ne les imposent pas aux autres, ils sont capables d'inspirer les autres, de partager avec eux vision, mission et objectifs, d'écouter leurs propres rêves et leurs aspirations...
- **Ils sont capables d'une permanente remise en question, en eux-mêmes et avec les autres** : ils challengent le *statu quo*, ils encouragent l'expérimentation, la prise de risques ; lorsqu'ils

rencontrent une difficulté, ils demandent toujours : « Que pouvons-nous apprendre ici ? »...

- **Ils rendent les autres capables d'agir** : ils encouragent la coopération, le travail en équipe et en réseau ; ils accompagnent le développement ; ils soutiennent les autres ; ils délèguent et partagent les responsabilités...
- **Ils encouragent les autres** : ils valorisent les autres, reconnaissant les contributions individuelles et collectives, ils célèbrent les réussites, ils leur font confiance, ils croient dans leur réussite...

Si la connaissance de soi est le fondement de toute influence authentique, la maîtrise de soi en est la manifestation. La personne authentique sait comment manifester ses émotions et ses sentiments. Elle sait les exprimer et les décrire, les canaliser et les gérer, elle sait en reconnaître la richesse et la valeur. Elle sait aussi les reconnaître et les apprécier chez les autres. C'est précisément parce qu'elle est maîtresse d'elle-même qu'elle peut comprendre et aider les autres. Elle connaît et maîtrise des désirs dont elle sait qu'ils sont passagers – même lorsqu'ils se manifestent de manière forte ou violente – pour reconnaître et honorer ses désirs les plus profonds, ceux qui correspondent à ses aspirations, ses valeurs, sa vision et sa mission – même lorsqu'ils se manifestent de manière faible ou obscurcie. Fidèle à ce que lui dit son intuition, elle écoute cette « petite voix » qui lui parle, au fond d'elle-même, dans le silence. Plus elle l'écoute, plus elle suit la voie.

Elle est en harmonie avec le Tao.

« On ne reçoit pas la sagesse, il faut la découvrir par soi-même, après un trajet que personne ne peut faire que nous, ne peut nous épargner. »

Marcel Proust,
À la recherche du temps perdu.

Le grand Tao se répand comme l'eau,
il va à droite comme à gauche.

Tous les êtres en dépendent,
il n'ignore aucun d'entre eux.
Il accomplit son œuvre
mais ne se l'approprie pas.

Il protège et nourrit tous les êtres
sans en être le maître,
aussi peut-on dire qu'il est grand.

C'est parce qu'il oublie sa grandeur
qu'elle se manifeste dans sa splendeur.

34
Connaître les autres

Nous commençons notre voyage au « pays de la connaissance des autres » avec Max de Pree, un dirigeant de Hermann Miller, entreprise américaine spécialisée dans la création et la production de mobilier de haute qualité, qui raconte – dans un remarquable livre, *Leadership is an Art* – une histoire qui met en scène son père, fondateur de l'entreprise, et un constructeur de moulins qui dirigeait l'usine dans les années 1920 : « Un jour, le constructeur de moulins et directeur de l'usine mourut. Mon père, qui était un très jeune manager à l'époque, ne savait pas très bien ce qu'il fallait faire lorsqu'une personne mourait, mais il pensa qu'il devait rendre visite à la famille. Il se rendit donc à leur maison et fut invité à se joindre à la famille dans le salon. Les personnes présentes échangeaient des propos maladroits – comme nous le faisons tous en de pareilles circonstances. La veuve demanda à mon père si elle pouvait lire quelques poèmes. Mon père accepta, bien entendu. Elle alla alors chercher un livre relié et, pendant de longues minutes, elle lut quelques merveilleux poèmes. Lorsqu'elle acheva sa lecture, mon père fit quelques commentaires sur la beauté de ces poèmes et demanda qui les avait écrits. Elle répondit que c'était son mari, le constructeur de moulins et directeur de l'usine, qui était le poète. »

Cette brève et splendide histoire est riche de multiples enseignements. Notre influence émane de nous, de qui nous sommes. L'alpha et l'oméga de l'exercice de responsabilités de management résident donc en premier lieu dans la connaissance de soi et des autres. Si nous avons une responsabilité, les personnes que nous dirigeons ont besoin de savoir qui nous sommes, et nous avons besoin de bien les connaître, chacune, individuellement.

« Mais on est là pour atteindre des résultats ! Pas pour se regarder le nombril ! Pas pour passer son temps à échanger pour se connaître ! » s'écrie aussitôt, exaspéré, un mâle dominant (ou une femme dominante). Max de Pree nous rappelle, avec élégance et simplicité, que nous ne sommes pas, lorsque nous travaillons, seulement ce que nous faisons. Nous sommes plus que notre travail. Pourtant, beaucoup d'organisations tombent dans le piège grossier qui consiste à réduire leurs employés à n'être plus que des numéros dans leur organisation, voire des rouages...

Les personnes qui travaillent avec nous nous observent, elles regardent ce que nous faisons et en particulier la qualité de nos relations avec les autres. Elles observent la personne tout entière, se moquant des distinguos entre vie professionnelle et personnelle. Elles voient ce qui se cache derrière le personnage que nous jouons, parfois, dans notre rôle. Et, lorsque nous travaillons avec elles depuis longtemps, elles connaissent parfois très bien nos qualités et nos vulnérabilités, et discernent peut-être plus de choses que nous n'aimerions...

C'est en essayant de comprendre ce qui pouvait motiver les perceptions négatives qu'ont parfois des collaborateurs de leurs managers que j'ai découvert qu'en de nombreuses occasions :

- le responsable a dressé de tels murs entre vie professionnelle et vie privée qu'il ne parle jamais de lui-même ; ses associés, le connaissant peu, peuvent former des opinions négatives ; il contribue ainsi à créer un climat de fermeture, de défiance, d'ignorance réciproque qui peut conduire au préjugé, au mépris ou à la peur ;
- les murs dressés par le manager entre vie professionnelle et vie personnelle sont si infranchissables qu'il ne s'intéresse pas à ceux qui travaillent avec lui en tant que personnes ; il ignore ainsi – comme dans l'histoire racontée par Max de Pree – des pans entiers de la vie de l'autre, et en particulier les qualités ou les centres d'intérêt de ceux avec lesquels il travaille.

Nous sommes, bien entendu, au travail pour travailler ! Mais dans quel climat ? Le légitime respect de la vie privée – celle des autres comme la nôtre – ne doit pas nous aveugler au point de nous empêcher de nous faire connaître comme des personnes, ni de connaître les autres comme des personnes !

Beaucoup d'entreprises ont aujourd'hui découvert et compris

l'importance de l'expérience acquise par leurs employés, parfois dans d'autres entreprises, parfois dans d'autres contextes (autre métier, vie associative, politique, sportive, etc.), et réfléchissent aux moyens de la valoriser. À une époque où fleurissent partout des modèles de compétences, générales ou managériales, il est important de s'assurer que nous ne les transformons pas aussitôt en « usines à gaz », en modèles rigides ou bureaucratiques, en purs outils d'évaluation et de mesure de la performance à court terme ! Il est paradoxalement difficile de réaliser ce qui est important : connaître la personne, ses souhaits, ses aspirations, ses compétences, ce qui la motive, non pour en profiter, la manipuler et l'exploiter au maximum, mais au contraire pour l'accompagner, l'aider à se développer et à réaliser son potentiel.

La porte de l'authentique manager est ouverte à ceux qui désirent lui parler. Pourtant, il préfère aller à la rencontre des autres, les voir là où ils travaillent, afin de mieux les connaître et comprendre les difficultés qu'ils rencontrent, leurs réussites, les contraintes qui les paralysent, l'aide ou les soutiens dont ils ont besoin. Il connaît personnellement et profondément les personnes qui travaillent avec lui. Il s'ouvre aux autres, se fait connaître tel qu'il est, avec ses forces et ses vulnérabilités.

C'est en créant un tel climat d'ouverture et de confiance réciproque qu'il devient naturel pour lui de toujours comprendre ce qui se passe et d'accompagner les autres dans leur développement.

« Il est vrai que les gens gagnent à être connus. Ils y gagnent en mystère. »

Jean Paulhan

Qui détient la grande Image
fait accourir les milliers d'êtres.
Ils accourent et ne subissent pas de tort,
et trouvent paix, tranquillité et bonheur.

Musique et bonne chère
attirent les passants,
mais les paroles du Tao
étant sans goût ni saveur,
ils regardent le Tao
sans le voir,
ils l'écoutent
sans l'entendre.

Celui qui l'utilise, pourtant,
jamais ne peut l'épuiser.

35
Une influence sereine

Nous commençons notre voyage au « pays de l'homme parfait » en compagnie de Maître Pien qui décrit les qualités de l'homme parfait à un certain Souen Hieou – qui se plaignait de son misérable sort et se demandait quel crime il avait bien pu commettre envers le ciel : « N'avez-vous jamais entendu parler de l'homme parfait ?... L'homme parfait oublie qu'il a un foie et une vésicule biliaire, ne se soucie ni de ses oreilles ni de ses yeux ; il se promène sans but en dehors du monde poussiéreux et trouve sa liberté dans la pratique du non-agir. Cela veut dire qu'il agit sans rien attendre et guide les hommes sans les contraindre. Vous vous parez de vos connaissances pour éblouir les ignorants ; vous cultivez votre personne pour souligner les défauts des autres hommes ; vous faites le brillant comme quelqu'un qui paraderait en tenant à la main la lune et le soleil. Votre corps est intact, vos neuf orifices sont au complet, vous n'êtes devenu ni sourd, ni aveugle, ni boiteux au milieu de votre âge ; vous tenez votre place parmi les hommes. En tout cela vous avez bien de la chance. Pourquoi vous en prenez-vous au ciel ? Allez-vous-en. » Puis Maître Pien se reproche d'avoir ainsi parlé et, alors que ses disciples lui disent qu'il n'a rien à se reprocher, répond que les choses ne sont pas si simples et raconte cette histoire : « Jadis un oiseau se posa dans un faubourg de la capitale de Lou. Le seigneur de Lou en fut enchanté. Il lui offrit un grand sacrifice. Il fit exécuter la symphonie *Kieou-chao* pour lui faire plaisir. L'oiseau prit dès lors un air navré et, les yeux éblouis, n'osa ni boire ni manger. C'est que le seigneur avait traité l'oiseau comme il se serait traité lui-même. Pour traiter l'oiseau en oiseau, il eût fallu le laisser percher dans une forêt profonde et vaquer dans les fleuves et les lacs où il eût trouvé pour nourriture des anguilles, puis le lâcher dans la plaine» (Tchouang-Tseu, « Avoir une pleine compréhension de la vie », *Œuvre complète*).

Quels admirables textes ! Lao-Tseu et Tchouang-Tseu évoquent pour nous la splendeur cachée et omniprésente du Tao, mais aussi les raisons pour lesquelles nous nous en détournons, expérience quotidienne. Nous nous en détournons, suggère Lao-Tseu, parce que nous préférons la bonne chère et les bons vins, mordre dans la vie à pleines dents, brûler la chandelle par les deux bouts, goûter la vie et nous étourdir plutôt que de chercher le Tao, qui nous semble insipide et sans goût mais qui, paradoxalement, pour ceux qui le cherchent, se révèle être une vraie nourriture, inépuisable de richesse et de splendeur. Comment parler de l'illumination spirituelle à des personnes qui ne songent qu'à se remplir le ventre ? La recherche matérialiste du confort fait apparaître, en creux, le vide spirituel profond de tant de nos contemporains, leur très réelle misère.

Quant à Tchouang-Tseu, il nous brosse, avec les paroles de Maître Pien, un extraordinaire portrait du manager authentique, puis nous fait ressentir les mouvements du cœur et de la conscience, l'émotion de celui-ci lorsqu'il se rend compte qu'il n'a peut-être pas utilisé les mots justes, qu'il n'a pas su prendre en compte son interlocuteur, et craint de l'avoir troublé plutôt qu'aidé à comprendre les obstacles qu'il met sur son propre chemin. Retour, donc, avec l'oiseau, à notre mère nature, mais aussi à la question de savoir quels mots utiliser pour atteindre, sans la blesser, chaque personne, selon sa nature, et l'inviter à l'éveil.

La personne authentique se met au service des autres, sans jamais rechercher quelque chose pour elle-même. À une époque où nos économies sont bouleversées à l'échelle mondiale par l'importance croissante des services – l'Inde y prépare sa future émergence –, les sages taoïstes nous rappellent une vérité éternelle, qui est peut-être aujourd'hui plus que jamais d'actualité : **être manager, c'est servir**.

Ce service des autres s'exerce dans la discrétion et la simplicité, en évitant la contrainte. Mais, attention, je vois déjà que certains se frottent les mains ! Éviter la contrainte, ça leur plaît beaucoup ! Leurs petites mains, tout à fait invisibles – et qui tiennent à le rester –, remplissent toujours les mêmes poches, très peu de poches, à vrai dire, mais de plus en plus profondes, vous n'imaginez pas combien elles sont profondes, mon enfant ! Le capitalisme conduit vite au capitalisme sauvage, le libéralisme engendre l'ultralibéralisme : il suffit de voir le fossé croissant qui sépare riches et pauvres, pays riches et pays pauvres, personnes riches et personnes très en dessous de tout « seuil minimum de pauvreté », comme aiment à dire tant d'économistes et de journalistes, il suffit de voir à quelle vitesse ce fossé s'est creusé depuis vingt ans pour savoir qu'il n'y a pas photo, il n'y a à dire vrai aucune photo à faire, elles seraient par trop dégoûtantes. Toutes les photos sont déjà là qui nous montrent chaque jour que notre monde fait fausse route.

Car si l'authentique influence s'exerce dans la discrétion et le non-agir, admirablement décrit par Tchouang-Tseu, il vient, avant tout et directement, de la découverte de notre vraie nature, du respect de la vraie nature de nos frères humains et de leurs vraies et simples aspirations, et du respect de la nature dont nous faisons partie, dont nous sommes une parcelle d'autant plus responsable qu'elle est parfaitement consciente. Il nous faut d'authentiques dirigeants. **Il nous faut changer de cap.**

Changer de cap est une immense tâche, mais elle n'est pas surhumaine. Comme le dit, de manière très taoïste, Vananda Shiva : « Je suis optimiste, car la vie a ses propres stratégies pour ne pas s'éteindre, et les êtres humains aussi : ils sauront la préserver et la perpétuer. »

Les personnes authentiques agissent de manière à montrer qu'elles parlent vrai.

« Il a saisi la juste mesure, l'essence cachée, la fin et le commencement de tous les êtres. Il unifie sa nature, nourrit son souffle, rejoint la vertu primitive et peut ainsi communier avec la création cosmique. »

Tchouang-Tseu,
Œuvre complète.

Ce qui est à réduire,
il faut d'abord le grandir.

Celui qu'il faut affaiblir,
il faut d'abord le renforcer.

Celui qu'on veut éliminer,
on doit d'abord l'exalter.

Celui que l'on veut supplanter,
on commence par lui faire des concessions.

C'est ce que l'on appelle
« camoufler la lumière ».

Le souple triomphe du dur,
le faible triomphe du fort.

Le poisson doit demeurer dans les eaux profondes.
Les armes les plus puissantes rester dans l'ombre.

36
Penser... autrement

Nous commençons notre voyage au « pays du penser autrement » avec une histoire tirée du *Vrai Classique du vide parfait* : « Un homme perdit sa hache. Il soupçonna le fils du voisin et se mit à l'observer. Son allure était celle d'un voleur de hache ; l'expression de son visage était celle d'un voleur de hache ; sa façon de parler était tout à fait celle d'un voleur de hache. Tous ses mouvements, tout son être exprimaient distinctement le voleur de hache. Bientôt, creusant son jardin, voici que l'homme trouve sa hache. Un autre jour, il revit le fils du voisin. Tous ses mouvements, tout son être n'avaient plus rien d'un voleur de hache. »

Cette magnifique histoire de Lie-Tseu montre bien à quel point il nous est difficile, une fois que nous avons formé une opinion, de nous en défaire pour regarder d'autres possibilités. Elle suggère à quel point nous évitons de nous considérer comme une des causes possibles du problème ou de la difficulté. Non ! S'il y a problème, c'est à cause de quelque chose qui s'est mal passé, d'autres personnes que nous sommes prêts à blâmer, à juger et à condamner. Plus nous nous engageons dans cette voie, plus nous prenons position publiquement, plus il devient difficile de revenir à cette question pourtant première : se pourrait-il qu'il y ait problème à cause de moi ? Et en particulier dans des relations devenues conflictuelles : suis-je à l'origine du problème ? Se pourrait-il que mes actes, mon comportement constituent pour les autres le problème ? Question difficile, question terriblement dérangeante, mais c'est pourtant la première et, souvent, la seule bonne question. La première chose que fait un authentique dirigeant, lorsqu'un problème se présente, est donc de se demander s'il n'en est pas la source. Accuser les autres alors qu'on est à l'origine du problème, c'est faire preuve d'aveuglement. Lorsqu'on insiste, et si on ajoute l'hypocrisie et le mensonge à l'aveuglement, on pourra toujours faire semblant d'être surpris de découvrir qu'on ne nous aime plus, qu'on ne nous respecte plus... car nous avons bel et bien perdu notre crédibilité.

Apprenons à nous remettre en cause personnellement. Mais aussi à réfléchir à nos manières de penser et aux environnements qui nous y aident :

- □ Quand et comment est-ce que je prends le temps de penser ?
- □ Y a-t-il pour moi des lieux qui favorisent ma réflexion, l'éclosion de mes pensées ? Est-ce que je m'y rends régulièrement ?
- □ Y a-t-il des activités qui favorisent ma réflexion (la marche solitaire, la nage, l'écriture, la lecture, des conversations privilégiées, etc.) ?
- □ Combien de temps est-ce que je passe à réfléchir, à penser pour moi-même et par moi-même, au cours d'une journée ? d'une semaine ? d'un mois ?
- □ Quand, comment et où ai-je tendance à avoir des idées, des idées nouvelles ?
- □ Comment est-ce que je saisis les idées qui me viennent à l'esprit ? Est-ce que je les note ? S'envolent-elles ? Que pourrais-je faire pour les mieux saisir ?
- □ Qu'est-ce qui m'empêche de penser, de réfléchir ? Qu'est-ce que je fais dans ce cas ? Comment pourrais-je réduire ou dépasser ces obstacles ?
- □ Qui m'aide à réfléchir, à formuler ce que je pense, à penser autrement ? Comment ? Pourquoi ? Puis-je rencontrer cette personne plus souvent, plus régulièrement ?
- □ Est-ce que je tiens un journal ? Pourquoi pas ?

Il nous faut aussi réfléchir à la manière dont nous réfléchissons, et penser à notre manière de penser, afin de pouvoir penser... autrement :

- □ Comment est-ce que je définis les objectifs que je poursuis ? Est-ce que j'y passe suffisamment de temps ? Est-ce que j'utilise des images pour travailler sur mes objectifs ? Puis-je décrire les résultats que je recherche en racontant une histoire ?
- □ Ai-je tendance à travailler sur le problème ou puis-je travailler uniquement sur la solution ?
- □ Comment est-ce que je collecte idées et informations ?

Comment est-ce que je collecte, organise, rassemble et affine les idées qui me viennent ?

- Est-ce que je vis avec intensité dans l'ici et maintenant, en étant attentif, à l'écoute, curieux, ouvert ?
- Comment est-ce que je combine la pensée du long terme avec celle du court terme ? Est-ce que je consacre suffisamment de temps à anticiper ?
- Comment est-ce que j'explore les opportunités ? Suis-je ouvert à toutes les opportunités ? Ou m'arrive-t-il d'en détruire ?
- Est-ce que j'anticipe d'éventuels problèmes ou difficultés ? Est-ce que je considère la probabilité de problèmes, de scénarios du pire, d'impacts négatifs sérieux ? Ou ai-je plutôt tendance à toujours « foncer », à agir ?
- Est-ce que j'informe les autres de mes intentions et de mes attentes ?
- Est-ce que je réfléchis aux soutiens dont j'ai besoin pour réaliser les objectifs que je poursuis ? Est-ce que je demande aux autres du soutien ?
- Ai-je des frontières que je m'impose à moi-même ? Sont-elles justifiées ou m'empêchent-elles de penser ?
- Y a-t-il d'autres options ? D'autres encore ? D'autres, auxquelles je n'avais pas encore pensé ?

Le dirigeant authentique apprend, il pense et il voit, tout simplement, ce qui se passe. Il voit, en particulier, les rois nus, les dirigeants et les chefs d'entreprise nus, les présidents, les ministres et les médias nus. Et nus, comme dit l'enfant – à qui l'on ne raconte pas n'importe quoi –, ils le sont en effet ! Il ne cherche jamais à rien cacher, à rien dissimuler, à piéger ou à manipuler qui que ce soit. Il est ailleurs, au-dessus de la mêlée, plus profond, insaisissable, ses armes sont d'une autre nature.

Depuis toujours et à jamais, parce qu'il sait qu'il n'y a pas bataille, il gagne toute bataille.

« Pour assigner une limite à la pensée, nous devrions être capables de penser des deux côtés de cette limite. »

Ludwig Wittgenstein

Le Tao jamais n'agit
et pourtant, sans lui,
rien ne se fait.

Si les rois et les princes
vivaient selon le Tao,
tous les êtres vivants,
par eux-mêmes,
se réaliseraient.

Si, pendant leur développement,
en certains surgissaient les désirs,
je les contiendrais, en les rappelant
à la simplicité du sans-nom.

La simplicité du sans-nom
engendre le non-désir,
et ce qui est sans désir
connaît la sérénité.

Ainsi tout sous le ciel
se règle-t-il de lui-même.

37
Wu-wei. Agir sans agir

Nous commençons notre voyage au « pays de l'action sans action » en compagnie de Lao Tan : « Yang Tseu-kiu était allé voir Lao Tan, et lui demanda :

– S'il existe ici un homme dont le tempérament est vif et hardi et dont l'intelligence est claire et pénétrante et qui ne se fatigue pas d'apprendre, un tel homme pourra-t-il être l'égal d'un roi éclairé ?

– Un tel homme, aux yeux du saint, ne représente qu'un serviteur et un artisan accablés de travail et rongés de soucis. Il est dit : "Le tigre et le léopard sont chassés parce que leur peau est tachetée. Le singe et la guenon sont capturés parce qu'ils sont adroits." Ainsi comment un tel homme pourrait-il être l'égal d'un roi éclairé ?

– Veuillez me dire comment gouverne un roi éclairé, demanda respectueusement Yang-Tseu-kiu.

– Le roi éclairé, dit Lao Tan, étend partout ses bienfaits, mais il ne fait pas sentir qu'il en est l'auteur. Il aide et améliore tous les êtres sans que ceux-ci sentent qu'ils sont sous sa dépendance. Le monde ignore son nom et chacun est content de soi. Ses actes sont imprévisibles et il s'identifie avec le néant » (Tchouang-Tseu, *Œuvre complète*).

Dans les cultures occidentales, nous avons donné, et continuons de donner, une telle suprématie à l'action et à l'« homme d'action » que nous en sommes venus à considérer que seule une personne d'action peut prétendre accéder à des positions de direction, de quelque nature qu'elles soient. Et nous avons d'immenses difficultés à comprendre ce qu'est le *wu-wei*, l'action sans action, qui est au cœur même du *Tao Te King*. La personne responsable suit sa sagesse intuitive, et vit spontanément et en harmonie avec son environnement. Elle ne se contraint pas, et surtout ne contraint aucun autre être humain ni rien dans son environnement. **C'est en suivant et en respectant l'ordre naturel qu'elle suit le Tao.** *Wu-wei*, que l'on traduit littéralement par « non-agir », ne suggère pourtant aucunement l'inaction, bien au contraire ! Il suggère l'action puissante par excellence. Joseph Needam, dans son livre *Science et civilisation en Chine*, traduit *wu-wei* par : « s'abstenir d'activité contraire à la nature » en citant Tchouang-Tseu pour justifier cette traduction : « Non-agir ne signifie pas ne rien faire et se taire. Permettez à chaque chose d'être ce qu'elle est à l'origine de telle sorte que sa nature se réalise. »

Que faire pour accéder à l'état de ressource suggéré par les sages taoïstes ? Explorons quelques pistes possibles. Elles suggèrent toutes de dégager du temps afin de redevenir maîtres de notre temps, pour faire des choses essentielles – plutôt que de me retrouver chaque jour dans le même cycle infernal, à courir comme un rat ou une poule à la tête coupée.

- □ Prendre, chaque jour, du temps pour méditer – vingt à trente minutes chaque matin –, temps de total silence et de paix, en prélude à l'action quotidienne.
- □ Prendre du temps, régulièrement, au travail, pour me concentrer sur ce qui est essentiel dans mon travail : préparation d'entretiens importants, réflexion stratégique, anticipation, dialogues d'approfondissement, écriture.
- □ Prendre un moment – chaque soir par exemple – pour faire le point ou pour tenir un journal et noter des événements importants, incidents critiques, leçons apprises...
- □ Faire régulièrement une retraite personnelle pour clarifier mes valeurs, mes intentions, réfléchir à mon action dans le monde.
- □ Faire une retraite avec mon équipe afin de mieux nous connaître, de parler plus en profondeur, de prendre le temps d'une vraie réflexion sur nos approches et nos manières de travailler ensemble et de manager les autres.

Nous pouvons aussi avoir recours à des techniques de centrage, de concentration, de méditation, de respiration profonde, ou pratiquer un art martial taoïste (yoga, gymnastique chinoise, chi qong, taï chi, aïkido...). Prenons ici l'exemple d'une technique de centrage et de respiration profonde particulièrement efficace pour surmonter le stress et retrouver notre énergie :

□ Levons-nous, et tenons-nous debout, jambes légèrement écartées, bien ancrées au sol. Sentons tout d'abord, en basculant légèrement en avant et en arrière, puis à gauche et à droite, notre centre, qui se situe au cœur de notre ventre, sous notre nombril. Maintenant, respirons profondément et consciemment, en inspirant l'air longuement par notre nez et dans notre ventre. Retenons un instant l'air inspiré avant d'expirer longuement. Avant d'inspirer à nouveau, marquons une légère pause. Puis, inspirons à nouveau. Respirons ainsi trois ou quatre fois.

□ Maintenant, en continuant à respirer longuement et consciemment, imaginons que nos jambes pénètrent dans le sol et que de puissantes racines s'enfoncent dans la terre, pénétrant jusqu'à son cœur. Respirons plusieurs fois en sentant ces racines.

□ Imaginons maintenant que du sommet de notre tête jaillit une corde, qui nous relie au ciel et au cosmos. Respirons plusieurs fois en sentant notre corps, nos racines puissamment ancrées dans la terre et la corde puissamment ancrée dans le ciel. Respirons profondément, librement.

Parce qu'elle est centrée, parce qu'elle vit en harmonie avec l'univers, la personne authentique est une source d'énergie dans l'univers.

Sans agir, profondément, elle agit.

« Nos actions agissent sur nous autant que nous agissons sur elles. »

George Eliot,
Adam Bede.

La vertu supérieure ne se dit jamais vertueuse,
liée à la Voie, elle est sagesse.
La vertu inférieure, en se disant vertueuse, se nie,
la vertu ne pouvant se reconnaître elle-même.

La vertu supérieure n'agit pas et ne calcule pas.
La vertu inférieure agit et calcule.

L'amour supérieur n'agit pas et ne calcule pas.
La justice supérieure agit et calcule.

La politesse supérieure agit et, si on ne la respecte pas,
elle retrousse ses manches.

Ainsi, après la perte du Tao vient la vertu,
Après la perte de la vertu vient l'amour,
Après la perte de l'amour vient la justice,
Après la perte de la justice viennent les rites.

Le rite n'étant que l'écorce de la sincérité et de la fidélité,
il est aussi la source du désordre.
La prescience est la fleur du Tao,
mais elle est aussi le seuil de l'ignorance.

Le sage s'appuie sur ce qui est solide, et non sur l'éphémère,
préférant le fond à la forme,
il s'en tient au noyau, et ne s'arrête pas à la fleur.
Il rejette ceci et choisit cela.

38

De l'inauthentique à l'authentique influence

Nous commençons notre voyage au « pays de l'authenticité » avec l'histoire d'un maître archer que rapporte Eugen Herrigel dans *Le Zen dans l'art chevaleresque du tir à l'arc* : « "L'art véritable, s'écria le Maître, est sans but, sans intention ! Plus obstinément vous persévérerez à vouloir apprendre à lâcher la flèche en vue d'atteindre un objectif, moins vous y réussirez, plus le but s'éloignera. Ce qui pour vous est un obstacle, c'est votre volonté trop tendue vers une fin. Vous pensez que ce que vous ne faites pas par vous-même ne se produira pas.

– Mais, objectai-je, n'avez-vous pas dit très souvent vous-même que le tir à l'arc n'est pas un passe-temps, un jeu sans but, mais une affaire de vie et de mort ?

– Je m'y tiens absolument. Nous autres, maîtres de l'arc, nous disons : un coup, une vie ! Vous ne pouvez encore comprendre ce que cela veut dire, mais peut-être tirerez-vous profit d'une autre image qui traduit la même expérience. Nous disons aussi : d'une extrémité de son arc, l'archer perce le ciel, à l'autre bout, fixée à un fil de soie, est la terre. Si l'on déclenche le coup d'une violente secousse, on est exposé au danger de voir le fil se rompre. Et la faille est définitive pour qui est animé d'un dessein précis et qui emploie la violence ; l'homme reste entre ciel et terre dans cette position intermédiaire qui n'offre pas de salut.

– Que dois-je donc faire ? demandai-je, très perplexe.

– Apprendre à bien attendre !

– Comment apprend-on ?

– Libérez-vous de vous-même, laissez derrière vous tout ce que vous êtes, tout ce que vous avez, de sorte que de vous il ne reste plus rien, que la tension sans aucun but.

– Donc, il faut qu'intentionnellement je me dépouille de toute intention..." »

Tel un maître archer, Lao-Tseu évoque ici différents obstacles à l'exercice d'une influence authentique. Au plus bas niveau, nous trouvons les rites. Les Occidentaux pensent souvent que ce texte ne les concerne guère : il s'agit de « rites chinois », d'un autre univers.. Pourtant, on peut lire Lao-Tseu autrement et, en faisant un petit travail d'imagination, en distinguant la forme et le fond, se poser quelques questions : et si les rites avaient quelque chose en commun avec l'avion de la compagnie, et ceux qui y ont accès ? avec la voiture du dirigeant, et ceux qui peuvent se joindre à lui ? avec la marque et la cylindrée des voitures de nos cadres, selon leur niveau ? avec la surface des bureaux ? avec l'étage où ils se situent ? avec la protection rapprochée de certaines assistantes de direction, parfois plus protectrices et plus étouffantes que des mères abusives ? Et les rituels, phénomène tellement chinois, pourraient-ils avoir quelque chose à voir avec... le temps que l'on fait attendre le visiteur, qui doit comprendre qu'il va rencontrer Dieu en personne et s'y préparer avant d'être admis dans le saint des saints ? avec les manières de commencer, conduire ou clôturer certaines réunions ? On pourrait aussi évoquer fêtes et dîners, avec leur formalisme, leurs codes, les préséances, qui sera à la droite du père... Lao-Tseu nous rappelle opportunément, en se moquant de Confucius, que politesses, rites et rituels ne sont – dans toutes les cultures – que des écorces qui cachent mal hypocrisies, mensonges, dissimulations, agendas cachés et autres délices de tant de *boardrooms*. Formalisme qui peut aller jusqu'à occulter la perte même du sens et des valeurs.

Éloignons-nous donc de ces miasmes pour monter d'un cran dans la hiérarchie évoquée par Lao-Tseu. Au-dessus des rites, le légalisme. Ce que dénonce ici Lao-Tseu, c'est l'obligation, la moralité imposée, fort en vogue aujourd'hui : « Tu dois... », « Tu devrais faire cela... », « Il faut que... », ou « Si tu ne fais pas ceci... », ou encore « Si j'étais à votre place, je... », « Il n'est pas dans votre intérêt de... ». Le langage est ici souvent codé. Ce fameux développement durable durera... combien de temps ? Cette université d'entreprise lancée lorsque l'on a fait des bénéfices représente-t-elle un engagement sur le long terme ou les fonds seront-ils coupés si les résultats venaient à se détériorer ? Questions gênantes ?

Nous faut-il devenir honnêtes ? Cesser la mascarade de la moralité imposée ? Du légalisme ? Des visions manichéennes, en noir et blanc ? Et, s'il faut parler couleurs, se pourrait-il que le noir ne soit pas chez les autres, mais chez nous, en nous ?

Vite, montons encore d'un échelon pour trouver un air plus pur ! Nous voici dans le monde de l'action ! La ruche, il n'y a pas de doute, est affairée ! On est là pour obtenir des résultats et, si possible, plus vite que ça ! Entraînant ses troupes, le directeur est fort apprécié de ses patrons, ce qui ne l'aide guère à se corriger de certains défauts : il peut en effet devenir exigeant, voire manipulateur, puisque tout est subordonné à l'obtention de résultats, et que la fin, lorsqu'on ne voit plus que les résultats, peut se faire très habile pour justifier bien des moyens... Le « court terme » n'a fait qu'une bouchée du pauvre « long terme » qui tentait de dire quelque chose ! Et tout va si vite que personne n'a rien vu, puisqu'on avait tous, à ce moment-là, le nez dans le guidon ! **Pouvons-nous nous arrêter ?** respirer ? prendre du recul ?

Lao-Tseu nous dit que celui qui vit en accord avec le Tao se caractérise par son côté spontané, authentique. Il atteint un état d'équilibre que Mihaly Csiksentmihalyi a admirablement décrit dans son livre *Flow, the Psychology of Optimal Experience*, où il parle d'une sorte d'état de grâce, de cet état d'équilibre où le défi à relever est immense et les compétences très élevées, de ces moments si extraordinaires durant lesquels grands artistes et grands sportifs recréent la musique, battent un record. **Ni anxiété ni relaxation, ni excitation exagérée ni contrôle abusif, l'état de grâce est un équilibre qui permet de réaliser l'excellence dans la performance.** Il vient de l'harmonie avec nous-mêmes et avec la nature.

Me suis-je dépouillé de moi-même ? Suis-je sans intention ?

La personne responsable est attentive, elle capte les signaux. Tel un maître archer, sans s'efforcer d'atteindre la cible, elle l'atteint, et accomplit ce qu'elle a à accomplir. C'est, paradoxalement, parce qu'elle est sans ego, sans intention et sans but que son action devient puissante et efficace.

Désintéressée, au service des autres,
son action donne du sens à tout ce qui arrive.

« Un homme qui ne cesse de calculer est un poltron. »

Joch Yamamoto,
Hagakure, Le livre secret des samouraïs.

Voici ce qui jadis advint à l'unité :
le ciel réalisa l'unité et devint pur.
La terre réalisa l'unité et devint paisible.
Les esprits réalisèrent l'unité et devinrent puissants.
Les vallées réalisèrent l'unité et se remplirent.
Les êtres réalisèrent l'unité et se multiplièrent.
Les rois et les seigneurs réalisèrent l'unité et régnèrent sur le monde.

Si le ciel n'était pas pur, il risquerait de se déchirer,
si la terre n'était pas paisible, elle risquerait de se détruire,
si les esprits n'étaient pas puissants, ils risqueraient de s'anéantir,
si les vallées ne s'emplissaient pas, elles risqueraient de se dessécher,
si les êtres ne se multipliaient pas, ils risqueraient de disparaître,
si les seigneurs et les rois n'étaient pas exemplaires,
ils risqueraient d'être renversés.

La noblesse a pour origine l'humilité.
Celui qui s'abaisse sera élevé.
Aussi les seigneurs et les rois se déclarent-ils
« orphelins », « esseulés », « indignes ».
N'est-ce pas parce qu'ils reconnaissent
l'humilité comme origine ?

L'excès d'honneur est déshonneur.
La sagesse ne consiste pas à briller comme un jade finement sculpté,
ni à résonner comme un tambour de pierre.

39
Artisan d'un vrai développement durable

Nous commençons notre voyage au « pays du développement criminel » en compagnie du général des nuages qui, au-delà de l'Arbre aux Cyclones, parle avec Indistinction : « "L'énergie du ciel est sans harmonie, l'énergie de la terre est bloquée, les six énergies naturelles sont en désordre, la succession des quatre saisons est déréglée. Je voudrais maîtriser l'essence des six énergies naturelles pour assurer le bien-être des hommes. Que dois-je faire ?... Je vous demande de m'éclairer." Indistinction lui déclara : "Troubler la loi du ciel, contrarier les sentiments des êtres, c'est empêcher la nature de s'accomplir. Alors les quadrupèdes en troupe se dispersent, et les oiseaux chantent pendant la nuit. Les herbes et les arbres en subissent les effets désastreux et la catastrophe atteint aussi les insectes. Ah, la faute en est à qui veut gouverner les hommes" » (Tchouang-Tseu, *Œuvre complète*).

Lire aujourd'hui Tchouang-Tseu ou le chapitre 39 du Tao, c'est lire une prophétie en train de se réaliser. Un ciel dans lequel la couche d'ozone est déchirée, des guerres qui détruisent les équilibres naturels, des pans entiers de la nature et des patrimoines de l'humanité détruits (Afghanistan, Irak I, Irak II, Liban), des pollutions dues à l'homme qui détruisent faune et flore dans certaines régions, des zones désertiques qui augmentent, des pollutions qui atteignent les nappes phréatiques et rendent l'alimentation en eau difficile ou problématique, des espèces animales disparues (un récent rapport évoque la disparition de plus d'un million d'espèces d'ici à 2050), une exploitation des forêts qui ressemble à du crime organisé, de multiples scandales alimentaires et, pour couronner le tout, les pollueurs, les mafieux, les « grands entrepreneurs » responsables de ces désastres écologiques (ou plutôt de ces crimes contre l'humanité) sont rarement condamnés et peu poursuivis, puisqu'ils font souvent partie des lobbies qui ont permis au président d'occuper, la présidence, ou aux ministres d'occuper les sièges ministériels.

Exagération ? On a plutôt l'impression d'être, hélas ! en deçà... et d'arriver trop tard. Il est grand temps que de nouvelles générations de politiciens et d'entrepreneurs prennent la mesure des défis qui se présentent. La création constitue un tout, nous sommes une parcelle de la nature, le respect de notre planète constitue la priorité des priorités !

Qu'avons-nous fait de notre planète ? Tel est le premier souci d'un authentique dirigeant. Au lieu de quoi, le souci semble être de s'assurer qu'ils ont plus d'armes que les autres, qu'il faut faire la guerre aux terroristes (vous savez, ceux qu'on a si longtemps nourris et protégés, mais « on ne sait pas pourquoi, ils sont devenus méchants, ils ont dû "péter les plombs"... »), qu'il faut avoir des bases militaires un peu partout dans le monde, qu'il faut convaincre les autres qu'on est « bon », quitte à les payer pour ça. Et puis, bien entendu, on s'accuse réciproquement d'être protectionnistes, on se bat comme des marchands de tapis pour des bananes, du roquefort, et que sais-je encore ? Et on parle du prix du pétrole. En on fait semblant de parler de « liberté », de « démocratie » (mots qu'on a vidés de leur sens par nos comportements), et voilà, le tour est joué. Ai-je oublié quelques détails ? Faudra-t-il attendre de ne plus pouvoir respirer pour enfin comprendre, mais trop tard, que l'air est vital ? Faudra-t-il que nous soyons privés d'eau pour réaliser, mais trop tard, que l'eau est un bien naturel indispensable à la vie ? Nous dilapidons l'air, le polluons, nous dilapidons l'eau et la polluons, nous détruisons faune et flore, nous défigurons notre Terre. Et puis, nous sortons nos violons et nous osons dire en sanglotant : « Quelle Terre allons-nous laisser à nos enfants ? » Les contradictions ne nous font pas peur !

« "Alors que dois-je faire ? demanda le général des nuages.

– Oh, c'est incurable, répondit Indistinction, je retourne au ciel.

– Puisque je suis dans un grand embarras, reprit le général des nuages, je voudrais bien un mot de vous."

Indistinction répondit : "La santé de l'esprit s'obtient ainsi : observez le non-agir et les hommes s'améliorent d'eux-mêmes. Dépouillez-vous de votre corps, crachez votre ouïe, votre vue, oubliez les êtres et leur rapport, et tout se résorbera dans l'indistinction primordiale. Relâchez votre cœur, laissez aller votre esprit, anéantissez votre âme et les êtres différents du monde retrouveront leur racine commune.

Qui retrouve sa racine sans le savoir ne s'écartera pas de l'indistinction primordiale, alors que qui prend conscience de sa racine en est définitivement écarté. Ne leur donnez pas de nom, ne cherchez pas à savoir ce qu'ils sont et tous les êtres du monde naîtront tout naturellement."

Le général des nuages reprit : "Vous m'avez fait comprendre la vertu ; vous m'avez révélé le silence ; toute ma vie j'ai vainement cherché la vérité et voici que je la tiens." Le général des nuages se prosterna deux fois en appliquant son front contre terre, puis se releva et s'en fut. »

La personne responsable n'est pas centrée sur elle-même. Elle a rejeté tout égoïsme, tout égocentrisme, tout narcissisme. Elle ne se met jamais au centre de tout. Elle commence par mettre de l'ordre dans sa maison en vivant en harmonie avec elle-même et la nature qui l'entoure. Elle respecte toute vie. C'est parce qu'elle vit en harmonie avec la nature qu'elle peut devenir l'être authentique dont notre monde a besoin.

Humblement, elle s'est mise, dans chacun de ses actes,
au service de la nature.
Au service de notre planète.

☯

« Aucun sacrifice ne sera jamais assez grand pour arriver à la symphonie avec la nature. »

Mohandas Gandhi

Le retour est le mouvement du Tao
S'ouvrir et se faire vulnérable, c'est réaliser le Tao.
Les milliards d'êtres vivants participent de l'Être.
Être c'est être né de rien.

40
Apprendre à méditer

Nous commençons notre voyage au « pays de la méditation » auprès d'un disciple du Bouddha : « Un homme s'enfonçait dans les montagnes en quête d'un lieu où il pût se discipliner et comprendre son être propre. Ce faisant, il rencontra l'un des disciples du Bouddha. "D'où venez-vous ?" lui demanda-t-il. Le disciple répondit sans détour : "Je viens de mon lieu de pratique." Pensant que cet homme connaissait le lieu même qu'il cherchait, il demanda au disciple : "Je cherche précisément ce même lieu. S'il vous plaît, pouvez-vous m'y conduire ?" Le disciple répliqua : "Le lieu de la pratique se trouve dans l'esprit pur et honnête qui ne recèle aucune fausse vanité." Saisi, l'homme comprit qu'on ne peut voir avec ses yeux seuls le lieu de la pratique et de la discipline, car il se trouve en soi-même. L'esprit veut faire la lumière en lui-même. Que l'on pratique le Thé ou la méditation dans un endroit ou un autre est sans importance ; si cet endroit est paisible, vous y rencontrerez votre être propre » (Soshitsu Sen, *Le Zen et le Thé*).

Lao-Tseu nous invite à revenir en nous-mêmes. **Ce retour est le mouvement même du Tao.** Parmi les nombreux ouvrages qui ont été écrits sur la pratique de la méditation, je trouve le texte que Sogyal Rinpoché y a consacré dans *Le Livre tibétain de la Vie et de la Mort* d'une inépuisable richesse. Il s'intitule « Ramener l'esprit en lui-même ». Écoutons-le : « Distraits de notre être véritable, nous gaspillons d'ordinaire notre vie en occupations sans fin. La méditation, en revanche, est la voie qui nous ramène à nous-mêmes, elle nous permet de faire l'expérience de notre être dans sa plénitude et de le savourer, au-delà de tout schéma habituel. Pris dans un tourbillon de hâte et d'agressivité, nous vivons notre vie dans le conflit et l'angoisse ; nous sommes emportés par la compétition, l'avidité, le désir de possession et l'ambition. Nous nous chargeons sans répit d'occupations et d'activités superflues. La méditation, elle, est l'exact opposé. Méditer, c'est rompre complètement avec notre fonctionnement "normal". C'est un état libre de tout souci, de toute préoccupation, désir de possession et saisie dualiste, libre de lutte intense et angoissée, et de soif de réussite. C'est un état sans ambition où ne se manifeste ni acceptation ni refus, ni espoir ni peur ; un état dans lequel nous relâchons peu à peu, dans l'espace de la simplicité naturelle, les émotions et les concepts qui nous emprisonnaient.

« Les maîtres de méditation bouddhistes savent à quel point l'esprit est souple et malléable. Si nous l'entraînons, tout est possible. En fait, nous sommes déjà parfaitement formés par et pour le *samsara*, formés à la jalousie, à l'attachement, à l'anxiété, à la tristesse, au désespoir, et à l'avidité, formés à réagir avec colère à toute provocation. Nul besoin d'effort particulier pour générer en nous ces émotions négatives : nous y sommes si bien entraînés qu'elles s'élèvent spontanément. Ainsi, tout dépend de notre entraînement et du pouvoir des habitudes. Consacrons notre esprit à la confusion : nous savons parfaitement – soyons honnêtes ! – qu'il deviendra un maître ténébreux de la confusion, expert à nous rendre dépendants, subtil et pervers dans son habileté à nous réduire en esclavage. Consacrons-le, dans la méditation, à la tâche de se libérer de l'illusion : avec le temps, la patience, la discipline et l'entraînement appropriés, notre esprit graduellement se dénouera et connaîtra la félicité et la limpidité de sa vraie nature première ».

« "Entraîner" l'esprit ne signifie en aucun cas le soumettre par la force ou lui faire subir un "lavage de cerveau". C'est au contraire acquérir d'abord une connaissance précise et concrète de son fonctionnement, grâce aux enseignements spirituels et à une expérience personnelle de la pratique de la méditation. Vous pourrez alors avoir recours à cette compréhension pour pacifier votre esprit et travailler habilement avec lui, pour le rendre de plus en plus malléable, afin d'en obtenir la maîtrise et l'utiliser au mieux de ses possibilités et aux fins les plus bénéfiques. Au VIIIe siècle, le maître bouddhiste Shantideva disait :

Si l'éléphant esprit est lié complètement par la corde attention ;
Toute peur disparaît et le bonheur parfait survient.
Tous nos ennemis, tigres, lions, éléphants, ours, serpents (nos émotions),

Tous les geôliers infernaux et les démons,
Tous sont soumis par la maîtrise de l'esprit,
Tous sont subjugués par la pacification de l'esprit,
Car toutes les peurs et les peines infinies procèdent de l'esprit seul. »

« La liberté d'expression spontanée d'un écrivain n'est acquise qu'après des années d'un labeur fastidieux, et la grâce d'un danseur n'est atteinte qu'au prix d'un immense et patient effort. De même, quand vous commencerez à comprendre où la méditation vous mène, vous l'aborderez comme la démarche essentielle de votre vie, exigeant de vous une persévérance, un enthousiasme et une discipline considérables. »

La personne authentique retourne en elle-même et médite régulièrement. **C'est dans cette méditation qu'elle trouve la source de son équilibre et le principe de son action.** Nul ne suggère qu'un dirigeant devrait être un maître spirituel ou un moine ! Pourtant, chaque personne qui exerce des responsabilités peut trouver dans la pratique de la méditation une source de calme, de la paix, de la sérénité et de l'équilibre, qui font souvent si cruellement défaut dans nos organisations, au cœur de nos entreprises et de nos actions.

Le jour où j'ai vu mon père mourir, j'ai su que son esprit n'était, soudain, plus là. Depuis ce jour, je pense que toute personne qui nie la dimension spirituelle de l'être humain le réduit à une dimension dérisoire.

Nous sommes tous des êtres spirituels.
La méditation est le plus court chemin vers nous-mêmes.
En méditant, nous donnons naissance
à la personne que nous sommes.

« Nous participons tous de la création : nous sommes tous rois, poètes, musiciens ; il n'est que de nous ouvrir, comme des lotus, pour découvrir ce qui était en nous. »

Henry Miller

L'homme supérieur instruit de la Voie
la suit de tout son être.
L'homme moyen instruit de la Voie
en prend et en laisse.
L'homme inférieur instruit de la Voie
éclate de rire.
Sans ce rieur, la Voie ne serait pas la Voie.

Il faut aussi savoir que :

La Voie vers la lumière semble obscure.
La Voie vers le progrès semble rétrograde.
La Voie unie semble raboteuse.

La vertu la plus haute ressemble à la vallée.
L'éclatante candeur paraît souillée.
La vertu la plus profonde paraît démunie.
La vertu vigoureuse semble chancelante.
La réalité considérée la plus vraie est chancelante.

Le grand carré est sans angles.
Le grand vase tarde à être achevé.
La grande musique est celle du silence.
La grande forme ignore les contours.

La Voie est cachée, sans nom ;
elle est pourtant celle qui aide et qui accomplit.

41

Vérités et actions cachées

Nous commençons notre voyage au « pays des actions cachées » en compagnie de Platon, qui décrit « une caverne souterraine, dont la bouche s'ouvre sur la lumière d'un feu étincelant. À l'intérieur de la caverne, des personnes sont enchaînées sans pouvoir bouger. Elles ne peuvent voir que le mur de la caverne directement en face d'elles. Il est illuminé par la lumière du feu, qui projette les ombres des personnes et des objets sur le mur. Les habitants de la caverne prennent les ombres pour la réalité, ils leur donnent des noms, ils en parlent et vont jusqu'à prendre les sons qui leur parviennent de l'extérieur pour les mouvements sur le mur. Pour ces prisonniers, parce qu'ils ignorent tout autre monde, la vérité et la réalité reposent dans ce monde d'ombres. Si l'un des habitants de la caverne pouvait en sortir, il réaliserait aussitôt que les ombres ne sont que de sombres reflets d'une réalité plus complexe, et que la connaissance et les perceptions de ses compagnons sont distordues et fausses. S'il devait retourner dans la caverne, il ne serait plus capable de vivre comme autrefois, puisque le monde, pour lui, serait différent. Il lui serait, sans nul doute, très difficile d'accepter son emprisonnement, et il prendrait ses compagnons en pitié. Si pourtant, d'aventure, il tentait de partager son savoir avec eux, il serait probablement tourné en ridicule. Pour les prisonniers, les images familières de la caverne seraient plus chargées de sens que toute histoire relative à un monde qu'ils n'ont jamais vu. En outre, puisque la personne épousant ce nouveau savoir serait devenue incapable de se comporter comme autrefois, ses compagnons considéreraient son savoir comme extrêmement dangereux. Ils considéreraient le monde extérieur à la caverne comme une source de danger, un lieu à éviter plutôt qu'à rechercher comme source de sagesse et de nouvelles révélations. L'expérience faite par la personne qui a quitté la caverne pourrait ainsi amener ses habitants à se recroqueviller sur leurs manières familières de voir » (Platon, cité par Gareth Morgan, *Images of Organizations*).

Les images se font aujourd'hui de plus en plus virtuelles. D'autres semblent plus irréelles : celles de l'immonde réalité des « reality-shows » télévisuels goulûment consommées par... des prisonniers ; celles des tortures infligées dans les prisons d'Irak, pourtant dûment censurées ; celles qui habitent ces jeux dans lesquels nos enfants, adolescents, apprennent à tuer en s'amusant... Elle est magnifique, notre fameuse société des loisirs ! Elle dépasse la fiction ! Allumez votre téléviseur, allez dans un grand complexe cinématographique ou surfez sur Internet, et jouissez à fond, avec « son surround », de votre statut de prisonnier. Vous pouvez même avoir tout ça à domicile, avec votre écran plasma, bien sûr. Il y a des téléviseurs dans les prisons aussi... Le mythe platonicien de la caverne révèle aujourd'hui toute sa vérité.

Sommes-nous devenus des prisonniers, drogués de l'image, aveuglés à force de regarder des ombres illusoires et mouvantes sur les murs des cavernes que sont devenus nos maisons ou nos appartements ? Poser cette question, n'est-ce pas éviter de parler de simple constat ? Ce cancer est universel. Il nous ronge déjà le corps et ses métastases se multiplient... à la vitesse même de la lumière ! En zappant, nous nous croyons libres. Les chaînes de l'illusion, de la dépendance et de l'esclavage, pourtant, nous enserrent.

Quelques questions pour des esclaves qui se disent libres :

- ☐ Puis-je vivre sans télévision, sans publicité, sans être interné sur Internet ?
- ☐ Pour être authentique et authentiquement libre, que dois-je élaguer ?
- ☐ De quelles cavernes dois-je sortir ?

Le message de Lao-Tseu suggère que le Tao ne peut être traité à la légère. Il nous parle de choisir sa voie, en connaissance de cause, et nous éclaire sur ce qui nous attend en brossant des portraits de ceux que nous croiserons sur notre chemin.

Quelques questions, donc :

- ☐ Suis-je prêt à sortir de mes cavernes ? *Prêt à me remettre en cause, même si je dois pour cela traverser le doute ?* Suis-je prêt *à accéder à une nouvelle clarté ?*

- Suis-je prêt à relativiser ce qu'on a coutume d'appeler « progrès » ? *à examiner et à voir les revers de chacune de ses médailles* ?
- Suis-je prêt à reculer pour mieux avancer ? *à retrouver les émotions et les sentiments que j'avais lorsque j'étais enfant* ?
- Suis-je prêt à renoncer à des avantages liés à ma position, à mon pouvoir, à ma fortune et à la considération ou à l'admiration que certains me portent ?
- Suis-je sensible aux soi-disant « honneurs » que l'on me rend : médailles, décorations, éloges, discours, titres, flatteries, *ou suis-je seulement flatté par des flagorneurs...* ?
- Suis-je prêt à renoncer au superflu, aux désirs vides, aux plaisirs malsains, aux gadgets, à l'abondance – que dis-je ! à la surabondance ?
- Suis-je prêt à donner ? Suis-je généreux ? *vraiment, profondément généreux* ?
- Si je suis fort, puis-je ne pas montrer ma force et ma puissance ? *Suis-je prêt à montrer mes vulnérabilités* ? *Ou bien suis-je un autre faux chevalier blanc de plus* ? *Un imposteur comme il y en a tant* ?
- Suis-je prêt, enfin, à entendre les rires et les moqueries, à supporter les sarcasmes de ceux qui tournent la Voie en dérision ?

La personne qui est sur le chemin est en contact avec l'infini. C'est là que nous puisons notre force. Le Tao est infini. Le grand vase du cosmos est perpétuellement et à jamais en devenir. Chacun d'entre nous est bientôt mort, « et nos œuvres nous suivent », comme le dit le *Requiem allemand* de Johannes Brahms. La musique, tous les grands musiciens et interprètes le savent, est recherche de l'harmonie. La musique du silence exprime l'harmonie du Tao.

Paradoxe des paradoxes : tout procède de la Voie cachée et sans nom. Elle est à l'origine de tout et permet à chacun d'entre nous de se développer.

C'est en vivant en harmonie avec elle que nous devenons authentiques.

« Les chiens aboient seulement contre celui qu'ils ne connaissent pas. »

Héraclite

Le Tao crée l'Un.
L'Un crée le Deux.
Deux crée le Trois.
Trois crée tous les êtres vivants.

Tous les êtres portent en eux
l'obscurité
et la lumière,
un souffle les harmonise.

Qui désire être orphelin, seul, indigent ?
Pourtant ce sont les noms que portent les princes.
Celui qui se diminue sera grand,
celui qui se grandit diminuera.

Après d'autres, j'enseigne ceci :
« Le violent ne mourra pas
de mort naturelle. »

Ce précepte constitue le fondement
de toute éducation morale.

42
Ombres et lumières

Nous commençons notre voyage au « pays de l'ombre et de la lumière » avec « les deux politiciens », une des *Fables* d'Ambrose Bierce : « Un vieux politicien et un jeune politicien voyageaient dans une contrée magnifique, sur la route poussiéreuse qui mène à la Cité-des-Notables-Obscurs. Abusé par les fleurs et les ombrages, charmé par le chant des oiseaux qui invitait à gagner les sentiers de la forêt et les vertes prairies, l'imagination enflammée de coupoles dorées et de palais rutilants dans les lointains, le jeune politicien s'écria :

– Sachons, je vous en conjure, nous détourner de cette voie misérable qui mène vous savez où, mais pas moi. Tournons le dos aux contraintes, écoutons la promesse des plaisirs et des profits qui monte des sillons, écoutons l'appel des collines inspirées. Nous suivrons, si vous le voulez, cette route magnifique : regardez ! Il est écrit en lettres d'or : "Que s'engage ici quiconque veut rejoindre le Palais-du-Succès-Politique."

– C'est une route magnifique, mon enfant, dit le vieux politicien, sans ralentir son pas ni tourner la tête. Elle mène à de pittoresques paysages. Mais on prend un risque en cherchant le Palais-du-Succès-Politique.

– Quel risque ? demanda le jeune politicien.

– On risque de le trouver, dit le vieux politicien en suivant sa route. »

Dans ses remarquables explorations de la *psyché*, Carl G. Jung, dans son désir d'universalité, a rejoint les sagesses indienne et chinoise. Dans son analyse des types de personnalités comme dans ses recherches sur les archétypes universels, il a retrouvé le principe du *yin* et du *yang*, l'*Anima* et l'*Animus* et la dynamique de l'ombre et de la lumière. Ses recherches nous permettent de mieux comprendre comment nous réagissons lorsque nous sommes confrontés à des situations de stress négatif. Toute notre vie est tissée de stress positifs et de stress négatifs et il nous faut trouver notre équilibre... Ou, pour le dire différemment, il y a en chacun de nous un Dr. Jekyll et un Mr. Hyde qui sommeille et, peut-être parfois, un Dorian Gray...

Nous pouvons faire l'expérience du stress négatif en raison d'une série de causes qui peuvent nous affecter : fatigue, maladie, abus d'alcool, diète déséquilibrée, repas « sautés », consommation de drogues, surcharge de travail, mauvaises relations avec manager ou collègues, changements importants au travail ou dans notre vie personnelle, etc. Nous risquons fort alors de « péter les plombs », et d'autres viendront nous voir pour nous dire : « Je ne t'avais jamais vu comme ça. » Ils nous disent ainsi que notre ombre a pris le dessus sur notre lumière, que nous avons soudain révélé un trait de caractère totalement opposé à ce que nous sommes lorsque tout va bien... Ombre et lumière. *Yin* et *yang*. En notre for intérieur, une petite voix nous avertit, elle aussi : « Attention, tu pètes les plombs !... » ou, après coup : « Là, tu as pété les plombs... » Il nous faut écouter ces retours, et cette voix. Nous pouvons ainsi apprendre beaucoup sur nous-mêmes car, là où nous tombons, là se trouve notre trésor. De même que c'est l'ombre qui révèle la lumière, ce sont en effet nos faiblesses qui révèlent nos vraies forces et qui peuvent nous aider à découvrir notre potentiel.

Nous connaître nous-mêmes, c'est mieux comprendre ce qui peut déclencher un stress négatif en nous, comment nous réagissons alors, comment retrouver notre équilibre et comprendre que, au lieu de tenter d'oublier, de refouler ou de rejeter ce très mauvais moment comme ne faisant pas partie de nous, il y a beaucoup de leçons à en tirer, leçons riches et importantes si nous ne voulons pas toute notre vie répéter les mêmes erreurs, mais les éviter et gagner en expérience et en sagesse.

Explorons pour nous-mêmes en pensant à des situations de stress que nous avons vécues. Ai-je besoin alors .

- □ de soutien silencieux des autres ?
- □ de reconnaître la profondeur de mes sentiments ?
- □ de respect de mon espace privé ?
- □ de parler à quelqu'un en qui j'ai confiance ?
- □ d'être déchargé de responsabilités ?

- □ de solitude ? d'écrire ?
- □ d'être seul ?
- □ d'être rassuré à propos des conséquences ?
- □ qu'on ne me donne pas de conseils ?
- □ d'être pris au sérieux par les autres ?
- □ de méditer ?
- □ d'attention à mes besoins physiques ?
- □ qu'on me laisse tranquille, ça passera ?
- □ de recharger mes batteries seul ?
- □ qu'on ne me demande pas ce que je ressens ?
- □ de prendre un nouveau projet ?
- □ de faire des plans ?
- □ d'alléger mon agenda ?
- □ de toucher le fond ?
- □ de soutien, mais sans condescendance ?
- □ qu'on ne tente surtout pas de me raisonner ?
- □ de voir mes sentiments reconnus ?

Yin et *yang*. **C'est parce qu'elle sait que la vie est un chemin, qu'elle cherche à comprendre les autres et le monde qui l'entoure, à se connaître elle-même, qu'une personne devient authentique.** Elle apprend et sait qu'elle est faite de la même étoffe que les autres êtres humains. Elle sait qu'elle a ses forces mais aussi ses faiblesses – qui ne sont que le revers de la médaille de ses forces. **Elle ne nie pas la part d'ombre qui est en elle. Elle sait que, pour chacun d'entre nous, il n'y a pas de lumière sans ombre.** Parce qu'elle écoute les messages venus de son corps, de ses émotions et de son esprit, parce qu'elle s'ouvre au feedback des autres, parce qu'elle est attentive et à l'écoute, elle se développe et apprend tout au long de sa vie : ainsi elle a appris à connaître et à reconnaître en elle-même la part de la lumière et celle de l'ombre. C'est parce qu'elle a une « épine dans sa chair » qu'elle vit la vie dans sa plénitude. C'est parce qu'elle a su ne pas nier et refouler l'ombre qu'elle s'est réalisée dans sa plénitude. **En faisant sa part à l'ombre, elle a appris l'humilité et a découvert la splendeur de la lumière.**

> « N'étant jamais définitivement modelé, l'homme est receleur de son contraire. »
>
> René Char,
> *Feuillets d'Hypnos*.

Le plus souple en ce monde
domine le plus rigide.

Seul le vide s'insère
dans ce qui n'a pas de faille.

C'est à cela que je reconnais
l'efficacité de celui qui s'abstient d'agir.

L'enseignement de celui qui se tait,
l'efficacité de celui qui s'abstient d'agir,
rien ne saurait les égaler.

43
Une influence authentique

Nous commençons notre second voyage au « pays de l'influence » avec un étudiant : « De nombreux élèves étudiaient la méditation avec le maître zen Sengai. L'un d'entre eux avait l'habitude de se lever la nuit, d'escalader le mur du temple et d'aller faire la fête en ville. Sengai, un jour où il faisait l'inspection des dortoirs, découvrit l'absence de l'élève et remarqua le haut tabouret dont celui-ci s'était servi pour franchir le mur. Sengai enleva le tabouret et s'y mit à la place. Le fugueur revint de sa petite expédition. Ignorant que Sengai faisait office de tabouret, il posa son pied sur sa tête et sauta à terre. Il réalisa alors avec effarement ce qu'il venait de faire. Sengai dit : "Il fait très froid au petit matin. Ne fais pas comme moi, évite de t'enrhumer." Ce fut la dernière escapade de l'élève » (« L'excursion de minuit », in Paul Reps, *Le Zen en chair et en os*).

Le dirigeant inauthentique est rigide dans ses comportements et ses opinions. Il est manichéen. Il est souvent brutal et arrogant. Toujours occupé, il est difficile d'accès. Il garde beaucoup d'informations pour lui. Il décide souvent en secret. Il contrôle l'information, il la censure. Il a souvent un ennemi à combattre, et un bouc émissaire qu'il peut accuser de fautes qu'il a lui-même commises ou autorisées. Il critique ou blâme les autres, face à face ou, mieux encore, en leur absence. Il peut être très blessant, y compris en public. Il veut tout contrôler et vérifier. Il est sans cesse sur le dos des gens. Il « micromanage ». Il s'attribue les résultats de l'équipe. Il est impatient. Lorsqu'il fait une erreur, il s'entête, il insiste, il persiste et refuse de la reconnaître. Il parle souvent beaucoup. Il hausse la voix. Il domine. Il exige qu'on l'écoute. Il supporte très mal la critique. Il arrive qu'il occupe un poste très élevé !

La personne authentique est souple comme l'eau. Ouverte, attentive à chaque personne, à chaque événement, elle est disponible. Elle respecte les autres. Elle les écoute et les comprend. Elle est pour eux un modèle. Ses actes sont en harmonie avec ses paroles. Elle tient ses engagements et respecte ses promesses. Elle est calme, paisible et sereine. Elle rencontre beaucoup de personnes de manière informelle, sur leur terrain. Elle remercie, encourage et valorise les autres. Elle écoute avec empathie. Elle a confiance, elle inspire la confiance, elle fait confiance. Lorsqu'elle se trompe, elle reconnaît ses erreurs. Elle sait dire : « Je ne sais pas » et se faire vulnérable. Elle soutient et se fait la championne des idées des autres. Elle aide les autres à se développer. Elle est patiente. Ses silences ont un impact. Elle influence par sa seule présence, par son « savoir-être ». Si vous rencontrez une telle personne, restez auprès d'elle pour apprendre... et trouver votre propre chemin.

Lao-Tseu nous suggère que, lorsque nous sommes en position de responsabilité, nous sommes souvent si soucieux des résultats à atteindre que nous n'y allons pas « par quatre chemins », c'est-à-dire que nous prenons souvent le plus court, qui souvent s'avère être le plus mauvais.

Il m'arrive de réduire ou de saboter mes capacités d'influencer les autres, par exemple lorsque :

□ je suis trop attaché aux résultats à obtenir	je veux une solution immédiate..
□ je ne suis pas attentif aux signaux de l'autre	je suis trop rigide...
□ je ne veux pas donner, je suis égoïste	j'ignore les limites de ma solution...
□ je ne me mets pas à la place de l'autre	je suis concentré sur le court terme...
□ le résultat est plus important que la relation	j'insiste trop...
□ je refuse d'explorer des solutions créatives	je suis trop attaché à une approche...

Lorsque nous voulons nous préparer à influencer quelqu'un (y compris... nous-mêmes), il peut être utile d'avoir recours à l'une ou plusieurs des approches brièvement évoquées ci-dessous :

- **La visualisation.** Consiste à fermer les yeux et à partir dans un riche voyage imaginaire pour se préparer à un événement, une rencontre, et imaginer des scénarios de réussite. Idéalement, la visualisation est guidée par quelqu'un.
- **Le jeu de rôle/La « répétition générale ».** Consiste à préparer – en le « jouant » avec quelqu'un d'autre – un dialogue important. Très utilisée en formation, cette technique est trop peu utilisée en situation par des managers pour se préparer à une rencontre importante.
- **Les scénarios.** Cette discipline nous aide à envisager différents scénarios pour une situation, du plus lumineux au plus sombre, en passant par tous les gris, et sans nous attacher à aucun en particulier. Elle peut nous donner une très grande liberté dans l'action.
- **Se mettre à la place de l'autre.** Consiste à se mettre dans la peau de l'autre pour imaginer ce qu'il ressent, ce qui le motive, ce qu'il est susceptible de ressentir, de dire ou de faire. Elle peut nous aider à changer complètement de perspective.
- **Le coaching/Le conseil.** Consiste à parler avec une personne de confiance pour explorer avec elle la situation, l'impact de telle ou telle approche, et des scénarios de réussite.
- **La méditation/La contemplation.** Consiste à faire le silence en soi pour laisser s'exprimer ce qui doit l'être dans la situation. Elle permet d'explorer et de clarifier nos vraies intentions. Les personnes qui la pratiquent ont souvent une véritable influence sur ceux qu'elles rencontrent, influence d'autant plus profonde qu'elle est discrète et invisible.

Dans ses commentaires du *Tao*, Marcel Conche nous rappelle que « les hommes sont portés à compter, pour être efficaces, sur ce qu'ils diront ou feront. Bien peu comprennent que la simple présence et le silence peuvent signifier autant ou plus que des paroles, et que la Non-action, le Non-agir apportent avec eux un sens plus riche d'effet créatif que l'action programmée ».

L'influence la plus profonde s'exerce par une simple et authentique présence.

« La soif de pouvoir, loin d'être une caractéristique des forts, fait partie, comme l'envie et la cupidité, des vices des faibles, et c'est peut-être le plus dangereux. »

Hannah Arendt

Au renom ou à la vie,
à quoi tenez-vous le plus ?
La bourse ou la vie ?
Que choisissez-vous ?

Qu'est-ce qui fait le plus mal ?
S'attacher à votre vie
ou accepter de la perdre ?

Qui aime excessivement s'épuise,
qui amasse trop perdra gros.

Celui qui se contente de peu
n'a rien à craindre.
Celui qui sait s'arrêter à temps
évite l'épuisement,
ainsi, il vivra longtemps.

44
Posséder ou être possédé ?

Nous commençons notre voyage au « pays des possessions » en compagnie d'un peintre : « Le vieux peintre Wang Fo et son disciple erraient le long des routes du royaume des Han. Ils avançaient lentement car Wang Fo s'arrêtait la nuit pour contempler les astres et le jour pour regarder les libellules. Ils étaient peu chargés car Wang Fo aimait l'image des choses et non les choses elles-mêmes : pour lui aucun objet au monde ne valait la peine d'être possédé excepté quelques brosses, des pots de laque et d'encre, des rouleaux de soie et du papier. »

Les voyages ne forment pas que la jeunesse, pour ceux qui savent voyager, en entrant réellement en contact avec les pays visités. Une chose qui me frappe profondément, chaque fois que j'ai l'occasion de visiter un pays pauvre ou un pays « en voie de développement », est de retrouver des gestes simples et empreints d'une profonde humanité : sens de l'hospitalité, sens du partage chez ceux qui ne possèdent pas grand-chose, curiosité, désir de découvrir, simplicité dans le contact ou l'échange, joie de vivre d'enfants qui jouent... Nous faut-il désormais voyager pour retrouver notre humanité ? Pour réapprendre à donner, il nous faut aller chez les plus pauvres qui nous invitent à nous poser quelques questions simples mais fondamentales :

- De quoi ai-je vraiment besoin pour vivre ?
- Y a-t-il du superflu dans ma vie ? dans ce que j'achète ?
- Pourquoi ne pas donner le superflu ?
- Pourquoi accumuler, remplir mes caves et mes greniers ?
- Pourquoi ne pas me contenter du juste nécessaire ?

Nous possédons beaucoup de choses. Pris dans la tornade perverse de la société de consommation, nous désirons encore et toujours acheter, posséder plus. Combien d'appareils électriques chez moi ? Combien de vêtements que je ne mets jamais ? Combien d'objets inutiles, jamais utilisés, conservés « parce qu'on ne sait jamais, ça peut toujours servir » ? Et ne parlons pas de nos poubelles... Nous parlons encore de société de consommation, mais cette expression est périmée : nous vivons dans des sociétés de dépendance, de surabondance, de martèlement publicitaire, d'esclavage à de faux désirs savamment entretenus, une société qui se présente comme le « meilleur des mondes » et qui est en passe de devenir le pire des cauchemars, car elle vit en créant et en entretenant des désirs inextinguibles, mais aussi le besoin de se comparer, avec son cortège d'envies, de jalousies, de souffrances, de hontes...

Sommes-nous possédés par ce que nous possédons ? Vivons-nous donc pour acheter ? Achetons-nous pour montrer qui nous sommes ? Piètre identité que celle d'une personne qui se repose sur ce qu'elle possède pour se doter d'une identité. Je roule en BMW, en Jaguar ou dans un monstrueux 4 x 4 qui ressemble plus à un tank qu'à une voiture, la belle affaire !

Tout n'est-il donc plus affaire que de « niveau de vie », expression devenue tellement familière que nous ne voyons plus à quel point elle obscurcit notre perception du monde. Était-ce pour cela que les générations qui nous ont précédés ont travaillé, aimé, servi, lutté et souffert ? Pour que tout soit réduit à ce petit confort de cloportes égoïstes devant leurs écrans, angoissés et paralysés par la peur d'être volés ou de perdre ? **Notre « niveau de vie » est une illusion, il n'a rien à voir avec la vie, la vraie.** Vivre, ce n'est pas ça, ce n'est pas du tout ça, être vivant.

Si mon identité ne se réduit pas à ce que je possède, si je ne bâtis pas sur du sable, explorons ce que signifient pour nous richesse et pauvreté, en excluant de nos réponses tout ce que nous possédons, tous nos avoirs, tous nos biens :

De quoi suis-je riche ? Quelles sont mes vraies richesses ? mes dons ? mes compétences ? mes attitudes ? ma personnalité ? mes valeurs ? mes savoir-faire ? mon savoir-être ? Comment suis-je riche ? Par *qui* je le suis ? ma famille ? mes relations ? mes amis ? De quoi suis-je pauvre ? Comment suis-je pauvre, voire misérable ?

- □ Comment sont mes yeux ? curieux, capables de contempler... *ou voyeurs insatiables* ?

- Comment est ma bouche ? prête à savourer... *ou avide et gloutonne ?*
- Comment est mon nez ? ouvert aux fleurs et aux parfums... *ou aux puanteurs ?*
- Comment sont mes oreilles ? ouvertes à la musique... *ou closes ?*
- Comment sont mes mains ? ouvertes... *ou crispées sur ce que je possède ?*
- Comment est mon cœur ? ouvert... *ou fermé ?* prêt à donner... *ou prêt à prendre ?*
- Comment est-ce que je respire ? calmement, profondément... *ou vite, mal, sans conscience ?*
- Comment est mon esprit ? paisible, serein... *ou éparpillé, angoissé, inquiet, tourmenté ?*
- Comment est mon temps ? il s'écoule naturellement... *ou il est haché, pressé, stressé ?*
- Comment est ma vie ? naturelle, heureuse... *ou compliquée, malheureuse ?*

Lao-Tseu nous invite à penser à la vie qui nous est donnée, à la préserver dans son intégrité. Notre société de surabondance nous invite à manger et à boire excessivement, à nous droguer, et nous prenons des excitants pour nous gaver ensuite de calmants ou de pilules pour dormir et de crèmes pour masquer les excès de la soirée... Soucieux de notre corps (!), nous payons pour marcher dans des clubs de fitness sur d'étranges machines, trottoirs roulants qui rappellent ceux de nos métros, de nos RER et de nos aéroports en comptabilisant ce que nous faisons tout en regardant des écrans de télévision... alors que nous pourrions marcher dans l'ineffable silence de la forêt si proche, si vide... Quel simulacre de vie !

La personne authentique vit en paix,
en harmonie avec elle-même et les autres.
Les mains ouvertes, elle donne comme elle a reçu,
dans la vraie réciprocité de la vie.

« Le poème de la création ne s'arrête jamais ; mais rares sont les oreilles capables de le capter. »

Henry David Thoreau

La perfection suprême semble imparfaite,
son action ne cesse jamais ;
la plénitude suprême semble vide
son action n'a pas de limite.

La rectitude suprême paraît sinueuse,
l'invention suprême semble stupide,
l'éloquence suprême paraît bégayante.

Le mouvement triomphe du froid,
le repos triomphe du chaud.

Quiétude et sérénité dirigent le monde.

45
Transparence et sérénité

Nous commençons notre voyage au « pays du calme » en compagnie d'un boucher qui a atteint la maîtrise suprême dans l'art de dépecer les bœufs : « Le cuisinier Ting dépeçait un bœuf pour le prince Wen-houei. On entendait des *houa* lorsqu'il empoignait de la main l'animal, qu'il retenait sa masse de l'épaule et que, les jambes arc-boutées, du genou l'immobilisait un instant. On entendait des *houo* quand son couteau frappait en cadence comme s'il eût accompagné l'antique danse du Bosquet des mûriers ou le vieux rythme de la Tête de lynx. "C'est admirable ! s'exclama le prince, je n'aurais jamais imaginé pareille maîtrise !" Le cuisinier posa son couteau et lui répondit : "Ce qui intéresse votre serviteur, c'est le fonctionnement des choses et non la simple technique. Quand j'ai commencé à pratiquer mon métier, je voyais tout le bœuf devant moi. Trois ans plus tard, je n'en voyais plus que certaines parties. Aujourd'hui, je le trouve par l'esprit sans plus le voir de mes yeux. Mes sens n'interviennent plus, mon esprit agit comme il l'entend et suit de lui-même les linéaments du bœuf..." » (in Jean-François Billeter, *Études sur Tchouang-Tseu*).

Dans leur remarquable ouvrage sur la crédibilité des dirigeants (*Credibility, How Leaders Gain and Lose it, Why People Demand it*), James Kouzes et Barry Posner évoquent une recherche qu'ils ont conduite à plusieurs reprises et qui consistait à demander à un grand nombre de personnes travaillant dans des organisations d'établir un classement parmi une trentaine d'adjectifs (tels que : compétent, courageux, visionnaire, juste, direct, imaginatif, honnête, ambitieux, loyal, indépendant, intelligent, fiable, coopératif, etc.), en donnant la priorité aux adjectifs qui leur paraissaient les plus importants pour qu'ils puissent respecter, admirer et suivre leurs managers ou leurs dirigeants. Cette étude a montré que c'est l'adjectif « honnête » qui vient toujours, et de loin, en tête. Un dirigeant honnête sait aller au-delà des apparences, écouter vraiment les autres, en donnant à chacun sa chance, reconnaître non seulement les actions mais comprendre aussi les intentions.

- Suis-je vrai, honnête et simple dans ce que je dis ?
- Ce que je dis reflète-t-il ce que je pense ?
- Ce que je fais reflète-t-il ce que je dis ?

Honnête et intègre, une personne authentique inspire la confiance. Mais si l'honnêteté est pierre angulaire, elle exerce aussi son influence par son calme, sa sérénité, sa transparence. Explorons donc nos manières d'influencer les autres :

- Suis-je calme et serein... *sinon, qu'est-ce qui m'empêche de l'être ?*
- Suis-je assez sage pour ne pas prétendre l'être... *ou suis-je imbu de moi-même ?*
- Suis-je capable de m'ouvrir aux autres, de les écouter vraiment... *ou suis-je trop préoccupé pour être ouvert et attentif ?*
- Suis-je suffisamment vidé de moi-même... *ou suis-je égoïste, centré sur moi-même, voire quelque peu narcissique ?*

Notre monde est plein de personnes inauthentiques, qui s'agitent, dépensent beaucoup d'énergie pour peu de résultats, sont stressées, n'ont « pas le temps » – étrange expression ! –, courent comme des poules à la tête coupée, sont extrêmement exigeantes avec elles-mêmes et avec les autres, se croient irremplaçables, soufflent comme des locomotives sans wagons (les wagons ont souvent décroché depuis longtemps !...), passent leur temps à parler, à parader, à faire leur propre publicité, à faire des déclarations auxquelles elles ne croient pas, et qui disent – non sans raison – que tout cela est très fatigant (et ça l'est, en effet, pour tout le monde !)...

Les personnes sages, elles, sont centrées et équilibrées.

- Elles ne s'agitent pas parce qu'il n'y a pas lieu de le faire.
- Elles gèrent leur énergie pour jouir pleinement de la vie.
- Elles ne sont pas stressées, elles vivent dans le présent, ouvertes à ce qui se présente.

- Elles sont humbles parce qu'elles savent que nous sommes tous égaux et mortels.
- Elles sont discrètes car elles savent que tous les grands processus naturels le sont.
- Elles ne se mettent pas en avant, mais au service des autres.

Parce qu'elles sont honnêtes et intègres et qu'elles reconnaissent qu'elles sont une parcelle du monde, leur influence est efficace. Calmes et sereines, elles agissent avec les autres comme des miroirs. Ainsi, elles vont les aider à ne pas se disperser ; à prendre conscience de la vanité de leur agitation ou de leurs soucis ; à cesser de se culpabiliser ; à cesser de blâmer les autres ou le « système » ; à explorer leurs propres valeurs et à agir en conformité avec elles ; à trouver leur propre équilibre ; à trouver leur propre chemin et les activités qui les satisfont le plus profondément ; à mettre de l'ordre dans leur vie, l'ordre de la vie elle-même ; à trouver le calme, la sérénité et la paix.

Chacune et chacun pourra alors se regarder,
en souriant, dans le miroir.

« Au clair de lune
je laisse ma barque
pour entrer dans le ciel. »

Koda Rohan

Si le monde suit la Voie,
on dételle les chevaux
pour fumer les champs.
Mais s'il ne suit pas la Voie,
les chevaux de combat
envahissent les faubourgs.

Il n'est pas de crime plus grand
que d'exciter les désirs.
Il n'est pas de plus grand malheur
que de ne savoir se contenter.
Il n'y pas de plus grossière erreur
que de toujours vouloir posséder.

Ainsi celui qui sait se contenter
est-il toujours content.

46
Éteindre la démesure

Nous commençons notre voyage au « pays de la démesure » en compagnie d'un gouverneur : « Le gouverneur Ichi alla rendre visite au maître Chouei-ien. Arrivé au monastère, il sollicita une entrevue avec le maître en mettant son titre en avant. Chouei-ien refusa tout net de recevoir cet illustre personnage. Il lui fit dire que le gouverneur Ichi n'existait pas. Le visiteur, comprenant le message, sollicita à nouveau une entrevue en se faisant annoncer cette fois uniquement par son nom. Le sage le reçut sur-le-champ » (Ejo Takata, « L'entrevue », in Alexandro Jodorowsky, *Le Doigt et la Lune*).

La démesure – que les anciens Grecs appelaient *hybris* – est, depuis toujours, à l'origine du désordre dans le monde. Ses manifestations sont aujourd'hui puissantes et néfastes, en partie parce qu'elles sont devenues très visibles, le politique et l'économique s'étant insidieusement transformés en spectacle. Il n'est plus nécessaire d'aller au théâtre : nos rois sont nus.

Le spectacle se caractérise par l'abondance des mensonges et des hypocrisies chez les politiques et, chez d'autres, par des niveaux de rémunération obscènes (Warren Bennis les dénonçait aux États-Unis naguère, et les patrons européens ont simplement décidé qu'ils pouvaient... combler le fossé et être aussi obscènes). Les augmentations de salaire – ou de stock-options – de dirigeants accordées après des années de résultats médiocres constituent une manière de « donner l'exemple » particulièrement choquante, qui scandalise de nombreuses personnes. S'il est vrai que tous les hommes politiques ne sont pas menteurs et que tous les patrons ne sont pas corrompus, comment cependant ne pas s'étonner d'une vertigineuse perte de crédibilité ? Balayons devant la porte de nos maisons. Peut-être faudrait-il même balayer et nettoyer toute la maison ? En lisant aujourd'hui les nouvelles du monde entier, j'ai de plus en plus l'impression que nous marchons sur la tête. Pourtant, aujourd'hui peut-être plus que jamais, notre monde a besoin de grands dirigeants !

Comment anticiper et reconnaître – en soi et chez les autres – les signes de la démesure ?

- Par une montée de l'arrogance, de la prétention qui choque les proches et l'entourage.
- Par ce que la personne dit d'elle-même et des autres : elle se place au-dessus.
- Par l'importance donnée aux questions de forme, de préséances, de statut...
- Par la paranoïa, la création de menaces et complots imaginaires.
- Par toutes les manifestations d'égoïsme, d'égotisme, d'égocentrisme, de narcissisme.
- Par la peur des autres, tenus à l'écart, ignorés ou méprisés.
- Par une consommation excessive, débridée, ou secrète.
- Par l'accumulation de biens personnels, de collections privées.

Comment éteindre la démesure ? Quelle bonne question ! Et quelques pistes :

- En nous souvenant chaque matin – et au long de nos journées – de notre condition d'êtres humains mortels et vulnérables... *nous ne sommes pas notre rôle ou notre position, et ne sommes pas profondément différents des personnes que nous rencontrons.*
- En ayant des contacts ouverts et simples avec tous... *sans exclure personne, et en évitant tout formalisme.*
- En écoutant avant de parler... *même si nous avons des choses importantes à dire.*
- En préparant d'autres personnes à prendre des responsabilités.
- En préparant notre succession... *et non en usant de tous les moyens pour la rendre impossible.*
- En sachant nous retirer, déléguer, passer la main à d'autres... *plutôt qu'en nous accrochant à notre position et aux avantages que nous en tirons.*
- En lâchant prise... *en acceptant que nous ne sommes pas indispensables, que d'autres peuvent faire aussi bien, mieux ou autrement que nous.*

- □ En réduisant notre consommation à ce dont nous avons réellement besoin... *en cessant d'acheter sans relâche, d'accumuler, d'amasser.*
- □ En simplifiant notre vie... *en jetant ou en donnant, en revenant à l'essentiel.*
- □ En menant une vie simple et équilibrée... *en évitant l'excès et la complaisance.*
- □ En étant humbles, en nous effaçant... *et en reconnaissant les contributions des autres plutôt que de souligner la nôtre.*
- □ En nous mettant au service des autres et en les respectant... *plutôt que de ne servir que nous-mêmes et nos intérêts, en trahissant notre rôle pour le faire.*
- □ En fréquentant les maîtres... *plutôt que perdre notre temps avec des idées ou des tendances « à la mode ».*

C'est bien d'authenticité et de maîtrise qu'il s'agit ici, sources vives pour s'opposer à la démesure. Évoquons quelques maux dont souffre notre monde : richesses obscènes et pauvreté se côtoient, le gouffre qui sépare riches et pauvres s'accroît chaque jour, la recherche de l'argent, de la consommation et des possessions devient obsessionnelle, la confiscation de l'information universelle, la guerre et les conflits omniprésents, le chômage semble impossible à réduire, etc. Et la cause première de tout cela ? La fameuse *hybris* des Grecs, qui ne se porte que trop bien ! ... De la démesure, oui, et c'est tout. Dans ses commentaires sur les *Fragments* d'Héraclite, Marcel Conche a admirablement souligné que le plus grand défi du management est celui qui consiste à maîtriser la démesure : « La démesure humaine ne sera pas éteinte par le seul jeu des lois naturelles. C'est à l'homme lui-même de l'éteindre. C'est à l'homme de mettre un terme au délire humain. »

☯

« Il faut éteindre la démesure plus encore que l'incendie. »

Héraclite,
Fragments.

Sans franchir le pas de sa porte,
on peut connaître le monde entier.

Sans même regarder par la fenêtre,
on peut connaître la voie du ciel.

Plus on va loin,
moins on connaît.

Le sage
connaît sans voyager,
comprend sans voir,
accomplit sans agir.

47

Vivre, ici et maintenant

Nous commençons notre voyage au « pays de l'ici et maintenant » en compagnie d'un prince chinois dont Tchouang-Tseu nous raconte l'histoire : « Le prince Hsien de Tchao avait appris la conduite du char auprès de Wang Tse-k'i. Il décida un jour de concourir contre lui. Il eut beau échanger par trois fois ses chevaux contre les siens, il arriva toujours dernier. "Vous ne m'avez pas appris tous vos secrets", maugréa le prince. Son cocher répondit : "Si. Je vous ai enseigné ce que je savais, c'est votre pratique qui est défectueuse. L'unique préoccupation d'un bon aurige, c'est de faire en sorte que le cheval ne sente plus le poids de l'attelage. Pour cela, il faut que l'esprit du conducteur soit à l'unisson avec la monture ; ce n'est qu'alors qu'il peut aller vite et loin. Mais, lorsque vous êtes derrière, vous êtes obnubilé par l'idée de me dépasser et, quand vous êtes devant, vous êtes hanté par la peur d'être rejoint. Lorsqu'on conduit ses chevaux sur une course de longue distance, si l'on n'est pas en tête, on est forcément derrière. Et donc, quelle que soit votre position, vous avez l'esprit tout entier concentré sur moi ; comment, dans ces conditions, pourriez-vous vous harmoniser avec vos chevaux ? C'est pourquoi vous perdez" » (*Œuvre complète*).

Wang Tse-k'i nous montre à quel point nous sommes guettés par les « pièges du passé » et les « pièges de l'avenir », et qu'il faut nous en libérer afin de vivre la plénitude de l'ici et maintenant pour redevenir capables d'observation fine, de discernement, de choix éclairés ; capables d'être présents à ce que nous faisons, disponibles pour les autres. Cette capacité à vivre dans le présent est une clé de la réussite.

Nous avons peut-être tendance à nous réfugier dans le passé, à éviter ce que le présent peut avoir de dur ou d'incertain, à nous raccrocher à quelque chose de connu. Nous avons peur de la réalité, du présent, peur d'être battus ou dominés par d'autres, ou bien le vertige de notre liberté – inhérent à l'ici et maintenant – nous effraie. De telles tendances peuvent avoir leur source dans notre éducation, notre personnalité. Explorons quelques thèmes :

- □ Ai-je tendance à penser que l'histoire explique tout ?
- □ Ai-je tendance à toujours analyser le passé pour comprendre ce qui se passe ?
- □ Ai-je tendance à ne croire que les faits prouvés et établis ?
- □ Ai-je tendance à appliquer les mêmes recettes éprouvées ?
- □ Ai-je tendance à ressasser le passé ?
- □ Me dit-on parfois que je suis conservateur, conventionnel ou traditionnel ?

Ou avons-nous tendance à nous réfugier dans l'avenir ? Nous imaginons, nous bâtissons sans cesse des scénarios nouveaux et en arrivons parfois à ne plus vivre dans le présent ou à négliger des faits, des réalités, des signes importants.

- □ Ai-je tendance à développer de multiples scénarios dans ma tête ?
- □ Ai-je beaucoup d'idées, parfois même trop ?
- □ Ai-je tendance à vivre dans l'avenir et dans l'imaginaire plus que dans le présent ?
- □ M'arrive-t-il de commencer plusieurs projets à la fois, quitte à n'en terminer aucun ?
- □ Est-ce que j'aime la fiction, me raconter des histoires dont je suis le héros ?

Pour chacun d'entre nous, c'est souvent soit en oubliant le passé, soit en cessant d'imaginer des scénarios d'avenir que nous parviendrons à goûter pleinement l'instant présent.

Afin d'explorer plus avant ce qui se produit dans l'ici et maintenant, identifions un choix (ou des choix) qui ont été déterminants dans notre vie (par exemple : choix de mes études, choix d'épouser quelqu'un, choix d'entrer dans une entreprise, choix de quitter une entreprise ou une organisation, choix de changer d'orientation ou de carrière, etc.) :

- □ Ai-je fait ce choix librement ?
- □ Qu'est-ce qui m'a poussé à le faire ?

- Que m'a apporté ce choix ?
- L'ai-je jamais regretté ? Pourquoi ?
- Qu'ai-je appris après avoir fait ce choix ?

Vivre ici et maintenant, c'est ne pas se soucier de ce que les autres disent ou pensent de nous, c'est suivre notre intuition, ce que notre cœur nous dit. C'est être fidèles à ce que nous sommes, c'est suivre le « fil rouge » de l'histoire de notre vie. C'est aussi, si nous avons des responsabilités dans une organisation, croire dans les autres, et dans les forces, les atouts et les stratégies de notre organisation.

Prendre en compte toute la réalité et écouter mon intuition, décider en respectant l'équilibre entre ce que me dit ma tête et ce que me dit mon cœur, c'est découvrir l'ici et maintenant.

C'est découvrir qu'à chaque instant de ma vie,
je peux la réinventer.

Être dans l'ici et maintenant, c'est en effet tout le contraire que me perdre dans les délices de Capoue ! C'est tout le contraire d'être paresseux ! C'est aussi tout le contraire d'être hyperactif ou stressé ! C'est être pleinement moi-même, présent, attentif à tout ce qui se passe, à l'écoute des autres, curieux, ouvert, prêt à apprendre, prêt à encourager ceux qui veulent prendre des risques, prêt à innover, prêt à me remettre moi-même en cause.

En étant présents, attentifs à ce qui se passe, nous connaissons le monde entier, car le monde entier est... en nous.

En harmonie avec le Tao, nous pouvons cueillir chaque instant,
et en vivant chaque instant,
vivre, pleinement, à chaque instant.
Carpe diem.

☯

« La vie réelle se déroule dans le moment présent, et le lieu de ce rendez-vous se trouve juste ici, dans cet endroit même. »

Evelyn de Smedt et Catherine Mollet,
Les Patriarches du Zen.

Apprendre sans cesse, c'est croître,
pratiquer le Tao, c'est décroître.

Diminue et diminue encore
pour parvenir au non-agir.

Par le non-agir, il n'y a rien
qui ne puisse être fait.

Celui qui vise une fin
ne pourra gagner le monde entier.

48
Désapprendre

Ce chapitre du Tao nous parle de nettoyer notre esprit, de le vider de conceptions fausses, a-priori, de jugements tout faits. Il évoque l'art de désapprendre, l'une des difficultés majeures des dirigeants. Car c'est leur vive intelligence – ou leurs certitudes – qui, souvent, les aveugle. Nous commencerons notre voyage au « pays du désapprendre » en compagnie d'un professeur : « Nan-in, maître japonais sous le règne des Meiji (1862-1912), reçut un jour un professeur de l'université venu s'informer sur le Zen. Comme il servait le thé, Nan-in remplit la tasse de son visiteur à ras bord et continua à verser. Le professeur regarda le thé déborder, jusqu'à ce qu'il s'écriât, excédé : "Plus une goutte, ma tasse est pleine ! – Tout comme cette tasse, dit Nan-in, tu es rempli de tes propres opinions. Comment pourrais-je te montrer ce qu'est le Zen si tu ne vides d'abord ta tasse ?" » (in Paul Reps, *Le Zen en chair et en os*).

Comme Nan-in, nous avons besoin de désapprendre lorsque notre tête est trop pleine de théories, d'idées toutes faites ou... de nos propres opinions. Nous pouvons en outre avoir besoin de désapprendre dans certaines situations. Par exemple, lorsque :

- nous n'obtenons pas les résultats que nous désirons atteindre..
- d'autres personnes ne comprennent pas nos idées ou notre solution...
- nous désirons trop contrôler le résultat ou que le coût pour l'atteindre est trop élevé...
- nous ne sommes pas satisfaits des résultats que nous obtenons..

- □ nous ne sommes pas prêts à questionner ou à changer ce que nous croyons...
- □ nous devons nous battre pour défendre nos idées...
- □ nous blâmons les autres...
- □ nous n'avons pas de plan de rechange, d'alternative...
- □ nous sommes persuadés d'avoir raison...

Comme le soulignait remarquablement John Kenneth Galbraith : « Lorsque nous sommes confrontés à un choix : changer notre manière de penser ou prouver qu'il n'est pas nécessaire de le faire, presque tout le monde se met aussitôt à travailler sur la preuve. »

Pour chacune et chacun d'entre nous, il nous serait particulièrement utile de désapprendre :

- □ Ma manière de regarder ?. Ma manière de juger ?... Ma manière de faire ?...
- □ Une théorie ?... Ma façon de communiquer ?... Une habitude ?...
- □ Une opinion ?... Mon éducation ?... Une attitude ? ...
- □ Une croyance ?... Une valeur ?... Ma façon d'apprendre ?...
- □ Ma manière d'influencer ?... Ma manière de décider ? ... Autre chose ?...

Pour désapprendre, il me sera plus facile de réussir dans les conditions suivantes :

- □ Je garde l'esprit ouvert, je suis curieux et souple.
- □ J'ai confiance en moi-même et dans les autres.
- □ J'apprécie le changement et la riche complexité du monde qui m'entoure.
- □ J'apprécie les différences entre les personnes et les cultures.
- □ Je questionne continuellement mes propres croyances, valeurs et perceptions.
- □ Je recherche des expériences nouvelles et différentes.
- □ Je voyage beaucoup, en prenant le temps de comprendre les personnes et les pays visités.
- □ Je ne juge pas les autres, ni ce qui se passe.
- □ Je suis prêt à faire l'expérience de l'inconfort.

Le verset 48 du Tao nous donne une immense leçon de sagesse. C'est, paradoxalement, en dépassant nos savoirs trop fonctionnels et trop techniques (dans lesquels nous excellons et qui nous ont permis de réussir, bien entendu, mais c'est précisément là que gît le problème !) que nous devenons présents et attentifs à ce qui se passe, sans préjugés ; capables de discerner ce qui est important dans ce que disent nos associés, nos clients, nos fournisseurs (tous les signes précurseurs de notre avenir sont là...) ; prêts à nous remettre personnellement en cause, à réfléchir de manière critique à nos propres comportements et à leur impact sur les autres et sur notre organisation ; à identifier les façons dont nous pourrions – peut-être involontairement ou inconsciemment – contribuer à créer les problèmes dont notre organisation souffre, et à changer nos manières d'agir.

James Kouzes et Barry Posner, dans *The Leadership Challenge*, parlent de cinq grandes pratiques des dirigeants exemplaires : l'une d'elles est la remise en question permanente (*challenging the process*). Les personnes qui la pratiquent ne se satisfont jamais du statu quo ; elles se remettent personnellement en cause, elles-mêmes et leurs façons de faire ; elles aiment expérimenter et prendre des risques, et invitent les autres à faire de même ; elles créent autour d'elles un climat dans lequel on ne cherche pas de coupables ou de boucs émissaires ; elles ne blâment jamais les autres pour leurs erreurs mais, lorsqu'une erreur a été faite, demandent toujours : « Que peut-on apprendre de ce qui vient d'arriver ? »

Si je devais changer une chose dans ma manière d'être et de diriger, ce serait... ?

« S'il vous faut demander ce qu'est le jazz, vous ne le saurez jamais. »

Louis Armstrong

L'esprit du sage n'est pas invariable
car il fait sien l'esprit du peuple.

Être bon avec ceux qui sont bons
comme avec ceux qui ne le sont pas
c'est incarner la bonté même.

Avoir confiance en des hommes de confiance
ainsi qu'en ceux qui n'en sont pas
c'est incarner la confiance.

Le sage est sous le ciel,
simple et effacé,
il garde son cœur ouvert
à tout ce qui est sous le ciel.

Le peuple tourne ses yeux
et tend ses oreilles vers lui,
et le sage lui sourit
comme s'il était son petit enfant.

49

Être ouvert et s'abstenir de juger

Nous commençons notre voyage au « pays du jugement » en compagnie d'un sage japonais dont Paul Reps nous rapporte l'histoire dans *Le Zen chair et en os* : « Lorsque Bankei tenait ses séminaires de méditation, des élèves originaires de tout le Japon venaient y assister. Lors de l'un de ces rassemblements, un élève fut pris en train de voler. On rapporta le fait à Bankei en lui demandant d'expulser le coupable. Bankei ignora le cas.

Quand, un peu plus tard, l'élève recommença, Bankei ferma à nouveau les yeux. Cela rendit furieux les séminaristes, qui firent une pétition pour demander le renvoi du voleur, en précisant que, sinon, ils partiraient tous.

Lorsqu'il eut lu la pétition, Bankei réunit les élèves et leur dit : "Vous êtes sages, mes frères, vous savez ce qui est bien et mal. Allez étudier ailleurs si tel est votre désir, mais laissez-moi vous dire que notre pauvre frère ne sait même pas reconnaître le bien du mal ; qui l'instruira, si je ne le fais pas ? Je vais le garder près de moi, même si cela doit vous faire tous partir." En entendant ces paroles, le voleur fondit en larmes. Toute envie de voler avait disparu. »

Bien des managers pourraient s'inspirer de Bankei, tant il est vrai qu'ils ont tendance à juger ! Certains vont jusqu'à croire que c'est leur capacité de jugement qui fait leur force, alors qu'elle constitue leur... talon d'Achille ! Ils ont, bien entendu, des excuses : des études hautement techniques et spécialisées – comptabilité, gestion, ingénierie, physique, chimie, techniques commerciales –, souvent scientifiques et technologiques, au cours desquelles on leur a appris plutôt à juger qu'à s'en abstenir...

Explorons la manière dont nous jugeons les autres : que se passe-t-il lorsque je juge une personne ou une situation ? Qu'est-ce que je me dis à moi-même ? Quels mots ai-je alors tendance à utiliser ? D'où viennent mes jugements ? Qu'est-ce qui me fait croire que j'ai raison ? Suis-je victime de préjugés, d'idées toutes faites ? Quel impact mes jugements ont-ils sur moi-même ? Quel impact mes jugements ont-ils sur les autres ? Comment est-ce que je le sais ? Ai-je la naïveté de croire que les jugements que je forme en secret dans ma tête à propos de quelqu'un – ou lorsque je suis avec cette personne – n'ont aucun impact sur notre échange et notre relation ?

Pourquoi est-ce que je juge les autres ? Est-ce parce que :

- □ j'ai besoin de contrôler personnes et situations ? *D'où vient ce besoin de contrôle* ?
- □ je suis exigeant pour moi-même ? *J'attends des autres qu'ils le soient comme moi* ?
- □ j'ai un grand besoin de structure, de plans, de procédures, de règles ? *Et les autres* ?
- □ j'ai un grand besoin de décider, de faire des choix ? *J'aime le faire pour les autres* ?
- □ suis-je convaincu que j'ai raison ? *qu'il n'y a aucune autre solution* ?
- □ je trouve difficile d'accepter la complexité ? *Je cherche à me rassurer en revenant à des choses connues et prouvées* ?
- □ je prends plaisir à juger les autres ? *surtout dans leur dos et avec d'autres* ?
- □ j'ai peur d'eux, de ce qu'ils vont faire ou dire ? *Je cherche à me protéger* ?

Ceux d'entre nous qui portent aisément des jugements sur les autres et sur les situations qu'ils rencontrent ont tendance à créer un modèle, à voir la réalité au travers d'un filtre, ou à suivre diverses routines qui sont toutes plus dangereuses et plus préjudiciables aux autres les unes que les autres. Ainsi, nous *distordons* la réalité, nous *généralisons* et/ou nous *sélectionnons* :

- □ **Ai-je tendance à *distordre* la réalité ?**
  Suis-je ouvert à ce que disent les autres et à ce qui arrive, capable d'accepter la situation telle qu'elle se présente, ou ai-je tendance à la distordre ? Si oui, comment ? En extrapolant ? En interprétant trop vite ? En croyant avoir compris ? En exagérant un détail ? En perdant le sens des proportions ? En voulant conclure trop vite ? En ramenant tout à moi-même ? Suis-je capable de voir la personne ou la situation autrement ? Puis-je la décrire d'une manière qui sera acceptable par chacun ?

- Ai-je tendance à *généraliser* ?
  Ai-je tendance à formuler des jugements définitifs (« Vous êtes toujours en retard... », « Vous n'avez jamais... ») ? Ai-je tendance à confondre une expérience spécifique avec un phénomène plus général, et à en tirer des conclusions hâtives ? Suis-je capable de mettre les choses en perspective, de considérer le contexte ? Suis-je moi-même suffisamment clair et spécifique lorsque je décris une situation (« Voici ce que j'ai vu et entendu... » et non « C'est toujours la même chose ! »).

- Ai-je tendance à *sélectionner* ?
  Est-ce que je regarde la forêt et non les nervures de la feuille ? Est-ce que je prends une vue d'ensemble ou ai-je tendance à me perdre dans les détails ? Y a-t-il quelque chose d'important que je néglige ? Ai-je tendance à me concentrer sur un aspect des choses ? Est-ce que j'évite ou refuse de regarder d'autres aspects plus dérangeants ou difficiles ? Puis-je regarder la personne ou la situation différemment ?

Comment puis-je apprendre à m'abstenir de juger ? En lisant des livres très divers, en voyant des films de dizaines de pays différents, en changeant mes habitudes, en écoutant des musiques du monde entier, en voyageant à travers le monde, en lisant des journaux qui me donnent accès à de vrais points de vue internationaux, en observant la nature, en rencontrant des personnes différentes, en étant ouvert, attentif à chaque personne, en ouvrant mes yeux, mes oreilles, mon cœur, mon esprit.

Le responsable authentique est ouvert aux autres et à toutes les situations, même imprévues. S'il évalue une situation, il ne s'attache pas à son impression et la reconsidère aisément. Il chérit les différences entre les personnes. Il apprend chaque jour quelque chose de ses rencontres. Il traite chaque problème comme une opportunité d'apprendre, de mieux comprendre les autres et le monde. **Ouvert, il s'aime lui-même et s'accepte. Il aime et accepte les autres.**

> « Le fou rejette ce qu'il voit, et non ce qu'il pense. Le sage rejette ce qu'il pense, et non ce qu'il voit. »
>
> Huang Po

Sortir, c'est naître ;
Entrer, c'est mourir.

Trois personnes sur dix sont sur le chemin de la vie.
Trois personnes sur dix sont sur le chemin de la mort.
Trois personnes sur dix qui étaient sur le chemin de la vie
s'acheminent prématurément sur le chemin de la mort ;
pourquoi ? Parce qu'elles sont trop avides de vie.

J'ai ouï dire que celui qui sait se ménager
ne rencontre ni tigre ni bête sauvage
lorsqu'il voyage
et qu'il ne porte ni cuirasse ni armes
lorsqu'il pénètre au cœur de l'armée ennemie.

Le tigre ne peut le déchirer,
l'arme ne trouve pas où percer.
Pourquoi cela ?
Parce qu'ils ne trouvent en lui aucun point mortel.

50
Préserver notre santé

Nous commençons notre voyage au « pays de la santé » en compagnie de Confucius : « Confucius admirait les chutes de Lü-leang. L'eau tombait d'une hauteur de trois cents pieds et dévalait ensuite en écumant sur quarante lieues. Ni tortues ni crocodiles ne pouvaient se maintenir à cet endroit, mais Confucius aperçut un homme qui nageait là. Il crut que c'était un malheureux qui cherchait la mort et dit à ses disciples de longer la rive pour se porter à son secours. Mais quelques centaines de pas plus loin, l'homme sortit de l'eau et, les cheveux épars, se mit à se promener sur la berge en chantant. Confucius le rattrapa et l'interrogea : "Je vous ai pris pour un revenant mais, de près, vous m'avez l'air d'un vivant. Dites-moi, avez-vous une méthode pour surnager ainsi ? – Non, répondit l'homme, je n'en ai pas. Je suis parti du donné, j'ai développé un naturel et j'ai atteint la nécessité. Je me laisse happer par les tourbillons et remonter par le courant ascendant, je suis les mouvements de l'eau sans agir pour mon propre compte. – Que voulez-vous dire par : partir du donné, développer un naturel, atteindre la nécessité ?" demanda Confucius. L'homme répondit : "Je suis né dans ces collines et je m'y suis senti chez moi : voilà le donné. J'ai grandi dans l'eau et m'y suis peu à peu senti à l'aise : voilà le naturel. J'ignore pourquoi j'agis comme je le fais : voilà la nécessité" » (in Jean-François Billeter, *Leçons sur Tchouang-Tseu*).

Lao-Tseu et Tchouang-Tseu nous parlent ici de notre vie et de notre mort, de notre corps, de notre nature, de confiance en la vie et dans le principe qui est à l'origine de toute chose. L'une des plus profondes leçons des écrits taoïstes concerne notre équilibre et notre santé. L'amour de la vie des sages taoïstes est tel qu'ils nous indiquent le chemin de la vraie vie, celle qui continue après notre mort, qui fait de nous des immortels. Être immortel, c'est avoir renoncé à soi-même, avoir lâché prise, avoir compris que nous ne sommes qu'une parcelle de l'univers, c'est célébrer la vie en nous et autour de nous. C'est ne plus craindre la mort puisqu'elle fait partie du tissu même de la vie. Nous autres, Occidentaux, savons qu'à chaque minute des millions d'êtres vivants meurent et des millions d'êtres vivants naissent dans le monde, mais nous ne le savons qu'avec notre cerveau, pas avec tout notre être, et la mort est encore et toujours, plus que jamais, sujet tabou. Vous voulez parler de *ma* mort ? Mais c'est m'insulter ! Beaucoup de nos manières de vivre, nos pauvres tactiques, nos pauvres stratégies, ne semblent guère être là que pour masquer notre angoisse de mourir, d'autant plus refoulée que nos vrais dieux sont plus nombreux que ceux du panthéon hindou : argent, placements, possessions, plaisirs, jouissances, satisfactions, consommation, gratifications instantanées, avidité, ambition, arrogance, orgueil, égoïsme, succès, promotions, carrière, visibilité, croissance, réussite, concurrence, compétition, domination, etc. Pas le temps de penser à la mort, vous voyez bien que mon agenda est assez chargé comme ça ! Et surtout pas à *ma* mort.

Et à la vie ? Et à *ma vie* ?
Ai-je le temps d'y penser ?
Pour pouvoir penser ma mort, il faut que je sois en vie.
Vivre ici et maintenant.
Vivre, c'est naître à soi-même : cela nous arrive chaque matin.

Vivre, c'est choisir chaque matin que cette journée sera la plus belle de ma vie, ne serait-ce, tout simplement, que parce qu'elle pourrait être la dernière, et que je veux célébrer la vie qui m'est donnée du mieux que je peux. Vivre, c'est – comme le nageur évoqué par Tchouang-Tseu – savoir où nous sommes bien, c'est suivre notre nature profonde, c'est écouter les messages de notre corps, la sagesse profonde enfouie dans notre corps, la sagesse même de la vie, qui nous parle doucement si nous prêtons l'oreille et l'écoutons, au lieu de la nier. Vivre, c'est écouter nos émotions au lieu de les refouler ou de les nier. Vivre, c'est suivre notre intuition. Vivre, c'est goûter ce bol de thé vert. Vivre c'est goûter ce fruit. Vivre, c'est respirer profondément, consciemment. Vivre, c'est emplir mes poumons du parfum de cette rose, admirer la splendeur fragile de cette orchidée. Vivre, c'est célébrer la vie en m'enivrant du vol de cette libellule qui sera morte ce soir. Vivre, c'est retrouver notre visage premier, notre visage d'enfant, notre visage de bébé. Vivre, c'est reconnaître la multiple splendeur du monde. Et c'est savoir que la vie et le monde ne sont gâchés, lorsqu'ils le sont, que par l'esprit des hommes.

Le fait que le jardinage soit le hobby le plus répandu dans le monde entier montre à quel point notre lien avec la nature est profond. Vivre, pour les sages taoïstes, c'est retrouver en nous la source même de la vie, l'honorer et la respecter. Mille techniques peuvent nous y aider.

Honorons et respectons la vie en la célébrant chaque matin, en méditant et en nous exerçant physiquement, comme ces Chinois qui pratiquent le qi gong ou le taï chi. Maîtrisons des techniques de respiration consciente qui nous permettront en toute circonstance de garder notre calme et notre équilibre. Soyons attentifs à ce que nous mangeons et buvons, en goûtant et en appréciant boissons et nourritures, sans jamais nous gaver. Exerçons notre corps en marchant si possible au cœur même de la nature. Restons en contact quotidien avec elle. Finissons chaque journée dans le calme, la paix, la sérénité.

Préserver notre santé, c'est faire le point sur nous-mêmes et, après le « check-up », changer des manières de vivre malsaines, déséquilibrées, sources d'énervement, d'excitation, d'angoisse et de stress. C'est, pour beaucoup, perdre du poids, éliminer l'angoisse ou le mal de dos. C'est nous libérer d'habitudes de dépendance (télévision, Internet, abus d'alcool, cigarette, travail excessif, diète déséquilibrée, recherche de plaisirs fugaces et frustrants, manque de sommeil, etc.) pour retrouver notre vraie nature et une vie pleine de paix, de calme, de sérénité, de vraies joies, d'harmonie, de musique. C'est trouver une pureté seconde.

La personne authentique rayonne de santé.
Elle est source d'équilibre et de santé pour les autres.

« Maître, j'ai peur de mourir. Pouvez-vous m'aider à régler ce problème ?

– Oui, je le peux.

– Dites-moi ce que je dois faire !

– Crève ! »

Ejo Takata

La vie leur est donnée par le Tao.
Ils grandissent dans la Vertu.
Ils sont façonnés par l'espèce.
Ils se réalisent dans leur milieu.

Ainsi tous les êtres vivants
adorent le Tao
et vénèrent la Vertu.

Adoration du Tao
et vénération de la Vertu
ne sont pas une obligation
mais un mouvement spontané.

Car le Tao les crée
et la Vertu les fait grandir,
les nourrit et les protège,
les conforte et les élève.

Donner la vie sans rien demander,
agir sans rien attendre,
guider sans contraindre,
telle est la vertu première.

51

Respecter et entretenir le feu sacré

Nous commençons notre voyage au « pays du feu sacré » en compagnie d'un sculpteur : « Un sujet du roi de Song sculpta une feuille de mûrier dans l'ivoire. Il mit trois ans à l'exécuter. Il avait reproduit avec une telle minutie les nervures, la forme, la consistance que, placée au milieu de vraies feuilles, il était impossible de la distinguer. Cet exploit valut à l'artiste une pension du roi. Lie-tseu l'apprit et s'exclama : "Si la nature mettait trois ans pour faire une feuille, il y en aurait bien peu de par le monde !"

C'est ainsi que tous ceux qui, incapables de canaliser les forces de la nature, ne comptent que sur leur travail, qui, sans suivre les voies de la raison, ne tablent que sur leur propre lumière, me font penser à cet artisan qui ne sut produire qu'une feuille unique ! » (« Illustrations du Lao-tseu », in *Han-Fei-Tsei ou Le Tao du Prince*).

Quel texte admirable ! Il s'adresse aux dirigeants, aux managers, aux éducateurs, aux parents. Il nous parle du respect de toute vie. Il nous parle d'énergie, et de cette force vitale profonde et mystérieuse qui habite tout être humain. On traduit souvent le mot chinois *te* par le mot « vertu », mais le mot « vertu » est trop souvent mal interprété comme ayant une dimension morale, voire moralisatrice, interprétation fausse et très réductrice... Non ! il est ici question d'énergie, de l'énergie vitale qui est en chacun de nous, et du respect de cette force.

- □ Est-ce que je respecte l'énergie vitale, qui est en moi, en préservant les équilibres fondamentaux qui me sont nécessaires pour bien vivre... *ou m'arrive-t-il de la dilapider, de l'user, de la violer* ?
- □ Est-ce que je respecte l'énergie vitale des autres, leur besoin de

liberté, d'espace, d'expression personnelle... *ou suis-je occupé à les contrôler, à les réduire, à les formater ?*

- Est-ce que je respecte la nature et toutes les formes de vie... *ou suis-je un de ces innombrables criminels qui se croient « maîtres et possesseurs de la nature », et un simple rouage de plus dans la destruction de notre planète ?*

Tout commence donc par le respect de moi-même, des autres, de la nature. Tout se réalise en comprenant le processus même de la vie, en l'épousant, en le suivant, en l'honorant et en le respectant dans nos manières d'être et d'agir. Qu'est-ce à dire ? Il s'agit d'amour de la vie. Pour moi, donc, je l'aime, comme le dit admirablement Montaigne, ce frère de Lao-Tseu ! J'apprécie le fait qu'elle me fut donnée. Mais pas d'une manière égoïste ou égocentrique ! Ce qui signifie que j'aime toute vie, et la nature, qui est source de vie, renouvelée en permanence. **Il y a dans cet amour de la vie, comme dans tout amour, une réciprocité libre et spontanée.** Et c'est cet amour de la vie, de toute vie, qui me donne le feu sacré, **car il est respect de l'inextinguible feu sacré de la vie**.

Comme parents, nous faisons l'expérience de l'amour et de l'amour de la vie, en donnant naissance à nos enfants. Et chaque parent reconnaît le mystère de la vie en observant comment chaque enfant croît et se développe naturellement, selon sa nature, sujet d'authentique émerveillement ! Comment se fait-il donc que l'expérience de notre propre développement, de notre découverte de la vie, et de la redécouverte de la vie qui marque la naissance de nos enfants – et de nos petits-enfants – informe souvent si peu ou si mal notre travail de managers, d'éducateurs, d'accompagnateurs ou... de parents (une fois passé les premiers émerveillements...) ? Pourtant, tout est bien là ! Tout, qu'est-ce à dire ?

- Est-ce que j'accompagne les personnes avec qui je travaille dans leur développement ? Est-ce que je consacre l'essentiel de mon temps avec elles à cela ?...
- Est-ce que je comprends leurs difficultés ou leurs problèmes ? Est-ce que je m'occupe de retirer les obstacles qui les gênent ? Est-ce que je les protège ? Est-ce que je les soutiens ?...
- Est-ce que je les laisse découvrir par elles-mêmes, selon leur nature ? Est-ce que je les laisse libres de s'organiser et de décider comment elles vont réaliser ce qu'elles ont à réaliser ?...

- □ Ai-je confiance en elles ? Est-ce que je crois dans leur réussite ?...
- □ Est-ce que je délègue suffisamment ?...
- □ Est-ce que je m'efface suffisamment pour laisser aux autres la voie libre ?...
- □ Est-ce que je sais lâcher prise, accepter que tout peut se faire sans moi, que je ne suis pas indispensable ?...
- □ Est-ce que je sais, simplement, faire le vide en moi-même et m'oublier ? et ainsi créer un environnement dans lequel les autres vont se réaliser ?...

« Ainsi, écrit Marcel Conche dans ses commentaires du *Tao Te King*, par sa vertu, participe-t-on de la Vertu. Qu'en est-il de celle-ci ? *Wei hsüan Te* : elle est la Vertu "mystérieuse", ou "obscure", ou "secrète", ou "originelle" ; elle n'a rien d'une Force transcendante et séparée : elle est purement immanente, ne faisant qu'un avec tous les êtres, ne faisant qu'un avec – dans le langage d'Héraclite – le "Feu" qui anime toutes les natures du dedans et, par là, ne faisant qu'un avec elles. »

☯

> « Pour moi donc, j'aime la vie, et la culture telle qu'il a plu à Dieu de nous l'octroyer. »
>
> Michel de Montaigne,
> *Les Essais*.

Tous les êtres sous le ciel ont une origine,
cette origine est la mère.

Celui qui connaît la mère
connaîtra les enfants.
Celui qui connaît les enfants
reviendra encore vers la mère,
et il ne souffrira d'aucun mal toute sa vie.

Bouchez les orifices,
fermez les portes ;
vous resterez jeune durant toute votre vie.
Ouvrez les orifices,
noyez-vous dans les activités,
vous serez sans secours à votre dernier jour.

Qui discerne l'infime,
celui-là est clairvoyant.
Qui garde la douceur,
est maître de la vraie force.

Utilise la lumière,
mais en retournant à la lumière intérieure.
N'attire pas sur toi les malheurs,
voilà ce qui s'appelle « cultiver le constant ».

52

Discernement et intuition

Nous commençons notre voyage au « pays du discernement et de l'intuition » en compagnie du tyran Tcheou et de son ministre Ki-tse dans *Le Tao du Prince* : « Tcheou, le tyran des Yin, se fit confectionner une paire de baguettes d'ivoire, et son ministre Ki-tse en fut effrayé. Il comprit que, l'écuelle de terre les déparant, il y aurait désormais des vases et des coupes en corne ou en jade ; qu'un tel service jurerait avec le bouillon de légumes ; on présenterait donc à la table du prince du fœtus de panthère, des pattes d'éléphant et des queues de yack ; que de tels mets ne pouvant aller avec une robe de bure et une simple chaumière, il se vêtirait de plusieurs couches de riches brocarts et logerait dans des palais aux vastes salles entrecoupées de terrasses. Et il déclara : "Je m'inquiète du commencement parce qu'il me fait craindre la fin." Cinq ans plus tard, les broches du tyran faisaient griller sur d'énormes bûchers les quartiers de bête de son parc à viande, il pouvait, en montant sur des montagnes de mou, contempler des lacs de vin. Et c'est ainsi qu'il précipita la chute de la dynastie. Ki-tse avait vu dans une simple paire de baguettes tout le malheur qui attendait l'empire. D'où la maxime : "Qui voit l'infime, je l'appelle pénétrant". »

L'une des plus profondes qualités des responsables authentiques – curieusement absente des modèles de compétences managériales de nombre d'entreprises – est le discernement. La raison de cette absence est explicable : le discernement n'est pas une compétence comme les autres, car elle est subtile et très intérieure. Liée, bien sûr, à l'intuition et à la capacité de la personne à la suivre, à s'y fier, à lui faire confiance, elle est capacité à voir dans l'infime et dans le détail ce qu'ils révèlent, comme des images fractales, de l'ensemble ; elle constitue une capacité extraordinaire à « sentir » ou pressentir l'avenir en détectant les tendances, les signes avant-coureurs, et ce qui émerge. Au cours de nombreuses conversations avec des dirigeants, une chose m'a frappé : lorsqu'ils évoquaient d'éventuels regrets ou des opportunités manquées au cours de leur carrière, ils faisaient presque immanquablement référence au fait qu'ils avaient, à un moment donné, refusé de suivre leur intuition, d'écouter cette petite voix qui parlait en eux... pour choisir de regarder les faits, les chiffres, le CV du candidat au poste, etc. Plus tard, ils se retrouvaient dans une situation dramatique, découvrant par exemple que le candidat embauché s'était avéré plus tard capable de mensonges ou de malversations, que l'acquisition ne tenait pas ses promesses, que la stratégie adoptée s'avérait dangereuse, voire désastreuse... Et ils ajoutaient : « Je le savais, pourtant ! Je le savais !... »

- □ Est-ce que je reconnais les moments et les situations dans lesquels j'ai de l'intuition ? Est-ce que j'utilise ce don ?
- □ Comment mon intuition fonctionne-t-elle pour moi ? Sensations, émotions, messages de mon corps, images mentales, voix intérieure, rêves, réveils au milieu de la nuit... ?
- □ Suis-je conscient de ce qui vient interrompre ou perturber mon intuition ? Émotions, fatigue, stress, souffrance, autocensure, censure des autres, etc. ?
- □ Est-ce que je fais confiance à mon intuition ? Si c'est seulement à certains moments, pourquoi pas à d'autres ou toujours ?

Comme l'ont fort bien souligné Lynn Schroeder et Sheila Ostrander dans leur livre *Superlearning* : « Très tôt, la plupart d'entre nous ont été – par nos parents, nos professeurs, la culture environnante – imprégnés de l'idée qu'il ne faut pas suivre ses sentiments et ne pas agir en suivant nos pressentiments ou notre intuition... Des personnes responsables n'agissent pas ainsi. En fait, on nous demandait de n'utiliser que la moitié de nos capacités... » Buckminster Fuller, qui s'est beaucoup intéressé aux découvertes scientifiques, cite une recherche faite sur les journaux tenus par les plus grands scientifiques dans lesquels ils font tous allusion au fait que le facteur le plus important en liaison avec leur grande découverte était l'intuition, le second facteur le plus important étant une seconde intuition, venue en flash quelque trente secondes après la première et qui leur disait comment prouver et mettre en œuvre leur découverte. Des études similaires à propos de grands dirigeants d'entreprises montrent que les meilleurs ont su faire confiance à leur intuition pour définir de nouveaux produits, de nouveaux services ou des stratégies porteuses d'avenir.

- Prenons de « petites vacances » à notre bureau : détente, repos du corps, les yeux fermés, méditons ou rêvons un moment...
- Écoutons de la musique, jouons d'un instrument, chantons...
- Pensons à ce que nous désirons réaliser, illustrons-le avec un dessin...
- Établissons des connexions, des réseaux, entre des personnes, des événements...
- Ouvrons-nous à des choses qui n'ont « rien à voir », arrêtons de censurer des idées que nous jugeons étrangères...
- Sortons, marchons, respirons, pour nous changer les idées, et en trouver de fraîches...
- Jouons avec des enfants... Prenons un bain chaud...
- Respirons profondément, expirant longuement, calmement..

Si certaines des activités ci-dessus nous paraissent impossibles, écoutons Ki-tse qui nous dit qu'il se pourrait qu'elles soient particulièrement bénéfiques. Il y a plus, en effet, dans ce que nous suggère ici Lao-Tseu : notre intuition et notre capacité à discerner sont directement liées à notre harmonie avec le Tao. **En redevenant l'enfant que nous fûmes, en jouant, en appréciant des plaisirs d'autant plus profonds qu'ils sont simples, en vivant en harmonie avec nous-mêmes, nos valeurs, nos émotions, notre corps, notre esprit, nous entrons en harmonie avec le Tao.** Ainsi nous verrons l'infime, l'importance du détail révélateur, nous discernerons l'authentique et le faux, la paille et le grain, nous saurons sans avoir à « savoir ».

Nous serons nous-mêmes, et chez nous où que nous soyons dans le monde.

« Voir un monde dans un grain de sable,
Et le ciel dans une fleur sauvage,
Tenir l'infini dans la paume de sa main
Et l'éternité dans une heure. »

William Blake

Si seulement un grain de sagesse m'était donné,
je marcherais dans le grand Tao,
ne craignant que de m'en détourner.

La grande voie est droite et unie,
mais la foule adore les chemins de traverse.

Les cours sont très nettoyées,
mais les champs, eux, sont pleins d'ivraie
et les greniers entièrement vidés.

Leurs parures brodées sont multicolores,
ils portent à la ceinture des épées tranchantes,
ils se rassasient d'alcool et de bonne chère,
ils regorgent de richesses et de biens,
ils ne sont tous que voleurs et menteurs.

Rien à voir avec le Tao.

53
Discernement

Nous commençons notre second voyage au « pays du discernement » en compagnie de Po-lo, dans « Le connaisseur de chevaux » que nous raconte Lie-Tseu : « Le duc Mou de Ts'in s'adressa à Po-lo et lui dit : "Vous êtes déjà d'un âge avancé, avez-vous parmi les vôtres quelqu'un qu'on pourrait employer pour chercher des chevaux ?" Po-lo répondit et dit : "On reconnaît un bon cheval grâce à son corps, à ses nerfs, à ses tendons, à ses muscles et à ses os. Mais un cheval qui surpasse les autres chevaux a quelque chose d'insaisissable, qui se dérobe à l'investigation. Un tel cheval ne soulève pas de poussière et il ne laisse aucune trace derrière lui. Les talents de mes fils ne sont pas à la hauteur de cet art. On peut leur expliquer ce qu'est un bon cheval, mais non pas leur expliquer ce qu'est le cheval parfait. Mais votre sujet a un ami du nom de K'ieou Fang-kao..." Le duc Mou invita cet homme et le chargea de lui trouver un cheval. Trois mois après, il revint et dit : "C'est chose faite, j'ai trouvé le cheval. Il est du Cha-k'ieou." Le duc Mou demanda : "Quelle espèce de cheval est-ce ?" L'autre répondit : "C'est une jument jaune..." On envoya un homme la chercher et il se trouva en présence d'un étalon noir. Le duc Mou n'apprécia que fort peu la plaisanterie. Il appela Po-lo et lui dit : "Cela ne va pas. Celui que vous m'avez recommandé pour chercher des chevaux n'est même pas capable de distinguer entre les sexes et les couleurs. Que peut-il encore comprendre aux chevaux ?" Po-lo soupira puis, après une pause, il dit : "Il en est donc à ce point ! C'est bien par là qu'il dépasse la foule de vos sujets. Ce que K'ieou Fang-kao cherche à voir, ce sont les ressorts intimes de la nature. Pour lui, seules les choses intérieures ont de l'importance ; ce qui est à la surface lui échappe. Imitons-le dans sa manière de percevoir les êtres. Ne regardons pas là où il n'y a rien à voir selon lui. Soyons attentifs quand il convient de l'être selon lui. Négligeons ce dont il ne fait pas de cas. Ainsi donc, le cheval que K'ieou Fang-kao a trouvé est nécessairement le plus noble des chevaux." La bête fut amenée et, en effet, elle se révéla comme supérieure à tous les autres chevaux de l'empire » (*Le Vrai Classique du vide parfait*).

Nos modèles de compétences, utiles pour tenter d'éviter l'arbitraire de jugements hâtifs (« Il me plaît, il est comme moi, c'est un ami... ») se révèlent souvent insuffisants car ils nous amènent à rechercher des moutons à cinq pattes en privilégiant des aspects extérieurs, **en nous concentrant sur ce que la personne a fait plutôt que sur qui elle est.** Les résultats sont désastreux et tendent, hélas ! à se perpétuer : promotions d'experts et de techniciens à des postes de management pour lesquels ils n'ont pas les qualités humaines et interpersonnelles requises, clonage de managers types qui tiennent le même discours et se ressemblent très étrangement. Préférence donnée à une « intelligence aiguë » sur toute autre qualité (intelligence émotionnelle, créativité, empathie, humilité, capacité à diriger une équipe, etc.) ; personnes qui réussissent dans leur domaine d'expertise et à qui l'on confie des responsabilités de management alors qu'elles n'en ont ni le désir ni le goût. Que de méfaits ! La plus grave erreur que puisse en effet commettre un dirigeant dans la gestion des ressources humaines de son organisation est une erreur d'identification et de sélection des managers.

Le dirigeant authentique sait s'entourer. Il choisit avec discernement les personnes avec lesquelles il travaille. Explorons notre attitude et nos approches lorsque nous sommes nous-mêmes dans cette situation. Ai-je tendance à :

- □ choisir des personnes qui ont de très grandes qualités, qui sont « plus grandes que moi » ou ont le potentiel de le devenir... *ou à choisir les personnes qui apportent une expertise technique limitée à un domaine précis afin que je puisse les contrôler* ?
- □ choisir des personnes très différentes de moi car je crois en la richesse de la diversité... *ou à choisir des personnes qui me ressemblent et pensent comme moi* ?
- □ choisir des personnes qui ont de grandes qualités humaines, qui sont admirées et respectées par ceux avec qui elles ont travaillé... *ou des personnes qui ont surtout fait preuve de leur expertise et de leurs qualités techniques* ?
- □ choisir en utilisant plusieurs personnes, différentes perspectives

et plusieurs outils de sélection afin d'avoir des perspectives diverses... *ou en me fiant à une seule personne, une seule perspective, un seul outil peut-être douteux* ?
- choisir en impliquant plusieurs autres personnes d'expérience douées de discernement afin d'éviter une erreur... *ou en me fiant à mes goûts même s'ils m'ont déjà joué des tours* ?

Mais le discernement implique plus que d'éviter les erreurs – qui pour être grossières n'en sont pas moins fréquentes – évoquées ci-dessus. Comme le suggère Lie-Tseu, il est essentiel de voir ce qui est invisible à l'œil, ce qui n'est pas inscrit dans le CV, et qui détermine le potentiel. Pour nous-mêmes et pour d'autres, quelques pistes pour aller plus loin, plus profond :

- La personne est-elle résiliente ? Est-elle capable de rebondir en cas d'adversité... *ou est-elle fragile ? aisément blessée ? susceptible ? vite fatiguée* ?
- La personne est-elle intègre ? honnête ? ouverte ? Aime-t-elle le changement ? la complexité ? Est-elle capable de faire face à l'imprévu ? d'être courageuse ? de persister... *ou son éthique est-elle opportuniste ? Est-elle intolérante ? résistante ? incapable de faire face à l'imprévu ? inquiète ? instable ou velléitaire* ?
- La personne inspire-t-elle la confiance ? Aime-t-elle les autres ? Fait-elle preuve d'empathie ? Sait-elle s'adapter à chacun ? Est-elle courageuse ? Est-elle libre et autonome... *ou manque-t-elle d'honnêteté intellectuelle et morale ? Juge-t-elle, blâme-t-elle ou condamne-t-elle facilement les autres ? Est-elle rigide dans ses opinions ? Craint-elle de déplaire ? Est-elle susceptible d'être soumise, malléable* ?

Le dirigeant authentique s'entoure de personnes diverses, car il chérit la diversité. **Il ne s'attache pas aux apparences. Il voit qui elles sont. Qui elles peuvent devenir.**

> « La difficulté de gouverner l'État, c'est de savoir distinguer les habiles, non pas d'être habile soi-même. »
>
> Lie-Tseu,
> *Le Vrai Classique du vide parfait.*

Ce qui est bien planté ne peut être arraché,
Ce qui est bien étreint ne peut se dégager.

C'est grâce à la Vertu qu'enfants et petits-enfants
continuent de célébrer leurs ancêtres.

Cultivée en vous-même
votre vertu vous rendra authentique ;
cultivée dans votre famille,
elle vous apportera l'abondance ;
cultivée dans votre pays,
elle vous grandira ;
cultivée dans l'État,
elle apportera la prospérité ;
cultivée dans le monde,
elle deviendra universelle.

Connais l'homme d'après toi-même,
la famille d'après ta famille,
la ville d'après ta ville,
le pays d'après ton pays,
le monde d'après ton monde.

Comment puis-je savoir ce qu'il en est du monde ?
Ainsi !

54
Vivre en accord avec la Voie

Commençons notre voyage au « pays de l'accord avec la Voie » avec le duc Huan dont l'histoire nous est rapportée dans le *Jardin d'anecdotes* de Liu-Xiang : « Le duc Huan dit un jour à Guan Zong : "Alors que notre royaume est petit, que nos richesses sont très limitées, les vêtements et les équipages de nos vassaux font montre d'un luxe gaspilleur. Je songe à l'interdire. Qu'en pensez-vous ? – À ce qu'on rapporte, les vassaux se régalent de ce que le seigneur a déjà goûté et emboîtent le pas derrière ses préférences. Or vous buvez du jus de fleurs d'osmanthe, vous vous habillez de soie pourpre et de fourrure de renard blanc. Voilà la raison du gaspillage des vassaux. Il est dit dans le Classique des Poèmes : là même où vous ne l'avez pas précédé, le peuple ne vous suivra pas. Si vous voulez interdire ces habitudes dispendieuses, pourquoi ne pas commencer par vous ?" Le duc l'approuva. Il s'habilla désormais de vêtements ni teintés ni brodés. Au bout d'un an, la mode était à la simplicité et à l'économie » (in *Propos et anecdotes sur la vie selon le* Tao).

Pensons tout d'abord aux personnes qui ont joué un rôle important dans notre vie, des personnes que nous admirons et respectons, dans notre famille, parmi nos amis, nos proches, nos professeurs, nos collègues..., et réfléchissons à notre expérience :

- D'où provient mon respect pour cette personne ?
- Que m'a apporté chacune de ces personnes ?
- Qu'ai-je appris d'elles ?
- De quoi m'ont-elles donné l'exemple ?
- Quelles valeurs incarnent-elles à mes yeux ?

Beaucoup de personnes croient que leur influence vient de *ce qu'elles font* alors qu'elle ne peut venir que de *ce qu'elles sont.* Notre influence émane directement de notre être, de la manière dont nous vivons – ou non – en harmonie avec le Tao. Afin de retrouver l'harmonie avec nous-mêmes, l'exercice ci-dessus peut s'avérer très utile :

- Commençons par identifier une dizaine de choses que nous aimons personnellement beaucoup faire, qui nous procurent une vraie joie. Établissons une liste écrite.
- Demandons-nous ensuite, en reprenant cette liste, quelles sont celles que nous faisons régulièrement et avec satisfaction. Utilisons un signe + pour les identifier.
- Et demandons-nous quelles sont celles que nous ne faisons plus, ou de manière insuffisante ? Utilisons un signe – pour les identifier.
- Si les – l'emportent sur les +, demandons-nous comment nous avons cessé de faire des choses que nous aimons. Elles sont essentielles pour notre équilibre.
- Pouvons-nous établir un plan d'action personnel pour les réaliser à nouveau, et être ainsi plus heureux ?

Nous pouvons aussi nous poser quelques questions plus spécifiques afin d'évaluer la manière dont nous prenons soin de nous-mêmes et vivons en accord avec nous-mêmes :

- Combien de temps est-ce que je passe, en moyenne, à travailler chaque semaine ?... *Si je dépasse les cinquante à soixante heures, il se peut qu'il y ait des déséquilibres dans ma vie.*
- Combien de temps est-ce que je prends pour moi-même, pour réfléchir, préparer l'avenir... *ou suis-je le nez dans le guidon* ?
- Est-ce que je préserve mes week-ends et mes vacances... *ou m'arrive-t-il de travailler chez moi* ? *Ai-je parfois reporté ou sacrifié des vacances* ?
- Est-ce que je prends suffisamment soin de mon corps : exercice régulier, pratique d'un sport, gymnastique... *ou ai-je mal au dos, tendance à vivre stressé* ?
- Est-ce que je dors bien, régulièrement, suffisamment.. *ou m'arrive-t-il de mal dormir, de souffrir d'insomnies, de dormir moins de six heures par nuit* ?
- Ma diète est-elle saine et équilibrée... *ou est-ce que je « saute » des repas* ? *mange ou bois trop* ? *Ai-je tendance à l'embonpoint ou à l'obésité* ?
- Est-ce que je fais régulièrement des choses que j'aime, apprécie

et trouve épanouissantes... *ou ai-je cessé – depuis longtemps peut-être – de le faire ?*

- □ Suis-je en harmonie avec moi-même... *ou m arrive-t-il d'être en désaccord avec moi-même, déchiré, faisant des choses qui ne correspondent pas à mes valeurs ?*

Explorons aussi l'équilibre que nous établissons entre vie personnelle et vie professionnelle :

- □ Est-ce que je passe suffisamment de temps avec les personnes que j'aime... *ou suis-je « mangé » par mon travail ?*
- □ Est-ce que je partage beaucoup de vrais moments d'intimité et de bonheur avec eux... *ou de tels moments se réduisent-ils à quelques minutes ou... à des souvenirs ?*
- □ Si j'ai des enfants, est-ce que je passe suffisamment de temps avec eux... *ou suis-je tout doucement en train de devenir, pour eux, un étranger ?*

Pour parler des rares minutes qu'ils passent avec leurs épouses ou leurs enfants, les cadres dirigeants me parlent souvent de « temps de qualité ». Les enfants et les partenaires désirent quant à eux un équilibre entre qualité et quantité, et la soi-disant « qualité » n'est souvent qu'une piètre excuse pour l'absence d'une quantité minimale... Interrogeons-nous sur notre accord avec nous-mêmes au travail :

- □ Lorsque je suis confronté à des dilemmes, est-ce que j'agis en accord avec mes valeurs ?
- □ Lorsque je fais face à un dilemme éthique, est-ce que je me demande ce que ferait à ma place une personne que je respecte ou admire ?

L'être authentique vit en harmonie avec lui-même.
Il agit en accord avec le principe même de la vie.
Il est un exemple vivant pour les autres.

« Toutes les fleurs de l'avenir sont dans les semences d'aujourd'hui. »

Proverbe chinois

Celui qui est animé par la Vertu
est comme l'enfant nouveau-né ;
les insectes ne le piquent pas,
les fauves ne le déchirent pas,
les oiseaux de proie ne l'enlèvent pas.

Ses os sont ténus, ses muscles fluets,
mais sa poigne est toute-puissante.
Il ne connaît pas encore l'union des sexes,
mais son membre viril se dresse
tant sa vitalité est immense.

Il crie tout le jour sans jamais s'enrouer,
car il connaît l'harmonie parfaite.

Connaître l'harmonie, c'est connaître ce qui est constant ;
connaître ce qui est constant, c'est connaître l'illumination.

Mais vouloir précipiter la vie, c'est la perdre.

Maîtriser l'énergie vitale par l'esprit,
c'est être fort.

Mais les êtres trop puissants amorcent leur déclin
car ils s'opposent au Tao.
Celui qui s'oppose au Tao court vers la mort.

55
Retrouver l'enfant en nous

Quel meilleur compagnon pour commencer notre voyage au « pays de l'enfant » que Ryôkan ? « Verdoyant, rayonnant, au début du neuvième mois, les couleurs des choses sont nouvelles, fraîches, c'est le moment de prendre mon bol, et d'aller me promener en ville, allègre, les enfants soudain m'aperçoivent, joyeux ensemble ils viennent vers moi et me proposent d'aller devant l'entrée du temple, à pas lents ils m'y conduisent, je pose mon bol sur une pierre blanche et accroche mon sac à une branche verte, ici nous bataillons avec les cent herbes, là nous jouons à la balle, je jongle pendant qu'ils chantent, le jeu va, le jeu vient, je ne me rends pas compte que le temps passe, un passant me dévisage en riant : "Pourquoi êtes-vous ainsi ?" Je baisse la tête sans répondre, je pourrais lui expliquer mais à quoi bon ? vous voulez savoir mon sentiment secret ? c'est comme ça tout simplement » (« Le moine fou est de retour », in *Contes zen*).

Paradoxe des paradoxes, Lao-Tseu nous dit ici, comme le souligne Marcel Conche dans ses commentaires du *Tao Te King*, que « celui qui adhère à la voie ressemble à un enfant nouveau-né – qui ne se dissocie encore nullement de ce que la Nature fait de lui, qui ne s'oppose nullement à elle. La force spirituelle du Sage ressemble à celle irradiée par le nouveau-né – à cause duquel, sans qu'il fasse rien pour cela, tant d'activités sont mises en branle. Cette force immatérielle sidère même les animaux, cela dit en forme de parabole... pour indiquer sa différence de nature avec toute force physique ». Il nous invite ainsi à évoquer notre enfance.

Lorsque j'étais enfant, j'avais certaines caractéristiques, que je partageais avec beaucoup d'autres enfants. Peut-être les ai-je encore aujourd'hui ? Peut-être les ai-je perdues ?

Utilisons la liste ci-dessous pour penser à l'enfant que nous avons été, que nous sommes peut-être encore aujourd'hui, ou que nous aimerions retrouver :

- □ Curiosité ?
- □ Capacité d'émerveillement ?
- □ Naïveté sans infantilisme ?
- □ Capacité à rêver ?
- □ Désir d'explorer, de découvrir ?
- □ Confiance en ce que je ressens ?
- □ Croyance que « tout est possible » ?
- □ Capacité à voir « à travers » les gens ?
- □ Capacité à aimer ?
- □ Goût du jeu ?
- □ Sincérité ?
- □ Goût du risque ?
- □ Pureté ?
- □ Rire ?
- □ Joies simples et vives, bonheur ?
- □ Capacité à deviner, à discerner ?
- □ Désir d'apprendre ?
- □ Capacité à donner ?
- □ Imagination riche, foisonnante, capacité à inventer des univers ?
- □ Désir de vivre une vie, merveilleuse, riche, héroïque ?
- □ Capacité à éprouver des émotions profondes, pures, intenses ?

L'analyse transactionnelle d'Éric Berne évoque trois aspects de notre personnalité : le Parent, l'Adulte et l'Enfant. Chacun des trois aspects de notre personnalité a une place légitime dans notre vie. Pourtant, en devenant « adultes », beaucoup enterrent l'Enfant qui est en eux, ce qui entraîne de profonds déséquilibres car l'Enfant constitue la partie la plus riche de notre personnalité, que nous avons supprimée ou dont nous sommes – suite à notre éducation et aux influences qui ont agi sur nous – profondément, voire dramatiquement, coupés.

Retrouver l'enfant qui est en nous, c'est retrouver le charme, le plaisir, la créativité, l'intuition, la spontanéité, la joie de vivre, le rire et la pureté qui caractérisent les enfants, et qui font cruellement défaut à tant d'adultes ! Il peut être bon, pour retrouver notre enfant intérieur, d'évoquer les différentes étapes que nous avons suivies de la naissance jusqu'à l'adolescence. À chaque étape de notre développement, comme le souligne John Bradshaw (*Homecoming : Reclaiming and Championing Your Inner Child*), nous bâtissons sur ce que nous avons acquis au cours de l'étape précédente :

- □ De la naissance à 3 mois : « *Je suis toi, j'ai confiance en toi, je peux simplement vivre, j'espère...* » Étape du lien symbiotique : nous apprenons la confiance ou la méfiance. Notre force est alors l'espoir, notre puissance est d'exister. Nous apprenons à être sainement narcissiques, à dépendre de quelqu'un pour vivre.
- □ De 9 mois à 3 ans : « *Je suis moi, je peux être curieux, explorer et réaliser, je peux vivre séparément, j'ai ma propre volonté, j'ai aussi mes limites...* »

Étape du lien d'opposition (exploration de 9 à 18 mois, séparation de 18 à 36 mois) : nous apprenons à être autonomes ou... à douter et à avoir honte. Notre force est la volonté, notre puissance est de sentir et de faire. Nous naissons psychologiquement, c'est l'étape de la contre-dépendance.

- De 3 à 6 ans : « *Je suis une personne, je suis une personne sexuée, je peux imaginer et sentir, j'ai des valeurs et une raison d'être, je suis consciente...* » Étape de la première identité. Nous apprenons à prendre l'initiative ou... à nous sentir coupables. Notre force est alors notre but, notre puissance est d'imaginer et de sentir. Nous apprenons l'indépendance.
- De 6 ans à l'adolescence : « *Je suis capable, je peux apprendre et penser, je peux réaliser certaines choses. J'ai des limites. J'ai des compétences...* » Étape de latence : nous apprenons à réaliser ou... à nous sentir inférieurs. Notre force est la compétence, notre puissance est d'apprendre et de savoir. Nous apprenons l'interdépendance, la coopération.
- Adolescence : « *Je suis un être unique, je peux m'engager vis-à-vis d'une autre personne ou pour une cause, je peux me renouveler, je sais qui je suis...* » Étape de régénération qui va de la puberté au début de la vingtaine : nous apprenons qui nous sommes, nous forgeons notre identité ou... nous vivons dans la confusion. Notre force est la fidélité, notre puissance celle de nous renouveler, de nous réinventer. Nous apprenons à devenir indépendants de notre famille.

Il nous reste, devenus adultes, à vivre en harmonie avec la nature et avec nous-mêmes. Si nous tentons d'imposer notre loi, notre rythme aux autres, nous ne réussirons qu'à semer la violence. Bien qu'elle puisse paraître très robuste, notre force vitale peut s'avérer alors illusoire et trompeuse.

Aimons et honorons l'enfant qui est en nous.
Nous le retrouverons alors, et l'écouterons.

« L'enfant est innocence et oubli, un nouveau commencement et un jeu, une roue qui roule sur elle-même, un premier mouvement, un oui sacré. »

Friedrich Nietzsche,
Ainsi parlait Zarathoustra.

Celui qui appréhende ne parle pas,
celui qui parle n'appréhende pas.

Ferme toute ouverture,
condamne tout passage,
émousse tout tranchant,
dénoue tout écheveau,
unifie toutes les lumières,
mêle toutes les poussières,
là se trouve la mystérieuse identité.

Tu ne peux approcher le Tao
pas plus que tu ne peux y échapper ;
tu ne peux lui porter bénéfice
pas plus que préjudice ;
tu ne peux lui conférer honneur
pas plus que déshonneur.

C'est pourquoi il est tenu en si haute estime
dans l'univers.

56
Agir selon la Voie

Nous commençons notre voyage au « pays de l'action authentique » en compagnie de Confucius et de Lao-Tseu : « Confucius dit à Lao-Tseu : "Cela fait longtemps que j'étudie les *Six Livres*. Les *Poèmes*, les *Documents*, les *Rites*, la *Musique*, les *Mutations* et les *Annales* n'ont plus de secret pour moi mais, je ne sais pourquoi, j'ai eu beau expliquer aux soixante-douze princes à qui j'ai rendu visite ce qu'était la Voie des anciens rois et les inciter à suivre la trace des ducs de Tcheau et de Chao, pas un seul ne m'a écouté. Est-ce parce que les hommes sont difficiles à convaincre ou plutôt parce que la Voie est difficile à montrer ? – C'est une chance que vous n'ayez pas rencontré de prince soucieux de faire régner l'ordre en son siècle, rétorqua Lao-Tseu. Car les *Six Livres* ne sont rien de plus que les traces laissées par les pas des anciens souverains ; ils ne peuvent être en même temps la trace et ce qui a produit la trace. Les discours que vous tenez sont de l'ordre de la trace ; la trace est l'effet de la chaussure, elle n'est pas la chaussure. Pour se féconder, il suffit aux hérons de se regarder dans le blanc de l'œil et aux insectes de chanter l'un au-dessus de l'autre ; pour que la transformation s'accomplisse, il suffit que mâle et femelle s'accouplent selon leur espèce. La nature propre à chaque espèce ne peut être modifiée, le lot de chacune est donné ; on n'arrête pas le cours des saisons, on ne peut faire obstacle à la Voie. À qui a la Voie, tout vient naturellement ; à qui l'a perdue, rien ne réussit plus." Confucius resta cloîtré chez lui trois mois durant. Puis il retourna auprès de Lao-Tseu : "Ça y est, j'ai trouvé, dit-il au maître ; corbeaux et pies couvent, les poissons crachent leur frai, les insectes à fine taille muent, la naissance d'un petit frère fait pleurer son aîné. Cela faisait longtemps que je résistais à la transformation ! Et dire que je voulais transformer les autres ! – Cette fois tu y es", dit Lao-Tseu » (Tchouang-Tseu, in Jean-François Billeter, *Études sur Tchouang-Tseu*).

Nos actes et nos discours ne sont-ils que des traces ? Ou prennent-ils leur source dans ce qui produit toute trace ? Ce texte magnifique me rappelle l'expression anglaise : *Leadership is from within*. Notre influence émane naturellement de nous-mêmes lorsqu'elle émane du Tao.

Combien d'obstacles ont été dressés devant nous pour nous empêcher de reconnaître l'action du Tao et y conformer notre vie ! Principes et règles éducatives aveuglantes et castratrices, réduction de l'éducation aux seules intelligences verbales-linguistiques et logico-mathématiques, et pour le reste, portion congrue : négation des émotions, des sentiments, du corps, des arts et de la culture, de l'intelligence de soi, de l'intelligence des autres. Notre maison est en feu et nous continuons à faire des réformes de l'enseignement sans jamais oser toucher à rien d'essentiel... Ça, une éducation qui prépare à la vie ? Vous voulez rire ?

Nous-mêmes, où en sommes-nous ? Déjà si profondément déformés, dépendants, drogués, intoxiqués, viciés par la société dans laquelle nous vivons qu'il ne nous reste plus guère qu'à danser sur le volcan en faisant comme si nous y prenions un maximum de plaisir ? Dansons, dansons, nous finirons bien par disparaître, et sans même laisser la trace d'une trace derrière nous !

Sommes-nous seulement victimes des pièges évoqués par Confucius, ou cherchons-nous la voie qui nous permettrait de mener une vie à la fois heureuse et utile ?

- □ Ai-je tendance à vouloir m'inspirer des leçons du passé, des précédents historiques... *ou suis-je capable de faire face aux défis tels qu'ils se présentent* ?
- □ Ai-je tendance à utiliser de vieilles recettes qui ont « fait leur preuve »... *dans un monde où elles ne s'appliquent plus* ?
- □ Mon souci des règles, de l'encadrement, des procédures, du contrôle m'aveugle-t-il ? ... N'*est-il qu'un réflexe de peur et de protection qui m'empêche de trouver des solutions nouvelles et innovantes face aux défis qui se présentent* ?
- □ Ai-je tendance à imposer des normes aux autres pour atteindre mes objectifs, pour produire, et en croyant en outre les « transformer »... *ou est-ce que je leur fais confiance, les écoute, les rends capables d'agir, les soutiens* ?

- Est-ce que je suis exigeant, ne tolère pas les erreurs, et pense qu'en punissant je transforme et « éduque »... *ou est-ce que j'encourage l'expérimentation, la prise de risques, et aide chacun – moi compris – à apprendre de toute erreur* ?
- Est-ce que je donne le primat à l'analyse, à la logique, à la rigueur, et crois en leurs vertus « éducatrices »... *en supprimant mes émotions et celles des autres, alors qu'elles constituent une riche source de compréhension de notre réalité* ?
- Est-ce que je « forme » et « éduque » en corrigeant, n'hésitant pas à être brutal, critique ou un peu « vache »... *ou est-ce que je donne des feedbacks véritablement utiles et constructifs, qui vont permettre aux autres de progresser, de se développer* ?...

Bien sûr, Lao-Tseu donne une leçon de maître à Confucius, et nous parle ici de son *satori*, de son éveil. Qu'en est-il du nôtre ? Retrouvons les maîtres zen et les maîtres de méditation, auxquels leurs disciples demandent comment parvenir à l'illumination : « C'est très simple, répondent-ils, il faut de l'attention, de l'attention, et de l'attention. » Ou encore : « C'est très simple, il faut devenir conscient. »

Cessons de vivre comme des malades, dépendants de nos habitudes et esclaves de façons de penser le monde qui l'entraînent à sa perte. Refusons tout acte qui peut contribuer à entraîner le monde à sa perte. C'est notre liberté qui nous fait peur. Elle est, en effet, infinie.

Une personne authentique est attentive, consciente et libre.
Ainsi, elle libère les autres.

« Nul ne peut espérer susciter chez autrui une transformation s'il n'accepte d'être transformé lui aussi. »

Jean-François Billeter,
Études sur Tchouang-Tseu.

Un État se gouverne avec des lois,
une guerre se gagne par surprise.
Mais c'est par le non-agir
que l'on gagne le monde entier.
Comment le sais-je ?
Comme suit :

Plus il y a de défenses et d'interdictions
et plus le peuple s'appauvrit.
Plus le peuple possède d'armes mortelles
et plus le désordre sévit.
Plus on acquiert de techniques
et plus s'en voient les étranges fruits.
Plus on multiplie lois et décrets,
et plus foisonnent les bandits.

C'est pourquoi le sage dit :

Je pratique le non-agir
et le peuple se transforme de lui-même.
J'apprécie la sérénité
et le peuple se corrige de lui-même.
Je n'entreprends aucune affaire
et le peuple, par lui-même, prospère.
Je ne nourris aucun désir,
et le peuple revient à la simplicité.

57

Bâtir une équipe efficace

Nous commençons notre voyage au « pays de l'équipe » en compagnie d'un maître archer : « Han Fai Tseu nous raconte l'histoire de deux hommes : l'un des deux fabriquait des flèches d'une qualité exceptionnelle, et se plaisait à vanter la qualité de ses flèches. L'autre fabriquait des arcs d'une qualité exceptionnelle, et se plaisait à vanter la qualité de ses arcs. Chacun, tout en produisant des pièces remarquables, n'en faisait pourtant pas plus, jusqu'au jour où le maître archer Yi leur montra comment utiliser ensemble l'arc et les flèches pour atteindre n'importe quelle cible » (in Diane Dreher, *The Tao of Personal Leadership*).

Les contes d'Extrême-Orient mettent souvent en valeur **l'importance de la communauté, de l'équipe, du travail réalisé ensemble**. Sans équipe, nous avons des groupes d'individus isolés, incapables d'aller au-delà de leurs propres contributions. C'est en combinant flèches, arc et maîtrise dans l'art du tir à l'arc que nous atteignons un but beaucoup plus élevé, comme l'a montré Eugen Herrigel dans son livre *Le Zen et l'art chevaleresque du tir à l'arc*, l'un des plus beaux livres qui existent sur le zen, puisqu'il n'y parle pas... du zen.

Il suffit de voir fonctionner une équipe dirigeante, de rencontrer chacun de ses membres – comme je l'ai souvent fait pour préparer et animer des interventions avec des comités de direction – ou d'observer comment l'équipe est perçue, à l'extérieur comme à l'intérieur de l'organisation, pour voir le type et la qualité du management qui y est exercé. De telles rencontres m'ont appris que les plus grands dirigeants sont souvent ceux dont on parle le moins. Les plus grandes réussites d'entreprise sont aussi, souvent, le fait de groupes de personnes qui fuient les feux de la rampe, œuvrent sur le long terme, ont compris l'importance du travail en équipe, orchestrent des réseaux, s'ouvrent à des cultures différentes, recherchent des synergies. Vu l'extraordinaire mélange de volatilité, d'incertitude, de complexité et d'ambiguïté qui caractérise le monde aujourd'hui, nous n'avons peut-être pas encore pris la vraie mesure des changements que nous vivons et de leurs implications pour les compétences et attitudes requises aujourd'hui. Explorons-les :

- □ Exercice du pouvoir collégial et partagé... *et pas un exercice personnel du pouvoir.*
- □ Valeur accordée à l'expertise humaine... *et pas seulement à l'expertise technique.*
- □ Connaissance de soi et des autres, respect... *et jamais « utilisation » des hommes.*
- □ Écoute active, dialogue... *et pas de communication contrôlée et unilatérale.*
- □ Culture de coopération ... *et pas de concurrence interne.*
- □ Responsabilité pour l'action... *et pas de « protections », de bureaucratie.*
- □ Vision partagée, à long terme... *et pas de primat du court terme.*
- □ Valeurs incarnées... *et pas de « discours » sur les valeurs, ni de double standard.*
- □ Travail en équipes et en réseaux... *et pas de gestion pour égoïstes et individualistes.*
- □ Délégation, souplesse, adaptabilité... *et pas contrôle, rigidité, peur du changement.*
- □ Ouverture aux autres et à soi-même... *et pas seulement formations techniques.*
- □ Accompagnement du développement... *et pas seulement objectifs à réaliser, etc.*

La liste n'est pas limitative. Chaque équipe ajoutera les défis qui lui sont propres... Évaluons honnêtement notre équipe.. Les membres de mon groupe/de mon équipe :

- □ prennent du plaisir à travailler ensemble... *ou ont des relations « polies » et formelles ?*
- □ se connaissent mutuellement très bien... *ou se connaissent très peu ou mal ?*
- □ ont établi des relations de confiance... *ou ne se font pas mutuellement confiance ?*

- □ dialoguent, ont des réunions enrichissantes... *ou sont insatisfaits de leurs réunions* ?
- □ échangent régulièrement des feedbacks personnels... *ou n'échangent guère que sur des sujets professionnels ou techniques* ?
- □ ont établi ensemble des normes qu'ils respectent... *ou critiquent d'autres membres de l'équipe ou le groupe dont ils font partie* ?
- □ partagent des valeurs et une mission communes... *ou jouent des jeux politiques de pouvoir et d'influence, ont des agendas cachés* ?
- □ respectent leur manager... *ou le craignent* ?

Il est important qu'une équipe dirigeante s'interroge régulièrement sur son efficacité et cherche en permanence à s'améliorer :

- □ Une équipe dirigeante soudée a un pouvoir d'entraînement extraordinaire... *mais une équipe dirigeante divisée crée des factions dans l'organisation.*
- □ La vision, la mission, les valeurs partagées par une équipe de direction soudent souvent toute une entreprise... *sinon les collaborateurs se plaignent d'un manque de clarté dans leurs objectifs.*
- □ En trouvant ensemble des approches nouvelles, les membres de l'équipe découvrent leur véritable potentiel... *souvent ignoré tant que l'équipe n'est pas soudée.*
- □ Une équipe dirigeante donne un véritable exemple pour le meilleur... *ou pour le pire, sans toujours mesurer l'impact négatif d'habitudes et de façons de faire établies.*
- □ Nos collaborateurs sont d'excellents observateurs : ils détectent les signes de mauvaise entente, de désaccord ou de dysfonctionnement de l'équipe... *et certains tirent vite parti des mauvaises leçons que nous leur avons ainsi données.*
- □ En matière de management, la première source d'apprentissage vient de l'observation du comportement des dirigeants, en particulier en matière de communication : ouverture, écoute dialogue, confiance, respect de l'autre... ou *leur absence.*

« Personne n'est parfait – mais une équipe peut l'être. »

Antony Jay

Lorsque celui qui gouverne sait être léger,
le peuple reste pur.
Lorsque celui qui gouverne est autoritaire,
le peuple devient rusé.

Le bonheur porte en lui le malheur,
le malheur couve sous le bonheur.
Qui en connaît le terme ?
Le monde n'a pas de normes,

Car le normal peut se faire anormal
et le bien devenir monstruosité.
C'est depuis toujours que les hommes
s'égarent à ce sujet.

Ainsi le sage discipline sans jamais blesser,
purifie sans vexer,
rectifie sans faire violence,
éclaire sans aveugler.

58
Avec un zeste d'humour

Nous commençons notre voyage au « pays de la légèreté » en compagnie du « Voleur qui devint disciple », une histoire zen : « Un soir, alors que Shichiri Kojun récitait des sutras, un voleur, portant une épée tranchante, entra chez lui et lui demanda de lui donner sa bourse ou sa vie. Shichiri lui dit : "Ne me dérange pas ; l'argent est dans le tiroir." Puis il se remit à réciter les sutras. Peu après, il s'interrompit pour dire : "Ne prends pas tout, car je dois payer mes impôts demain." L'intrus rassembla le plus gros de l'argent et s'apprêta à partir. "Remercie lorsqu'on te fait un cadeau", ajouta Shichiri. L'homme le remercia et s'esquiva. Quelques jours plus tard, on attrapa le voleur et celui-ci avoua ses larcins, dont le vol chez Shichiri. Quand ce dernier fut appelé comme témoin, il déclara : "Cet homme n'est pas un voleur, du moins en ce qui me concerne. Je lui ai donné l'argent et il m'en a remercié." Après avoir accompli sa peine de prison, le voleur se rendit chez Shichiri et devint son disciple » (in Paul Reps, *Le Zen en chair et en os*).

Pourquoi tant de sérieux, de force parfois brutale, de manifestations exagérées de puissance, de déclarations claironnantes, de roulements d'épaules et de démarches pas même dignes de militaires, chez beaucoup de ceux qui exercent un rôle de dirigeant ? N'est-ce qu'un reflet de leur arrogance ? Comment peuvent-ils oublier que, comme l'a dit Montaigne, « au plus élevé trône du monde, si ne sommes assis que sur notre cul » ? Sont-ils à ce point soucieux de se différencier, de bien montrer qu'ils ont réussi là où d'autres ont échoué ? Ou sont-ils désireux d'écraser les autres de leur intelligence aiguë et du pouvoir que – pensent-ils – leur confère leur position ? Croient-ils encore qu'ils se doivent d'être des chevaliers blancs, des mâles dominants, forts, invincibles parce que insensibles ? Ces manifestations ne sont-elles qu'une preuve de plus de leur insécurité, de leur aveuglement et de leur manque d'équilibre ?

Combien de fois, au cours de réunions, de comités de direction, me suis-je dit intérieurement : « Il eût été tellement plus simple et plus efficace de dire cela, ou de faire cela, avec légèreté et avec humour ! » Pourquoi toujours chausser ces gros sabots bruyants et si peu élégants ? Pourquoi agir avec tant d'insistance, quand nous pouvons agir avec légèreté ? Pourquoi parler de manière si détournée, compliquée, machiavélique, quand nous pouvons le faire sans détour, simplement ? Et pourquoi tant de sérieux ? Un zeste d'humour, tout est dit.

L'humour est d'une extraordinaire efficacité lorsque :

- je sais me moquer de moi-même, sourire ou rire de moi-même, lorsque je suis seul ou lorsque je suis avec les autres, par exemple me moquer de mes défauts ;
- je sais montrer que je ne me prends pas trop au sérieux, que je suis l'égal de mes collègues même si je suis leur manager ;
- je sais utiliser l'humour au bon moment, pour détendre l'atmosphère si elle est trop tendue ou trop sérieuse, ou pour dissoudre des tensions ;
- je sais voir les choses sous un jour différent et j'aide les autres à le faire ; l'humour que j'utilise est approprié, positif, constructif.

Mais l'humour peut être aussi utilisé à mauvais escient : personnes terriblement sérieuses, intimidantes, réfrigérantes, manquant de légèreté – et souvent considérées à tort comme « intelligentes » – qui utilisent le sarcasme, le cynisme, tournent les autres en dérision ou attaquent d'autres personnes en utilisant l'humour comme une arme de destruction massive ; personnes qui utilisent l'humour au mauvais moment ou de manière inappropriée pour briller ou se mettre en avant, pour détourner l'attention d'un vrai problème, ou voiler hypocritement une attaque *ad hominem*. Savoir manier l'humour est bien un art, comme l'exercice du management est un art. Disons donc, avec une pointe d'humour, que bien des dirigeants gagneraient à être plus artistes dans leurs interventions...

Si l'humour est certes très marqué par la culture de chaque pays et de chaque région, cela ne devrait pas nous en interdire l'accès au nom d'un universalisme castrateur et réducteur, bien au contraire. Tout comme la musique, la littérature ou le cinéma, l'humour est l'une des manières d'apprécier nos différences et peut constituer une merveilleuse manière de les étudier. Faire une sélection d'aphorismes, d'histoires drôles ou comiques peut s'avérer, en particulier pour quelqu'un de très sérieux, le plus délicieux des hobbies ! Soyons curieux, lisons Stanislas Jerzy Lec et Ambrose Bierce, Raymond Devos et Lewis Carroll, Oscar Barenton et Mark Twain, Henri Michaux et Edward Lear, Pierre Desproges et Woody Allen, Oscar Wilde et Coluche, Georges Brassens et les contes soufis, les histoires juives et les histoires zen, les haïkus et les contes des sages taoïstes !

Et jouons ! Dessinons ! Chantons, sous la pluie ou sous le soleil ! Écrivons des poèmes ! Écrivons des histoires ! Notons tout ce que nous trouvons drôle – il y en a, des choses ! Racontons une histoire dont nous sommes le héros, ou le bouffon ! Organisons un jeu ! Jouons avec des enfants ! Laissons-les décider et nous manager ! Lisons une bonne bande dessinée ! Faisons place aux clowns ! Faisons les clowns ! Faisons-nous les bouffons du roi que nous sommes devenus !

Les personnes authentiques agissent avec légèreté,
par petites touches.
Elles ne se prennent pas au sérieux, elles ajoutent un sourire
et un zeste d'humour à tout ce qu'elles font.

« Une force moyenne s'exprime par la force, une force suprême s'exprime par la légèreté. »

G.K. Chesterton,
Un nommé Jeudi.

Pour gouverner les hommes et servir le ciel
rien ne vaut la modération,
car seul celui qui est modéré
suit la voie du Tao.

Celui qui suit depuis longtemps la Voie
sera profondément vertueux.
Et celui qui est vertueux
triomphera en tout,
son pouvoir sera sans limites.

Celui qui n'est pas enfermé dans ses limites
peut être maître d'un royaume.
Celui qui connaît la mère du royaume
en sera longtemps le maître.

Voilà ce qu'on appelle
la voie de la profonde racine,
solidement plantée,
source de longue vie et de vision durable.

59
« Trouver le Graal »

Nous commençons notre voyage au « pays du Graal » en compagnie d'un Européen : « Ayant l'occasion de séjourner au Japon, au début du siècle, un Européen avait décidé d'y apprendre le jiu-jitsu qui lui paraissait être une méthode de combat redoutable. Il commença donc à suivre les cours d'un maître renommé. Mais quelle ne fut pas sa surprise quand, au bout de la troisième séance, il n'avait toujours appris aucune technique de combat ! Il s'était seulement exercé à des mouvements très lents, en décontraction. À la fin de la séance, il décida d'aller trouver le maître. "Monsieur, depuis que je suis ici, je n'ai rien fait qui ressemble à des exercices de lutte. – Asseyez-vous je vous prie", déclara le maître. L'Européen s'installa négligemment sur le tatami et le maître s'assit en face de lui. "Quand commencerez-vous à m'enseigner le ji-jitsu ?" Le maître sourit et demanda : "Êtes-vous bien assis ? – Je ne sais pas. Y a-t-il une bonne façon de s'asseoir ?" Pour toute réponse, le maître désigna de la main la façon dont il s'était lui-même assis, le dos bien droit, la tête dans le prolongement de la colonne vertébrale. "Mais écoutez, reprit l'Européen, je ne suis pas venu ici pour apprendre à m'asseoir. – Je sais, dit patiemment le maître, je sais, vous voulez apprendre à lutter. Mais comment pouvez-vous lutter si vous ne cherchez pas l'équilibre ? – Je ne vois vraiment pas le rapport entre le fait de s'asseoir et le combat. – Si vous ne pouvez rester en équilibre quand vous êtes assis, c'est-à-dire dans l'attitude la plus simple, comment voulez-vous garder l'équilibre dans toutes les circonstances de la vie et, surtout, dans un combat ?" S'approchant de son élève étranger qui restait perplexe, le Japonais le poussa légèrement, l'Européen tomba à la renverse. Le maître, toujours assis, lui demanda alors d'essayer de le renverser à son tour. Poussant d'abord timidement d'une main, puis s'y mettant des deux, l'élève finit par s'arc-bouter vigoureusement contre le maître, sans succès. Soudain, ce dernier se déplaça légèrement et l'autre bascula en avant, s'étalant de tout son long sur les tatamis. Esquissant un sourire, le maître ajouta : "J'espère que vous commencez à comprendre l'importance de l'équilibre" » (« La loi de l'équilibre », in *Les Contes des arts martiaux*).

Tout responsable espère que son action et son influence seront efficaces et puissantes. Pourtant, peu s'interrogent sur ce qui donne à leur action efficacité et puissance. Et, paradoxalement, certains des facteurs qui poussent les êtres humains à vouloir occuper des positions de direction sont souvent ceux qui... devraient les en éloigner :

- Est-ce le désir de gagner beaucoup d'argent, la soif de posséder qui me motivent ?
- Est-ce l'ambition et le désir de montrer « ce que je vaux » ?
- Est-ce le désir de surpasser mon père, mon frère, un collègue, un camarade ?
- Est-ce le besoin d'être connu, reconnu, admiré ?
- Est-ce le désir de montrer que « je suis différent », « meilleur », voire « le meilleur » ?
- Est-ce le désir d'exercer sur les autres mon pouvoir ? Est-ce la soif de pouvoir ?
- Est-ce l'ambition de « faire partie du club », du club des gens « importants » ?

Il y a ce que j'appelle souvent « trouver le Graal ». Trouver le Graal, c'est, pour chacun d'entre nous, trouver un équilibre entre des influences diverses et puissantes, qui décident souvent du cours même de notre vie et de nos activités. Sommes-nous les jouets de ces forces ou sommes-nous, comme le maître de jiu-jitsu, en équilibre ? Évoquons ces quatre facteurs :

- **Ma personnalité.** Chacun d'entre nous est doté de forces et de talents extraordinaires, liés à nos préférences. Il nous faut les connaître et bien les utiliser, les canaliser, les gérer. Et, en particulier, gérer nos réactions en situation de conflit ou de stress, ou lorsque nous rencontrons de nouveaux défis.
- **Mes compétences.** Il s'agit de ce que je suis capable de faire, de mon savoir-faire. Mes compétences n'ont pas seulement un rapport avec ma formation, mais aussi avec ce que je me suis montré capable de faire dans des rôles et des situations spécifiques.

- **Mes intérêts.** Il ne s'agit pas seulement ici de ce qui m'intéresse ou me passionne mais aussi des situations et des environnements dans lesquels je vais être amené à exercer des responsabilités. Ce que j'aime faire, bien sûr, mais aussi avec qui. Et dans quel type d'atmosphère.
- **Mes valeurs.** Il s'agit ici de ce qui est important pour moi, du type de contribution que je désire faire dans mes rapports avec les autres, dans la société et dans le monde. De valeurs que je ne veux jamais compromettre.

Beaucoup d'écueils nous guettent sur notre chemin : primat donné au développement de compétences considérées comme indispensables pour « réussir » (tout notre système éducatif est corrompu par cette idée réductrice, et l'« orientation scolaire » se réduit souvent à une caricature) ; se laisser influencer par l'« exemple » de nos parents (« Si tu fais comme moi, tu seras un homme, mon fils... ») ; soucis liés au fait que mes intérêts m'attirent vers certains métiers et environnements de travail mais que je n'ai peut-être pas les compétences requises (pourtant, les compétences peuvent s'acquérir) ; valeurs que nous sommes prêts à compromettre pour réussir, etc.

Si nous représentons chacun de ces quatre domaines par quatre cercles, ces cercles vont être positionnés différemment pour chacun d'entre nous. Il y a des chevauchements : entre ma personnalité et mes compétences, ma personnalité et mes intérêts, ma personnalité et mes valeurs, etc.

Lao-Tseu et le maître de jiu-jitsu nous rappellent l'importance capitale de l'équilibre et de la modération. **C'est en respectant notre vraie nature que notre action deviendra authentique. Plus profondément, c'est en respectant la nature, la loi naturelle, le Tao, que notre action va devenir efficace et puissante, qu'elle va être pérenne.** Le Graal n'a qu'un secret. Ne l'ont jamais trouvé que ceux et celles qui le cherchent.

☯

« De tous les hommes, c'est la part : se connaître eux-mêmes et bien penser. »

Héraclite,
Fragments.

On dirige un grand État
comme on fait frire un petit poisson.

Lorsque le maître de l'empire
dirige toutes choses en accord avec le Tao
les démons n'ont plus de pouvoir.

Les démons n'ayant plus de pouvoir,
les esprits ne feront pas de mal au peuple.

Les esprits ne faisant plus de mal au peuple,
le sage ne nuira pas non plus au peuple.

Le peuple et son maître ne se nuisant pas,
chacun en tirera bénéfice,
leurs vertus se renforçant mutuellement.

60
Agir avec délicatesse

Nous commençons notre voyage « au pays de la délicatesse » avec un jardinier dont les voisins croyaient qu'il détenait un secret, et qui leur dit ceci : « "Quand vous plantez un arbre, veillez à ce que ses racines plongent droit dans le sol, que la terre qui les recouvre soit bien tassée et à utiliser le bon engrais. Puis ne le touchez plus, n'y pensez plus. Ne vous approchez pas de lui pour le regarder, laissez-le tranquille et la nature fera le reste. Ce que surtout j'évite, c'est de vouloir le faire pousser... Certains courent en tous sens pour voir comment il pousse, parfois l'éraflent pour s'assurer qu'il est toujours en vie, ou le secouent pour se convaincre qu'il est bien ancré dans le sol. Bref, ils interviennent tout le temps, voulant rectifier les tendances naturelles de l'arbre, de sorte que leurs soins se transforment en poison et en malédiction. Ce sont là choses que je m'abstiens de faire. Voilà tout." Comme on l'interrogeait pour savoir si, à son avis, de telles méthodes pouvaient aussi convenir à l'art de gouverner, il répondit : "Oh, je ne me connais qu'en jardinage, l'art de gouverner n'est pas de mon ressort ! Pourtant, je constate que dans mon village les autorités promulguent sans arrêt des édits de toute sorte, comme pour prouver au peuple qu'elles prennent soin de lui, alors que, en réalité, leur conduite lui est préjudiciable. Matin et soir, les sous-ordres font leur apparition, disant : 'Sa Majesté voudrait que vous hâtiez les labours et les semences, que vous ne preniez pas de retard dans le tissage et la filature, que vous ne négligiez pas l'éducation de vos enfants, que vous n'éleviez pas de la volaille et des cochons, que vous vous rassembliez au son du tambour.' C'est ainsi qu'on harcèle le pauvre peuple du matin au soir. Il n'a plus un moment à lui. Comment voulez-vous que quelqu'un puisse se développer et s'épanouir naturellement en de pareilles circonstances ?" » (in J.-C. Cooper, *La Philosophie du Tao*).

Le responsable authentique évite de créer ou d'attiser les conflits. Ses interventions sont délicates. L'image que nous suggère ici Lao-Tseu va – une fois encore – à l'encontre d'opinions bien établies et de préjugés tenaces : beaucoup pensent en effet que pour exercer des responsabilités, il faut faire preuve de force. Ils privilégient le *yang* qui, s'il n'est pas contrebalancé par l'influence *yin*, peut faire des ravages et engendrer désastre sur désastre. Il n'est que d'évoquer les grotesques gesticulations de nombre d'hommes politiques ou tant de discours de présidents ou de directeurs généraux qui crient victoire parce que ce trimestre les résultats sont bons ou que le cours de l'action remonte...

Si c'est bien avec délicatesse que s'exerce l'art du management, nos préjugés, qui privilégient la force du « mâle dominant », viennent peut-être de sources plus cachées et plus profondes. L'une d'elles est la manière dont nous vivons avec nos émotions. Tout commence ici par la reconnaissance des émotions et les premières questions à se poser sont celles-ci :

- □ Est-ce que je ressens et nomme les émotions et sentiments qui m'animent ?
- □ Est-ce que je reconnais la riche valeur des émotions ?
- □ Ou ai-je tendance à les nier, les supprimer, en moi-même et chez les autres ?

Deux écueils sont ici à éviter et, en fonction de nos préférences personnelles, les combats à livrer peuvent être de nature différente. Si nous privilégions l'analyse, avons l'esprit critique, aimons les décisions logiques et bien argumentées, si nous sommes capables d'être très « objectifs » en prenant des décisions importantes, si nous pensons qu'il faut être direct dans ses communications, si nous savons dire non, s'il nous arrive parfois de critiquer durement, si pour nous la justice et l'équité sont des valeurs primordiales dans l'exercice de nos responsabilités, explorons les scénarios suivants :

- □ Il m'arrive de provoquer, pour faire « bouger les choses »... *sans me rendre compte qu'en bon apprenti sorcier je fais des ravages.*
- □ J'ai tendance à dire que les émotions n'ont pas de place au travail... *me coupant ainsi d'une riche source d'information.*

- Je nie ou supprime les sentiments des autres... *ce qui peut m'amener à prendre de mauvaises décisions.*
- Je nie ou supprime mes propres sentiments... *ce qui peut m'amener à agir contre ce que me dictent ma conscience, mon intuition, mon cœur.*

Si nous privilégions l'empathie, l'attention portée aux personnes, si nous avons tendance à aisément apprécier, si la considération des valeurs et de l'impact des décisions sur les personnes nous paraît importante, si nous avons des difficultés à dire non et à donner des feedbacks négatifs, si pour nous l'harmonie entre les personnes est une valeur primordiale dans l'exercice de nos responsabilités, explorons les scénarios suivants :

- Il m'arrive de ne pas savoir dire non... *en créant ainsi surcharge de travail et déséquilibre ou en me laissant manipuler ou abuser.*
- Il m'arrive d'être blessé par des critiques... *entretenant le ressentiment alors qu'il y avait là quelque chose qui m'aurait aidé à progresser.*
- Il m'arrive de taire mes émotions et sentiments... *privant ainsi l'autre – ou le groupe – d'une riche source d'informations importantes.*
- Il m'arrive de me laisser emporter par mes émotions et sentiments... *sans bien analyser la situation et en oubliant l'impact de mon comportement sur les autres.*

Nous affrontons ainsi, les uns et les autres, différents « démons » lorsqu'il s'agit d'émotions et de sentiments. Il est important d'en être conscient, de se connaître, d'être à l'écoute de ses propres émotions, de connaître la manière que nous avons de les supprimer ou de nous y perdre, afin, pour les uns, de mieux les accepter et, pour les autres, de mieux les maîtriser.

**Ainsi, lorsque nous dirigeons d'autres personnes,
nous les dirigerons avec une authentique délicatesse,
comme si nous faisions cuire de petits poissons...**

☯

« Ce n'est pas le sommeil de la raison qui engendre les monstres, mais plutôt la rationalité vigilante et insomniaque. »

G. Deleuze et F. Guattari,
L'*Anti-Œdipe*.

Un grand pays est semblable à une vaste plaine.
C'est un delta où tous les fleuves se rencontrent.
C'est la mère de l'univers.

La femme triomphe toujours de l'homme
par sa tranquillité.
En aval, elle attend, tranquille.

Un grand pays qui s'abaisse devant un plus petit
l'attire doucement vers lui.
De même un petit pays qui s'incline devant un grand
gagne sa protection.
Ainsi l'un accueille en s'abaissant,
l'autre est accueilli en s'inclinant.

Un grand pays ne désire que rassembler
et servir les hommes.
Un petit pays ne désire que servir
et s'allier au grand.
Tous les deux obtiennent ce qu'ils désirent.

Mais il faut que le grand ait la sagesse de s'abaisser.

61

Sens politique et service

Nous commençons notre voyage au « pays du sens politique » avec Tchouang-Tseu qui nous livre dans « Le vieux pêcheur » quelques remarques à propos de huit vices relatifs aux hommes et de quatre abus en ce qui concerne les affaires : « Faire ce qu'on n'a pas à faire, c'est le vice consistant à monopoliser. Offrir son conseil aux gens qui n'en ont cure, c'est se conduire en rhéteur. Qui va au-devant de l'intention des gens est un flatteur. Qui va sans choisir entre le vrai et le faux est un flagorneur. Qui aime à souligner les défauts des gens est un dénigreur. Qui brouille les amis et divise les familles est un perturbateur. Qui, sans choisir entre le bien et le mal, s'accommode aux gens avec duplicité pour leur soutirer ce qu'il désire est un tricheur. Ces huit vices peuvent égarer les autres et portent préjudice intérieurement. Ceux qui s'en rendent coupables, un gentilhomme n'en veut pas pour amis, un prince éclairé n'en veut pas pour ministres.

Les quatre abus dans la conduite des affaires sont les suivants : aimer à s'occuper de grandes affaires, profiter des situations anormales pour se faire un renom par succès, c'est ce qu'on appelle de l'ambition. Chercher à accaparer les affaires en se prévalant de son savoir et en empiétant ainsi sur la tâche des autres, c'est ce qu'on appelle l'avidité. Voir ses fautes sans les corriger, entendre des remontrances et faire plus mal encore, c'est de l'obstination. N'approuver que ceux qui sont de votre avis et dénigrer ceux qui vous contredisent en dépit de leur qualité, c'est sectarisme. Seul celui qui peut se défaire de ces huit vices et éviter ces quatre abus est susceptible d'être enseigné » (*Œuvre complète*).

Cette brève lettre ouverte aux dirigeants de tous les pays et de tous les temps pourrait être lue chaque matin par tous ceux qui ont des responsabilités de direction ou de management... Histoire de se rafraîchir la mémoire et de ne pas parler étourdiment de l'importance d'acquérir des compétences politiques, indispensables dans la vie d'une organisation. Montrons plutôt que nous ne tolérons ni n'acceptons certains comportements. Ne nous engageons pas, surtout, nous-mêmes dans de telles pratiques. Ceux qui ont suggéré que les Chinois parlent par métaphores ou évoquent la politique de manière détournée peuvent revoir leur copie...

Comme le montre remarquablement Farid Ben Malek – qui travaille au sein de l'association Progrès du management –, dans les sessions au cours desquelles il initie des cadres et des dirigeants à la pratique du jeu de go, un certain nombre de principes stratégiques sont au cœur du jeu. Pour un dirigeant, ils constituent autant de principes de réflexion et d'action pour mettre en œuvre une grande stratégie authentique. Ces principes s'appliquent aussi bien dans le domaine politique des relations entre États que dans le monde de l'entreprise. Tous les managers peuvent donc s'en nourrir et s'en inspirer :

- 1er principe : **la coexistence remplace l'élimination.** La stratégie n'est pas un jeu « à somme nulle », comme dans le jeu d'échecs, où l'objectif est d'écraser l'autre (États dits « voyous », entreprises concurrentes, partenaires considérés comme « dangereux », entreprises ennemies réduites à néant par des OPA hostiles, etc.).
- 2e principe : **l'anticipation est l'essence de la stratégie.** Le rôle de tout dirigeant est donc de réfléchir profondément sur les conséquences de ses actions avant d'entreprendre. Mieux, il consiste à prévoir les réactions de l'autre. L'histoire politique récente nous montre à quel point les dirigeants actuels dérogent à ce principe... Quant à l'histoire des acquisitions d'entreprises, elle nous apprend que, malgré des annonces initiales mirobolantes, à peine 10 à 15 % sont réussies...
- 3e principe : **l'analyse de la position aide à déterminer les actions futures.** Il est donc essentiel de bien connaître et d'analyser sa position actuelle pour déterminer les choix futurs : cette analyse permet le changement dans la transformation.
- 4e principe : **la rationalité s'harmonise avec la créativité.** Plutôt que d'insister sur la seule rationalité des choix, les grands dirigeants savent gérer avec leur intuition, respecter et intégrer

les idées nouvelles, saisir les opportunités. Dans une approche collective, ils font vivre les idées et les intuitions des autres.

- 5e principe : **le global et le long terme priment sur le local et le court terme.** Dans une entreprise, le grand dirigeant fait toujours ses choix importants pour le long terme, agissant localement en cherchant à toujours garder l'initiative globale.
- 6e principe : **la recherche de l'équilibre détermine les choix stratégiques.** Le grand dirigeant gère des équilibres multiples : équilibre entre croissance et rentabilité, préservation du climat social, équilibre entre la satisfaction des clients et les coûts, entre le court terme et le long terme, etc.
- 7e principe : **la connexion contribue au renforcement des positions.** Il est essentiel de communiquer sans cesse, de trouver ou de bâtir des relais de transmission pour partager et concrétiser à chaque niveau les objectifs de l'entreprise ou de l'organisation.
- 8e principe : **la « base » constitue le levier de l'occupation du terrain.** Le grand dirigeant se concentre sur les métiers connus et rentables, il évolue autour de son métier et de sa vocation, il ne compromet pas ce qui constitue l'âme et la culture de sa vocation sociale.
- 9e principe : **l'évolution et le progrès dépendent de l'apprentissage mutuel.** Le grand dirigeant tire le meilleur parti des compétences et des capacités de chacun, et favorise l'harmonie pour développer le travail en équipe et la dynamique de groupe.

C'est en se mettant au service des autres
que le dirigeant est un authentique stratège

« Qui ne sait pas être serviteur ne pourrait être maître. »

Anton Tchekhov,
lettre du 25 octobre 1888.

Le Tao est à l'origine des milliards d'êtres et de choses.
Il est le trésor que chérissent les hommes bons,
et le refuge de ceux qui ne le sont pas.

Avec de belles paroles,
les hommes achètent les honneurs.
Avec de beaux actes,
ils gagnent le respect.
Si un homme est mauvais,
pourquoi le rejeter ?

Lorsque les empereurs, les rois, les présidents
viennent au pouvoir,
lorsque les ministres entrent en fonction,
ils reçoivent disques de jade
et quadriges de chevaux,
mais tout cela est loin de valoir
celui qui reste calme et avance dans le Tao.

Pourquoi les Anciens estimaient-ils tant le Tao ?
N'est-ce pas simplement parce qu'il permet
à celui qui cherche de trouver,
et à celui qui est coupable de se racheter ?
C'est pourquoi le Tao
est le plus grand trésor au monde.

62
Comment vouloir le désastre

Nous commençons notre voyage au « pays du désastre voulu » en compagnie de trois souverains : « Le souverain de la mer du Sud, raconte Tchouang-Tseu, s'appelait Rapidement ; le souverain de la mer du Nord s'appelait Soudainement ; le souverain du Centre s'appelait Indistinction. Un jour, Rapidement et Soudainement s'étaient rencontrés au pays d'Indistinction, qui les avait traités avec beaucoup de bienveillance. Rapidement et Soudainement voulurent récompenser son bon accueil et se dirent : "L'homme a sept orifices pour voir, écouter, manger, respirer. Indistinction n'en a aucun. Nous allons les lui percer." S'étant mis à l'œuvre, ils lui firent un orifice par jour. Au septième jour, Indistinction mourut » (« L'idéal du souverain et du roi », in *Œuvre complète*).

Lorsque je lis cette histoire, elle me donne la chair de poule. Pourquoi me touche-t-elle si profondément ? Est-ce à cause de sa brièveté, du caractère irréparable du désastre ? Est-ce parce qu'en sept jours ces deux souverains réussissent à détruire ce monde dont la Genèse nous décrit la création en sept jours ? Est-ce à cause des noms des protagonistes qui évoquent si bien l'agitation et l'impatience qui caractérisent tant de personnes chargées de responsabilités importantes ? Ou à cause de cette terrible bonne volonté, doublée d'une extraordinaire stupidité dans l'inconscience, qui caractérise les deux criminels, et qui est le portrait le plus ressemblant que je connaisse de tant de responsables qui entraînent volontairement et inconsciemment (?) notre monde à sa perte ?

Voilà une bien mauvaise nouvelle : les actes que nous faisons avec bonne volonté, qui nous paraissent être alignés avec nos valeurs les plus profondes, que nous faisons en ayant pour objectif le bien de l'autre (ou pour le récompenser, comme chez Tchouang-Tseu...), peuvent être des actes criminels. Qu'est-ce à dire ? Nous le savons pourtant bien : l'enfer est pavé de bonnes intentions. Voilà bien le drame : nous vivons l'enfer parce que d'autres veulent nous imposer leur vision du paradis. **Notre monde devient cauchemardesque car certains croient savoir ce qui en ferait le « meilleur des mondes »..**

Ce qui me donne la chair de poule, c'est cela : il ne s'agit pas d'une « histoire », il s'agit du constat d'un crime. Il s'agit de notre réalité quotidienne. Ce texte me fait penser aux pauvres, aux humiliés et aux offensés. Il me fait penser à tout ce qui se passe aujourd'hui dans notre monde. La même bonne conscience, les mêmes pensées dominantes sûres de leur bon droit et de leur puissance, le même aveuglement, la même absence totale de remise en question personnelle, et la suppression, lente, systématique, et souvent irrémédiable, de la vie. Dans notre monde aussi, Rapidement et Soudainement nous rappellent quotidiennement que, si nous ne nous soumettons pas, nous sommes exclus – tout en parlant de « démocratie », de « liberté », de « libéralisme », de « réalisme » et de la « seule voie possible ».

S'il est vrai que Lao-Tseu ou Tchouang-Tseu nous révèlent, comme les tragiques grecs, Shakespeare, Conrad ou Dostoïevski, la profondeur de notre condition, le scénario est plus corsé aujourd'hui, et il devient légitime de se demander si les personnes en position de pouvoir ne font pas « comme si » elles ne se rendaient pas compte, « comme si » elles étaient inconscientes, alors qu'elles sont fort conscientes. Elles insistent. Elles prennent des positions « fortes » ou « définitives ». Elles coupent les ponts. Elles persistent dans l'erreur et ne veulent ou ne peuvent pas reconnaître qu'elles se sont trompées ou, pis encore, qu'elles ont trompé les autres pour asseoir leur puissance. *Perserverare diabolicum*, leur a-t-on dit. Elles ont bien retenu la leçon. Le dernier cri, la dernière mode, c'est bien sûr de déclarer que l'on croit en Dieu tout en persévérant à commettre les immondes crimes que l'on commet au vu et su de tous. Pourtant « la buse qui plane ne se doute pas que ceux qui sont en bas devinent ses intentions », comme le dit fort bien un proverbe africain.

Celui que les deux souverains ont tué, le souverain du Centre, s'appelle Indistinction. Ce que recherchent tous les faux dirigeants est peut-être aussi simple que cela : mettre fin à toute confusion, à tout désordre, supprimer tout chaos, réduire la complexité infinie du vivant à quelque chose que l'homme maîtrise, montrer ainsi son contrôle et sa domination de la nature, de la terre et des hommes.

Ainsi le problème est-il double : non seulement, dans leur impatience et leur propension à l'action « efficace et rapide », ils s'y prennent mal, ne mesurant pas que les moyens qu'ils utilisent pour atteindre leurs fins révèlent leurs fins véritables, mais surtout ils oublient ou nient ce qui constitue leur nature la plus profonde : ils sont eux-mêmes confusion, désordre et chaos. En niant, en ignorant leur nature profonde, ils se font *hara kiri* tout en croyant encore diriger ou sauver le monde.

Pour exercer une influence authentique :

- □ Est-ce que je prends suffisamment le temps de mesurer l'impact de mes décisions sur les autres et sur l'environnement ?
- □ Est-ce que je fais preuve de respect dans toutes mes interactions avec les autres ?
- □ Est-ce que j'encourage l'expression d'idées différentes ?
- □ Est-ce que je sais reconnaître que des idées contraires aux miennes peuvent avoir plus de valeur que les miennes ?
- □ Est-ce que tous mes actes ont une justification écologique profonde, contribuant à une vie heureuse pour les générations à venir ?
- □ Est-ce que je médite régulièrement pour retrouver ma vraie nature ?

Lorsque mes actes produisent des effets négatifs sur les autres ou sur l'environnement, est-ce que je sais reconnaître que je suis responsable ? Suis-je prêt à m'amender ?

☯

« Rester en colère, c'est comme saisir un charbon ardent avec l'intention de le jeter sur quelqu'un ; c'est vous-même qui vous brûlez. »

Bouddha

Pratique le non-agir,
travaille sans faire.
Goûte le sans-saveur,
considère le petit comme grand,
le peu comme beaucoup.

Attaque une difficulté dans ses éléments faciles.
Vois la simplicité dans la complexité.
Les œuvres les plus difficiles et les plus grandes
s'accomplissent par de petits actes.

Le sage est grand car il ne fait jamais rien de grand.
Celui qui promet trop tient rarement sa parole.
Celui qui prend tout à la légère éprouvera beaucoup de difficultés.
Le sage tient tout pour difficile, et tout pour lui s'avère facile.

63

Une présence agissante

Nous commençons notre voyage au « pays de la présence agissante » en compagnie d'Ejo Takata qui, dans « Les yeux bien ouverts », nous parle d'un maître zen et de son disciple : « – Maître, comment parvenir à l'illumination ?

– C'est très simple, répondit le maître. Pour y parvenir, il te faut faire exactement ce que tu fais chaque matin pour que le soleil se lève.

– ?!

Perplexe, le disciple se gratta la tête, se demandant ce qu'il pouvait bien faire afin que le soleil se lève. Après mûre réflexion, il arriva à la conclusion qu'au fond il ne faisait strictement rien.

– Mais alors, à quoi bon étudier la calligraphie, le karaté, le kendo, le tir à l'arc, l'agencement floral, la fabrication de bonsaïs, etc. ? demanda-t-il au maître. À quoi cela sert-il ?

– C'est précisément pour que, lorsque le soleil se lève, tu aies vraiment les yeux bien ouverts » (in Alexandro Jodorowsky, *Le Doigt et la Lune*).

Lao-Tseu, comme les grands maîtres zen, nous montre ce qu'est une véritable influence agissante : une influence qui parvient à se fondre avec celle de la nature. L'exercer suppose le respect de notre nature profonde. Or beaucoup d'entre nous vivent dans la confusion la plus totale, ils sont soucieux de tous les événements qui se produisent dans le monde, du chômage, de la fuite des cerveaux, des effets pervers de la mondialisation qui crée des emplois en Chine ou en Inde tout en les supprimant – souvent avec une terrible brutalité – aux États-Unis ou en Europe, ils comprennent de moins en moins pourquoi, lorsqu'il y a croissance du chiffre d'affaires et des bénéfices, il faut licencier. Est-ce simplement, pour dire la vérité, parce qu'il n'y a plus aucune vraie « gouvernance », que les analystes financiers régissent arbitrairement la vie d'entreprises qui offrent pourtant des produits et des services utiles ? Ce n'est plus « la bourse ou la vie », c'est la Bourse et la mort programmée...

Sans action profondément bénéfique sur les personnes qui m'entourent, je ne saurai être authentique. Les sages taoïstes nous ont donné la solution qui va nous permettre de sortir du cercle vicieux : si mon influence est négative auprès de ceux qui m'entourent directement, je ne peux avoir d'efficacité. Ou plutôt mon efficacité, pour être très visible, n'en sera pas moins profondément négative, néfaste.

- □ Dans mes actes de management, ai-je une influence positive ? utile ? une attitude de service ? Suis-je au service des autres et de la communauté humaine ? Comment est-ce que je contribue à préserver les ressources terrestres pour les générations futures ?
- □ Et sinon, suis-je un usurpateur ? Pourquoi est-ce que je ne démissionne pas immédiatement ? Pourquoi puis-je avoir une influence néfaste sans être démis de mes fonctions ? Suis-je une source de honte pour l'humanité et pour la planète ?

La priorité des priorités est donc d'établir la paix en moi-même. De faire la paix avec moi-même, de vivre en accord avec les valeurs mêmes de la nature et de la vie. Il est extrêmement frappant de constater que cette paix intérieure, lorsqu'elle est présente, est ressentie et immédiatement discernée par les autres.

Quand on constate l'état de notre monde, on se dit que beaucoup de responsables agissent comme des mouches du coche. Ils croient donner un rythme alors qu'ils cassent le rythme des autres. Ils croient être efficaces alors qu'ils empêchent les autres de faire leur travail, en interférant, en contrôlant, en exigeant. Ils s'imaginent que les choses seront faites en disant : « Vous devez faire ceci... », « Vous devriez faire cela... », « Si j'étais à votre place, je ferais ceci, comme cela... » Ils ne se rendent pas compte qu'ils agissent comme les plus mauvais parents, les plus mauvais professeurs. Leurs actions contribuent à provoquer un mauvais climat et à démotiver, quand elles n'engendrent pas obéissance perverse ou sabotage pur et simple.

Plus nous mettons l'accent sur des résultats à obtenir vite, plus, paradoxalement, nous provoquons le résultat inverse, plus nous

nous éloignons des vrais résultats. *Wu-wei* désigne une action sans intervention intempestive, une véritable influence agissante qui ne recourt pas à la mise sous pression à laquelle tous nos « petits » – et « grands » – chefs vouent un culte secret : « Je lui mets la pression », disent-ils, tout fiers. « Tu as vu comme je lui ai mis la pression ? » Que leur dire ? Ils rendent les autres malheureux mais, ce qui est pire, c'est qu'ils se rendent eux-mêmes malheureux. Il n'est que de regarder leur visage tendu, de voir leurs gestes saccadés, de constater leur impatience pour savoir qu'une véritable influence agissante, c'est, hélas ! tout, sauf cela !...

Pourtant, si nous parlons avec nos collaborateurs, ils nous demanderont que nous ayons confiance en eux, que nous leur confiions de vraies responsabilités, que nous déléguions, que nous leur donnions des chances d'apprendre, de se développer. Ce qu'ils demandent le plus, c'est que nous les écoutions et que nous les valorisions, que nous reconnaissions leurs efforts et leurs contributions.

Dans notre propre vie, pensons aux moments précieux, ceux qui sont pour nous source de joie et de renouveau. Eux aussi sont caractérisés par le *wu-wei*, cette influence agissante qui vient du Tao, et les mots qui viennent à l'esprit pour les décrire sont :

gratuité, naturel, reconnaissance, spontanéité..

> « L'homme idéal est celui qui, au milieu du plus profond silence et de la plus grande solitude, trouve l'activité la plus intense et qui, au milieu de l'activité la plus intense, sait trouver le silence et la solitude du désert. »
>
> Swâmi Vivekânanda

La paix est aisément préservée.
Les troubles sont prévenus avant qu'ils n'éclatent.
Ce qui est fragile est aisément brisé.
Ce qui est petit est aisément dispersé.
Préviens l'erreur avant qu'elle n'arrive.
Mets de l'ordre afin de prévenir la confusion.

Cet arbre dont tu parviens à peine à embrasser le tronc est né d'une petite pousse.
Cette tour de neuf étages a débuté avec un tas de terre.
Un voyage de mille kilomètres commence avec un premier pas.

Celui qui agit détruit ce qu'il fait.
Celui qui saisit perd.
Le sage n'agit pas et n'échoue pas.
Il ne retient rien et ne perd donc rien.

Souvent les hommes qui entreprennent échouent au moment de réussir.
Celui qui demeure aussi attentif à la fin qu'il l'a été au début ne connaîtra pas l'échec dans son entreprise.
Ainsi le sage désire-t-il le non-désir.
Il se détourne des excès communs à tous les hommes.
Il aide les autres à être eux-mêmes, et à trouver leur voie, en n'agissant pas sur eux.

64
Désapprendre

Nous commençons notre voyage au « pays du désapprentissage » en compagnie de Chris Argyris, auteur de *Teaching Smart People to Learn*, qui parle du défi consistant à aider des personnes intelligentes à apprendre : « Tout d'abord, la plupart des gens définissent l'apprentissage en parlant de "résoudre des problèmes", définition trop étroite, car ils se concentrent ainsi sur l'identification et la correction d'erreurs dans l'environnement extérieur. Résoudre des problèmes est important. Mais pour qu'un apprentissage soit réel, managers et employés doivent aussi regarder à l'intérieur d'eux-mêmes. Ils doivent réfléchir de manière critique à leurs propres comportements, identifier les manières dont ils contribuent eux-mêmes, et parfois par mégarde ou sans le vouloir, aux problèmes de leur organisation, et changer alors leurs manières d'agir. Ils doivent, en particulier, apprendre comment leur manière de définir et de résoudre peut être, elle-même, une vraie source de problèmes... »

Nous avons tous rencontré des personnes qui, en évoluant dans leur organisation, se sont heurtées à des difficultés qu'elles n'avaient pas anticipées. Leurs forces étaient devenues des faiblesses, et il leur était difficile de relever les nouveaux défis qui se présentaient à elles. Il s'agissait de professionnels – souvent excellents dans leur spécialité – promus managers, de managers devenus directeurs, ou de directeurs devenus dirigeants. À chacun de ces « passages », la personne doit désapprendre afin de pouvoir faire face aux situations nouvelles qui se présentent. **Désapprendre et lâcher prise.**

Pensons à des choses que nous avons désapprises au cours de notre vie (compétences, comportements, croyances, valeurs qui furent importantes pour nous à un moment de notre existence et dont nous nous sommes détachés). Et réfléchissons à notre expérience :

- □ Comment ai-je décidé que cela ne m'était plus utile ou n'était plus approprié ?
- □ Comment ai-je désappris ? Comment me suis-je détaché de ce que je considérais important, voire vital ?
- □ Quels étaient mes sentiments lorsque j'ai abandonné ce que j'avais appris ?
- □ À travers cette expérience, qu'ai-je appris à propos du fait de désapprendre ?

Ou bien, si mes expériences de désapprentissage se sont révélées être des échecs :

- □ Qu'est-ce que je pensais avoir abandonné pour découvrir que ce n'était pas le cas ?
- □ Qu'ai-je refusé de désapprendre, et pourquoi ?

Après avoir pensé à notre expérience passée, pensons à notre réalité d'aujourd'hui :

- □ Qu'est-ce que je veux désapprendre ?
- □ Qu'est-ce que je veux abandonner (comportements, habitudes, croyances qui me bloquent, me paralysent, m'empêchent de progresser...) ?
- □ Comment ai-je appris et commencé à faire ou à croire cela ?
- □ Quel sera l'impact si je réussis à désapprendre et à changer ? sur moi-même ? sur les autres ?
- □ Quelles valeurs sont importantes pour moi aujourd'hui ?
- □ Comment mon comportement est-il aligné avec ces valeurs ?

Étant donné le degré de changement (exponentiel), de complexité (croissante), d'ambiguïté (extrême), de volatilité (constante) du monde dans lequel nous vivons aujourd'hui, nous n'avons aucun besoin de croyances « prêtes à porter », rigides, ni de scénarios en « blanc et noir » ; ni de valeurs fallacieuses. Bien au contraire, dans l'environnement actuel, les dirigeants authentiques auront la sagesse de désapprendre et utiliseront des formules telles que :

- □ « Il y a quelque chose ici qui me fait me sentir inconfortable... »
- □ « Je me demande si... »
- □ « Je ne sais pas pourquoi je m'oppose si violemment à ceci... »
- □ « Peut-être y a-t-il une parcelle de vérité dans... »
- □ « Il se pourrait que j'aie moi-même déclenché ce conflit... »
- □ « Y a-t-il quelque chose qui me manque... que je ne comprends pas ?... »
- □ « Ceci me fait penser à... »
- □ « Je désire explorer ceci plus profondément... prendre le temps de réfléchir... »
- □ « Cela va plus loin, est plus profond que je ne l'imaginais... »
- □ « Si cela est vrai, alors... »
- □ « Il nous faut peut-être essayer une nouvelle approche, expérimenter... »
- □ « N'y aura-t-il aucun impact négatif sur les personnes ?... »
- □ « N'y aura-t-il aucun impact négatif sur la nature, sur notre environnement ?... »
- □ « Je n'y ai jamais pensé de cette manière... »
- □ « Quelles sont les implications de ceci ?... »

Le dirigeant sage vit dans le présent, se remet en question. Il désapprend, change et évolue pour relever les vrais défis qui se présentent.

Il apprend ainsi à favoriser le cours naturel de tous les êtres...
Voilà l'authenticité.

« Comme nous acquérons plus de connaissances, les choses ne deviennent pas plus compréhensibles mais plus mystérieuses. »

Will Durant

Ceux qui, autrefois, connaissaient le Tao
ne cherchaient pas à éclairer les autres,
mais préféraient les garder simples en esprit.
Si le peuple est difficile à gouverner
c'est parce que ses connaissances
se sont trop développées.

Gouverner le pays au moyen d'hommes habiles,
voilà ce qui entraîne sa ruine.
Gouverner un pays sans faire appel aux gens habiles,
voilà ce qui crée son bonheur.

Connaître ces deux lois fournit le modèle.
Savoir toujours observer le modèle,
c'est la vertu primordiale.

La vertu primordiale est profonde.
Vaste et spacieuse,
elle entraîne la transformation des êtres,
elle permet d'atteindre l'harmonie universelle.

65

Retrouver la force innovante de la nature

Nous commençons notre voyage au « pays du respect de la nature » avec « La tête du chien » une histoire zen d'Ejo Takata : « Un samouraï cheminait un jour avec son chien lorsque, soudain, celui-ci, montrant les crocs pour la première fois, se mit à aboyer furieusement dans sa direction. Surpris et courroucé, le samouraï sortit son sabre et trancha net la tête de la bête. Mais, au lieu de tomber à terre, la tête s'envola jusque dans un arbre situé derrière le guerrier et saisit dans ses mâchoires un serpent qui s'apprêtait à le mordre. Comprenant alors que son chien ne faisait que l'avertir du danger qui le menaçait, le samouraï éploré regretta amèrement son geste irréparable » (in Alexandro Jodorowsky, *Le Doigt et la Lune*).

Bien des lecteurs lisent Lao-Tseu superficiellement et s'imaginent un peu vite avoir compris ce qu'il dit. Ils utilisent alors leurs interprétations erronées pour disqualifier le texte. Lao-Tseu ne nous recommande pas ici de maintenir le peuple dans l'ignorance, il nous recommande de ne pas le plonger dans la confusion, ce qui n'est pas la même chose. Nous plongeons les autres dans la confusion lorsque nous séparons le corps de l'esprit, lorsque nous mentons, lorsque nous sommes trop cartésiens, lorsque nous jugeons, classifions, séparons et disséquons les choses au lieu de les relier et de les intégrer. Notre éducation nous a pervertis en privilégiant l'analytique, le critique, le théorique. Ainsi, une « intelligence aiguë » n'est trop souvent qu'une intelligence très limitée. Lao-Tseu suggère de ne pas nous complaire dans les théories, de nous méfier des modes et des idées dominantes partagées par tout le monde, d'oser penser autrement et de sortir des sentiers battus.

Le combat engagé partout dans le monde pour la maîtrise des

médias illustre le même thème : Lao-Tseu n'a jamais suggéré d'abrutir le peuple, il a suggéré de le laisser vivre simplement. Pourtant les médias s'emploient souvent à l'abrutir. L'invasion de la télé-réalité, de concours abêtissants, d'émissions avilissantes dans nos vies rend chaque jour plus proche la réalisation de cet objectif. La qualité des programmes des télévisions européennes se détériore chaque jour. On connaît les réponses : les moutons aiment, l'audimat est roi... Abrutissons le peuple ! Contrôlons de près ce que l'on raconte durant les journaux télévisés. Quant à la publicité, qui viole quotidiennement nos vies et celles de nos enfants, le cancer a fait tant de métastases dans nos sociétés qu'il semble être déjà trop tard pour espérer en réchapper.

Lao-Tseu nous parle aussi du gouvernement et du fait qu'il faut ici se défier des « gens habiles » dans le gouvernement... Est-il ici permis d'évoquer le club des néoconservateurs et des néothéologiens américains et les désastres qu'ils provoquent sur la planète entière depuis quelques années ? Est-il permis d'évoquer les grands cabinets de consultants qui imposent tant de mauvaises solutions à leurs clients concernant les systèmes, la structure, les changements à introduire, l'organisation, en proposant des modèles qui paraissent brillants, mais qui ne marchent que sur le papier et rarement avec des êtres de chair et de sang ? J'ai trop rencontré de dirigeants qui ont été obligés de faire machine arrière après avoir tenté, parfois de bonne foi, de mettre en œuvre certaines de leurs recommandations. On parle de processus de changement, de restructurations, de solutions miracles, d'alliances fabuleuses et... quelques années plus tard, des études approfondies montrent que seulement 15 % des initiatives de changement lancées par de grandes entreprises sont couronnées de succès... On ne se méfie jamais assez des gens habiles. Achetons plutôt les services d'un vrai bouffon du roi. Ou d'un vrai coach.

Nous ayant mis en garde contre certains dangers, ce dont Lao-Tseu nous parle, c'est de jouer notre rôle, de créer le bonheur de nos employés, de notre peuple. Facile à dire ! Et comment faire ?

Donnons la parole aux membres de nos propres organisations et écoutons-les. Donnons-leur la capacité de faire ce à quoi ils aspirent. Faisons-leur confiance. N'essayons pas de les canaliser, de les contrôler, car ainsi nous ne créerons que de la confusion. Écoutons les idées nouvelles, soyons à l'affût de l'innovation, bien sûr pour nos produits et nos services mais aussi, et surtout, en matière sociale. Laissons des réseaux s'organiser, car ils sont la vie même. Ne fixons pas trop rigidement les structures, ne les rendons pas trop complexes, laissons toujours sa place à la vie, à ce qui peut émerger. **N'imposons pas une vision venue d'en haut, partageons la vision avec ceux qui nous entourent**, enrichissons-la, développons-la, donnons-lui une forme nouvelle, faisons-la vivre, incarnons-la ensemble.

Considérons que notre plus précieuse ressource est nous-mêmes, cette communauté que forme notre équipe, notre organisation, notre entreprise. Offrons à chaque personne de véritables opportunités de développement personnel. Encourageons la créativité, l'innovation, donnons à chaque personne le droit d'expérimenter, de faire des erreurs pour enfin trouver la percée, l'innovation que nous cherchons.

Nous voilà loin de grandes théories mensongères – élaborées loin des êtres humains et étrangères à la vie – de certains grands cabinets de consultants. Nous voici au cœur de notre rôle de dirigeants ou de managers, et de ce qui le rend si difficile et si passionnant. Nous nous occupons de la vie des êtres humains, et de notre environnement. Honorons-les. Respectons-les. Ce n'est qu'en les respectant que nous vivrons heureux, en bâtissant pour le long terme.

Les êtres authentiques honorent et respectent la force innovante de la nature.

« Les sentiers battus n'offrent guère de richesse ; les autres en sont pleins. »

Jean Giono

Pourquoi la mer est-elle la reine des cent fleuves ?
Parce qu'elle se trouve en dessous d'eux.
C'est pourquoi elle est la reine des cent fleuves.

Si le sage veut guider les personnes, il doit servir avec humilité.
S'il veut les diriger, il doit les suivre.
Ainsi, lorsque le sage dirige, personne ne se sentira opprimé.
Lorsqu'il se tient devant eux, ils ne seront pas blessés.
C'est pourquoi on le pousse volontiers en tête.
Le monde entier le supporte et ne se lasse pas de lui.

Parce qu'il ne rivalise avec personne,
personne ne peut rivaliser avec lui.

66
Agir avec humilité

Nous commençons notre voyage au « pays de l'arrogance et de l'humilité » avec Yan tseu : « Quand Yan tseu se rendait à la cour, il prenait un vieux char délabré tiré par une rosse efflanquée. En le voyant, le duc Jing se mit à rire : "Vos émoluments sont-ils trop faibles pour que vous preniez un char qui corresponde si peu à votre rang ?

– Grâce à votre générosité, répondit Yan tseu, les familles de mon père, de ma mère et de ma femme, ainsi que mes amis ont obtenu de quoi vivre. Quant à moi, avoir de quoi manger, de quoi me vêtir et posséder un char, même tiré par un mauvais cheval, voilà qui me suffit."

Après le départ de Yan tseu, le duc envoya Liang Quinju lui faire parvenir un char aussi magnifique que celui qu'il utilisait et quatre chevaux vigoureux. Yan tseu refusa ce cadeau par trois fois. Agacé, le duc le fit aussitôt convoquer et lui dit à son arrivée : "Si vous continuez à refuser, je ne monterai plus en char.

– Vous m'avez chargé de surveiller l'ensemble des fonctionnaires , je donne donc l'exemple de l'économie des dépenses par crainte du gaspillage et du luxe. Pour peu que j'utilise un grand char tiré par quatre beaux chevaux tel celui d'un seigneur, si les gens ne se préoccupent plus de morale, s'adonnent au luxe et au gaspillage dans leur façon de s'habiller et de manger, et ne sont plus économes, comment pourrais-je encore les en empêcher ?" Finalement, Yan tseu put refuser le cadeau du roi » (in Tchouang-Tseu, *Œuvre complète*).

C'est parce qu'elle est humble et modeste, qu'elle ne se met pas en avant, qu'elle donne l'exemple par son comportement et dans ses actes que les autres ont envie de suivre ou d'imiter la personne qui les dirige. Si nous ne sommes pas crédibles, nous ne pouvons tout simplement pas être des managers. **Sans crédibilité, il n'y a pas de vraie influence.** Interrogeons-nous :

- Qu'est-ce qui me rend personnellement crédible... *et qu'est-ce qui, éventuellement, mine ou détruit ma crédibilité ?*
- Comment est-ce que j'inspire le respect... *ou bien ai-je choisi d'être craint ?*
- Quelles sont mes valeurs... *et mon comportement les contredit-il parfois ?*
- Qu'est-ce qui peut ou pourrait donner aux autres l'envie d'être avec moi, de travailler avec moi, de me suivre... *ou est-ce que je me repose sur le fait qu'ils n'ont guère le choix ?*

Notre culture occidentale valorise la concurrence, la compétition, c'est une culture de « premier de la classe », une culture du spectacle et de l'apparence dans laquelle les personnes qui apparaissent très douées, brillant de tous les feux d'une intelligence qui est visiblement au-dessus de la moyenne (mais pas toujours très émotionnelle), ont toutes les chances d'être remarquées et promues (elles nous ressemblent peut-être tellement...).

Et si, comme le souligne Howard Gardner dans son livre *Frames of Mind* sur les multiples formes de l'intelligence, nous ne sélectionnions – encore et toujours – que ceux qui sont plus dotés d'intelligence verbale-linguistique ou logico-mathématique, alors que d'autres – qui ne sont point débiles, faut-il le souligner ? – sont dotés d'intelligence spatiale, d'intelligence musicale ou d'intelligence kinesthésique, sans parler de ces deux autres formes d'intelligence, les plus importantes pour un manager : l'intelligence de soi et l'intelligence des autres, celles dont tant de soi-disant dirigeants sont parfois dramatiquement privés !

Trente ans, quarante ans plus tard... que sont les premiers de la classe devenus ?

- Derrière les apparences de la réussite, combien de vies brisées ?
- Derrière l'accession à un poste, combien de lâchetés, de mensonges ou de trahisons ?
- Derrière l'exercice du pouvoir, quelles abyssales solitudes ou quelles lassitudes ?

- Derrière nous, combien de personnes blessées et pleines de ressentiment, que nous avons écrasées, devant qui nous sommes passés ? Voire combien de cadavres ?

Paradoxe des paradoxes ! Lao-Tseu nous dit que **la vraie supériorité n'écrase pas, ne domine pas, ne se met pas en avant.** Elle est la supériorité de ceux qui se mettent au service des autres, qui ne revendiquent pas la première place, mais la dernière.

Dans son ouvrage sur l'exercice des responsabilités de direction – *Leadership is an Art* –, le président de la compagnie Hermann Miller, Max de Pree, parle remarquablement de son rôle : « Me rendre vulnérable aux idées extraordinaires venues de tous les employés de l'entreprise. » On ne peut mieux dire que l'authentique dirigeant est une personne qui suit ses employés, qui se met au service des autres et de son organisation.

Toute notre culture occidentale est une culture de la comparaison et des différentiels. Nous nous consolons de notre très profonde médiocrité en nous comparant aux autres et en nous disant que ça va mieux... Pis encore, alors que nous sommes devenus si visiblement pauvres, nous nous croyons riches et bâtissons des murs de béton bien sécurisés et des portes blindées pour nous protéger... Mais qui donc parlait d'une « forteresse vide » ?

Le dirigeant authentique ne se compare pas. Car il est autre.

Ou, pour reprendre l'admirable formule de Marcel Conche dans ses commentaires du *Tao* : « Il ne concourt pas pour être le premier. Il est hors concours. »

« Qui élève s'élève
Qui abaisse s'abaisse. »

François Cheng,
Le Livre du vide médian.

Tout le monde dit que le Tao est grand
et qu'il ne peut se comparer à rien.
C'est parce qu'il est grand
qu'il ne ressemble à rien d'autre.
S'il ressemblait à quelque chose d'autre
il y a longtemps qu'il ne serait plus rien.

J'ai trois trésors
que je garde et chéris :
le premier est l'amour,
le second la frugalité,
le troisième l'humilité.

Aimant, je peux être courageux,
frugal, je peux être généreux,
humble, je peux diriger d'autres personnes.

Celui qui est courageux sans amour,
généreux sans frugalité,
et dirigeant sans humilité
est voué à la mort.

Celui qui se bat par amor triomphe,
celui qui se défend par amour tient ferme.
Celui qui fait preuve de compassion,
le ciel le prend dans sa compassion infinie.

67
Trois trésors

Commençons notre voyage au « pays des trois trésors » en compagnie de Shennong, un souverain de la haute antiquité chinoise : « Quand Shennong, le "Divin Laboureur" régnait sur l'empire, il ne laissait pas son esprit vagabonder hors de sa poitrine ni son intelligence explorer les quatre bornes du monde. Il abritait un cœur compatissant et sincère. Une pluie bienfaisante tombait en temps voulu ; les cinq céréales prospéraient. Les printemps les voyaient naître, l'été croître, l'automne récolter, et l'hiver engranger... Le peuple était simple, honnête et franc ; il ne connaissait pas l'esprit de compétition ni de lutte et chacun avait tout en suffisance. Sans fatiguer leurs membres, tous récoltaient le fruit de leur labeur. On se contentait des biens que la nature prodiguait et vivait en communion avec elle. Le souverain était respecté sans avoir à sévir. Il y avait des châtiments, mais point n'était besoin de les appliquer ; les lois, réduites, se bornaient à quelques articles. Le prince civilisait son peuple comme par une action divine » (« De l'art du maître », in *Philosophes taoïstes* : *Huainan Zi*).

Portrait fort juste et qui, pourtant, pourra paraître idyllique... seulement à ceux qui ont oublié ce qu'est un dirigeant authentique ! Lao-Tseu, dans sa profonde humanité, nous fait partager ses trois trésors : amour, frugalité, humilité. Nous voici au cœur du sujet !

Parlons d'amour, sujet délicat, c'est si simple, et si difficile :

- Est-ce que j'aime ? Comment se manifeste cet amour ? Est-il réservé à la sphère de ma vie privée ? Ou est-il vaste, profond, universel ? Lorsque mon amour pour les autres se manifeste ailleurs que dans ma vie privée, et en particulier dans mon travail, comment se manifeste-t-il ? Est-il perceptible par les autres ? Se traduit-il en actes ? Comment ?... O*u est-ce que je trouve ces questions fort déplacées dans un ouvrage qui traite du management et de l'influence authentique* ? Ai-*je encore la naïveté de croire encore à une séparation entre la sphère privée et la sphère professionnelle* ?

- □ Sans amour, nous n'existerions pas, nous n'existons pas, nous ne sommes rien.
- □ Est-ce que je fais preuve de bienveillance envers ceux que je rencontre... *ou suis-je essentiellement soucieux de les critiquer, de leur jeter des pierres* ? Et, *de préférence, la première, histoire de ne pas être le dernier* ?
- □ Est-ce que je me mets à la place des autres, comprends leur point de vue, tente de comprendre la profondeur de leurs dilemmes, de leurs difficultés, de leurs souffrances... *ou est-ce que j'utilise le mot de « compassion » sans même savoir ce qu'il signifie* ? Suis-*je souvent dur et intransigeant* ? Est-*ce que je pense que ceux qui ne pensent pas comme moi sont mes ennemis* ?
- □ Il y a une autre façon de voir les choses que celle dont nous les voyons, mais la voyons-nous ?

Parlons de frugalité, sujet très délicat, c'est si simple et si difficile :

- □ Faut-il dire, frugalement : « Ah ! oui ! Parlons-en ! » et tout est dit ?
- □ Est-ce que je vis frugalement, me limitant à mes besoins et au nécessaire, afin de pouvoir donner aux autres... *ou suis-je encombré de superflu* ?
- □ Suis-je attentif à l'exemple que je donne comme dirigeant en ce qui concerne les dépenses que j'engage, notre environnement de travail ?
- □ Mon bureau est-il simple, discret et accueillant... *ou vaste, intimidant et impressionnant, comme il se doit, puisqu'il abrite un si important personnage* ?
- □ Mes vêtements sont-ils simples... *ou coupés par les meilleurs tailleurs dans les plus riches des tissus, parce qu'il ne faut pas confondre les torchons et les serviettes* ?
- □ Est-ce que j'élimine ce dont je n'ai pas besoin... *ou est-ce que je ne sais pas même épeler le mot « éliminer »* ?
- □ Est-ce que je simplifie ? ma vie ? mes rapports avec les autres ? mon organisation ? la manière dont je travaille ?... O*u tout cela est-il, à dire vrai, bien compliqué* ?

Parlons d'humilité, avec humilité, car c'est si délicat, si simple et si difficile :

- ▫ Ai-je expulsé de ma vie les mauvais conseillers que sont l'arrogance, l'orgueil, la prétention, l'ambition… *ou suis-je, à dire vrai, leur proie ?*
- ▫ M'arrive-t-il de vouloir occuper toute la scène, de voler à d'autres la vedette, de m'attribuer des résultats qui ont été accomplis par d'autres… *ou est-ce que je reconnais que, sans mon équipe, rien ne serait réalisé ? Est-ce que je célèbre et mets en valeur les contributions des autres, en les valorisant, en les reconnaissant publiquement ?*
- ▫ Est-ce que je cherche à montrer mon savoir-faire, mon intelligence, mes réalisations… *ou est-ce que je sais m'effacer pour faire la place aux autres, les aider à grandir ?*
- ▫ Me considère-t-on comme un « grand patron », un « grand penseur », un « grand directeur », un « grand ministre », un « grand manager », le « manager de l'année », un « gourou »… *et comment puis-je – comme le dit si spirituellement* Edgar Morin *– « dégouroutiser » tout ça en permanence en montrant que je suis un être humain comme les autres, parmi d'autres, en écartant toute idolâtrie déplacée ?*
- ▫ Suis-je souvent sérieux, terriblement sérieux, car j'ai tant de choses importantes à faire et que je suis un homme important, un tout petit VIP de plus… *ou est-ce que je sais rire de moi-même, refuser cérémonial et formalités, sourire, être simple, prendre les choses avec humour et légèreté ?*

Aimant, bienveillant avec tous ceux qu'il rencontre, le dirigeant authentique fait preuve d'une authentique compassion

Économe et frugal, il vit simplement.
Humble, il reconnaît que tout est accompli par ceux
qu'il a le privilège de diriger.

☯

« La seule anormalité est l'incapacité à aimer. »

Anaïs Nin

Un vrai chef n'est pas violent.
Un bon combattant est sans colère.
Un grand vainqueur ne prend pas de revanche.
Un bon employeur est humble.

Telle est la vertu de la non-violence.
C'est l'art d'utiliser les compétences.
Depuis toujours,
c'est être un avec le ciel.

68
Contraindre ou motiver ?

Nous commençons notre voyage au « pays de la motivation » en compagnie de Confucius : « Tseu demanda ensuite quels étaient les quatre défauts à éviter. Le maître répondit : "Ne pas instruire ses sujets, et les punir de mort, c'est de la cruauté. Sans avoir averti d'avance, exiger que le travail imposé soit terminé tout de suite, c'est de la tyrannie. Donner des ordres peu pressants et hâter ensuite l'exécution, c'est de la fourberie. Quand il s'agit de payer, régler avec parcimonie, c'est agir comme un intendant" » (*Entretiens*).

Alors que l'on commence à parler ouvertement de harcèlement dans le travail, bien des responsables pourraient méditer ces paroles de Confucius. M'arrive-t-il d'être très exigeant avec mes collaborateurs alors que je n'ai même pas clarifié avec eux les objectifs à atteindre, la vision ou la stratégie, alors qu'ils cherchent les informations et le soutien qui leur permettraient de réaliser ce qu'ils ont à faire ? M'arrive-t-il de décider en secret, sans aucunement les impliquer ? Ai-je parfois exigé qu'un travail soit fait à toute vitesse et à la dernière minute ? Ai-je exigé soudain l'exécution très rapide d'un travail dont je n'avais jusqu'alors rien dit ? Me suis-je parfois abrité derrière ma hiérarchie, les règles, la bureaucratie, pour refuser l'augmentation, la prime ou le geste que je pensais mérités ? Combien de brimades inutiles, d'humiliations mesquines sont opérées chaque jour dans nos organisations, nos entreprises, par des personnes à qui l'on a – parfois trop vite et après avoir seulement considéré leur expertise technique plutôt que leurs qualités humaines et leurs relations avec les autres – confié des responsabilités de management ? En vérité, nos entreprises comprennent trop de « petits chefs » médiocres qui établissent leur pauvre pouvoir en faisant régner autour d'eux un climat de peur, de coercition, de contrainte et d'intimidation.

« Discours injuste et trop dur ! protestent les managers. S'il m'arrive d'agir ainsi, c'est parce que je suis moi-même harcelé, soumis à des exigences, à des demandes urgentes, qui ne me sont communiquées ni avec beaucoup de doigté ni avec la plus élémentaire humanité... » Réalité complexe : le manager refuse le feedback de Confucius et risque de ne faire lui-même aucun progrès... en utilisant l'argument qu'il est, lui-même, ainsi managé. Remontons donc, tout doucement, d'échelon en échelon, jusqu'au puissant et redoutable dirigeant, craint de tous, qui fait régner la peur dans son comité de direction et dans toute l'organisation, ou – pis encore – jusqu'au consultant qui tire les ficelles qui font bouger le dirigeant, triste marionnette qui ne le paie que pour mieux pouvoir exercer la coercition !

Quel improbable *satori* faut-il attendre pour qu'enfin petits sergents (ou généraux) comprennent que la coercition n'engendre que résistance et force opposée, sans parler de terrorisme ou d'obéissance perverse mâtinée de sabotage (« bonjour, paresse », on vous l'a dit, non ?) ? Là encore, l'exemple vient de très haut (de très bas...). Quel *satori* faut-il attendre pour qu'enfin nos petits sergents (et leurs généraux) comprennent que déclarer la guerre dans leurs propres organisations n'est pas une stratégie très intelligente ?

Lorsque je demande à certains managers ou à des dirigeants s'ils connaissent bien ce qui motive les personnes qui travaillent avec eux, beaucoup me disent que cela est fort difficile et qu'ils n'ont guère le temps d'explorer le sujet... Noyés dans l'urgence, les choses à accomplir chaque jour, souvent sous pression lorsque nous avons d'importantes responsabilités et des échéances à respecter... nous n'avons simplement pas le temps de parler avec les autres de ce qui est, pourtant, tellement important : connaître et comprendre ce qui motive l'autre, faire naître et maintenir une motivation élevée, voilà bien, dans notre travail de manager, la tâche la plus exaltante. Et le plus grand défi. **C'est en effet en explorant mes souhaits, mes aspirations, mes rêves, ce qui me motive, ce que je désire réaliser et comment je vais y parvenir que je vais devenir capable de les réaliser.**

Le questionnaire ci-dessous peut être utile pour réfléchir à nos propres sources de motivation. Il peut aussi fournir une base de réflexion et de dialogue pour explorer avec une autre personne ce qui la motive vraiment. Classons, par ordre de priorité, les quatorze facteurs ci-dessous (en ajoutant d'éventuels autres facteurs). Ou identifions les trois premiers facteurs de motivation et les trois moins importants :

- □ Challenge, défis à relever
- □ Service des autres, de la société.
- □ Salaire, rémunération, avantages.
- □ Réalisation de choses significatives.
- □ Opportunités de développement.
- □ Opportunités de promotion.
- □ Un manager-coach.
- □ Interactions avec les autres.
- □ Autonomie, indépendance.
- □ Apprentissage de choses nouvelles.
- □ Reconnaissance et encouragement.
- □ Amitié, camaraderie, bonne entente.
- □ Sécurité d'emploi.
- □ Opportunités de détachement à l'étranger.

Le responsable authentique apprend humblement à connaître chacune des personnes qui travaillent avec lui. En comprenant leurs aspirations, leurs souhaits et leurs rêves, il les aide à trouver leur propre chemin de développement. Il clarifie avec elles les objectifs à atteindre, en les aidant à sélectionner les défis qui vont les aider à grandir et à se dépasser. Il leur demande de quel soutien elles ont besoin pour atteindre leurs objectifs et les leur donne. Il leur délègue des responsabilités significatives. Il sait que chaque personne est unique et peut trouver son épanouissement, et de la joie, en relevant des défis à sa mesure.

Être authentique,
c'est connaître chaque personne individuellement,
l'aider à réaliser ce dont elle est capable et,
en le réalisant, à se réaliser.

« Tous les hommes, même ceux apparemment inaccessibles à la pitié, ont toujours un fond de bonté. Si on arrive à toucher leur cœur, il est possible de les faire changer. »

Nelson Mandela,
Un long chemin vers la liberté.

Maxime d'un stratège :
« Je n'ose me présenter comme maître ;
je préfère être l'invité.
Je n'ose avancer d'un pouce,
je recule plutôt d'un pied. »

C'est là ce qu'on appelle
avancer sans faire un mouvement,
retrousser ses manches
sans montrer ses bras,
vaincre sans affronter
prendre sans coup férir.

Il n'y a pas de pire danger
que celui de sous-estimer son ennemi.
Celui qui méprise son ennemi
perdra son trésor.

C'est pourquoi lorsque deux armées viennent à combattre
celui qui souffre remportera la victoire.

69
L'art d'arrêter la lance

Nous commençons notre voyage au « pays du combat sans armes » avec « L'assassin désarmé », un des *Contes des arts martiaux*, en compagnie de Sen no Rikkyu, un maître d'une très grande sérénité qui enseignait le *Cha no yu*, la cérémonie du thé, et d'un samouraï de la suite de Taïko, Kato. Celui-ci voyait d'un très mauvais œil la passion de son seigneur Taïko pour le *Cha no yu* car il estimait que c'était une perte de temps qui nuisait aux affaires de l'État. Il décida de supprimer Sen no Rikkyu en s'arrangeant pour être invité par le maître à boire une tasse de thé : « Sen no Rikkyu, qui avait atteint un très haut niveau de réalisation intérieure grâce à son art, devina au premier regard du samouraï son intention criminelle. "Laissez votre sabre à la porte. Vous n'en aurez pas besoin pour une paisible cérémonie du thé, expliqua le maître. – Un samouraï ne se sépare jamais de son arme, quelles que soient les circonstances, répliqua Kato. – Très bien, gardez votre sabre et entrons prendre une tasse de thé", répondit finalement le maître. Les deux hommes s'assirent face à face et Kato posa son sabre près de lui, à portée de la main. Sen no Rikkyu commença à préparer le thé. Soudain, il renversa la bouilloire qui était sur le feu. La pièce se remplit de vapeur, de fumée et de cendres, tout cela avec un effroyable sifflement. Paniqué, le samouraï se précipita en dehors de la pièce. Le maître de thé s'excusa : "C'est de ma faute. Revenez prendre une tasse de thé, je vous prie. Je tiens votre sabre qui est couvert de cendres. Je vais le nettoyer et vous le rendre." Le samouraï comprit alors qu'il aurait beaucoup de mal à tuer le maître de thé, et il abandonna son projet. »

Dans son introduction aux *Contes des arts martiaux*, Pascal Fauliot souligne que, lorsque les Chinois disent *wu-shu* ou les Japonais *bu-*

jutsu, les traductions communément utilisées – « art martial » ou « art de combat » – sont, comme beaucoup de traductions, de pures et simples trahisons. Il s'agit en effet d'un « art d'arrêter la lance ». Cette traduction proche du véritable sens originel redonne aux diverses formes de ces arts leur signification. D'autant plus qu'elle peut s'interpréter à la fois comme l'« art d'arrêter la lance de l'adversaire » et l'« art d'arrêter sa propre lance ». Il s'agit donc, souligne Fauliot, du « Grand Art de la pacification extérieure et de l'harmonie intérieure ». Nous voici bien loin des caricatures que nous proposent les films qui exploitent les « arts martiaux » à des fins commerciales, et qui ne sont guère, comme tant d'autres films et autres jeux vidéo, que de pitoyables et sinistres apologies de la force et de la violence...

Le secret de l'art millénaire d'arrêter la lance est de vaincre sans combattre, sans avoir à utiliser d'armes, sans avoir recours à la violence. Et le paradoxe suprême est que ce secret est caché derrière les vocables d'« arts martiaux » ! Pauvre petit dieu Mars ! Comment s'est-il ici égaré ? L'autre paradoxe étant, comme l'ont découvert tous ceux qui ont cherché à s'initier à ces arts avec de vrais maîtres, qu'il faut, pour parvenir à la maîtrise, faire un véritable voyage ; qu'il n'existe pas de maîtrise sans une profonde transformation intérieure. Transformation intérieure qui requiert un travail sur soi, un « lâcher-prise » de nos opinions les plus fermement établies, de nos croyances les plus profondes. Fritjof Capra parlerait ici d'un radical changement de paradigme – et d'écologie radicale –, qui nous permettra de bâtir un monde à nouveau vivable. **Seuls cette transformation intérieure et ce changement radical de perspective nous conduiront au *satori*.**

Explorons les attitudes, les comportements, les croyances et les valeurs qui peuvent constituer des obstacles sur le chemin ou nous conduire vers lui :

- □ **Je crois que c'est le plus fort qui gagne...** *ou je crois que c'est souvent, paradoxalement, celui qui est le plus faible qui gagne, comme les Vietnamiens l'ont montré au monde entier, car il existe une force plus forte que tous les* B52 *du monde.*
- □ **Je crois que lorsqu'on est puissant et qu'on a l'avantage, il faut attaquer et gagner, et qu'il faut donc faire des « guerres préventives »...** *ou je crois, comme les anciens Chinois, que dans tout conflit, celui qui attaque le premier a déjà perdu ; qu'il n'y a jamais eu et qu'il n'y*

aura jamais, dans toute guerre, que des perdants ; que toute guerre est un aveu d'échec, d'impuissance et de défaite pour l'humanité entière.

- ☐ Je crois que la compétition est bonne et utile, qu'elle permet de gagner des parts de marché, d'arrondir mes fins de mois, d'enrichir mon entreprise et mon pays... *ou j'ai compris qu'elle est une source permanente de frustrations, de jalousies, de conflits, d'hostilité, de haine, de guerre ; je crois que nous sommes interdépendants et que seule la coopération nous permettra de vivre de manière harmonieuse.*
- ☐ Je crois que nous sommes des consommateurs et qu'il faut « faire marcher la machine », qu'il nous faut de la croissance, et encore de la croissance, pour amasser, amasser... *ou j'ai compris que nous nous gavons comme des bêtes obèses et obscènes tandis que meurent d'autres personnes, que nous consommons mal et trop, que la qualité est préférable à la quantité, qu'il nous faut apprendre à réduire notre consommation et réapprendre à donner et à partager.*
- ☐ Je crois qu'il y a des personnes qui dominent les autres, des pays qui dominent les autres, des riches et des pauvres, et puis voilà, que « c'est comme ça »... *ou je crois que le besoin de dominer et de posséder sont des perversions en passe de devenir des crimes contre l'humanité ; je crois qu'il nous faut lâcher prise, changer de cap, retrouver notre vraie nature, notre humanité, nos frères, nos sœurs, notre Terre.*
- ☐ Je crois que les ressources naturelles – l'air, l'eau, la terre – appartiennent à l'homme et peuvent être exploitées, privatisées, vendues... *ou je crois que ces ressources appartiennent à l'humanité tout entière, qu'elles constituent un bien commun universel et inaliénable, qu'elles doivent être absolument préservées pour permettre aux générations futures de vivre.*

Pour lui-même, pour les autres,
pour les générations futures et par amour de la Terre,
l'être humain authentique fait des choix nouveaux.

« Le Ciel engendre, la Terre nourrit et l'Homme accomplit. »

Maître Ueshiba

Mes paroles sont faciles à comprendre et aisées à réaliser.
Pourtant, il ne se trouve pas un être humain sur la terre
pour les comprendre et les mettre en pratique.

L'origine de mes paroles a son principe ;
mes actes ont un guide.
Mais comme les êtres humains ne comprennent pas,
je reste incompris du monde.

Ils sont rares, ceux qui me connaissent ;
nobles sont ceux qui me suivent.

C'est pourquoi le sage s'habille simplement
et garde le joyau dans son cœur.

70
Arrogance et... simplicité

Commençons notre voyage au « pays de la simplicité » en compagnie d'une très belle femme : « Il était une femme très belle. Sur le front, elle portait, depuis sa naissance, la forme lumineuse d'un croissant de lune. Partout où elle passait, les gens ne tarissaient pas de commentaires à propos de cette caractéristique unique. Tout au long de sa vie, le croissant de lune qui brillait sur son front lui apportait admiration et éloges.

Vint cependant un temps où elle désira approfondir son apprentissage. Elle alla voir un sage et lui demanda de la prendre pour disciple.

Le sage refusa. Lorsqu'elle lui demanda pourquoi, il lui dit : "Tu accordes beaucoup trop d'importance à la lune sur ton front."

Soudain, la femme réalisa à quel point elle était vaniteuse. Déterminée à changer radicalement sa vie, elle se couvrit le front de boue. Afin de s'assurer que personne ne puisse voir la lumière à travers la boue, elle portait avec elle de la boue fraîche, ainsi qu'un miroir, pour vérifier fréquemment que le croissant sur son front était bien discrètement recouvert.

Après plusieurs mois, elle revint voir le sage et lui demanda à nouveau de la prendre pour disciple.

Cette fois, le sage lui répondit : "Certainement pas ! La lune sur ton front consomme encore plus de ton attention qu'auparavant !" » (in Doug Lipman, *The Storytelling Coach*).

Personne n'est à l'abri de l'arrogance. Celle-ci peut constituer un sérieux problème lorsque je pense que j'ai souvent – voire toujours ! – la bonne réponse, que je parais froid, dédaigneux ou distant, que je refuse les idées des autres ou les ridiculise, que je traite les autres comme inférieurs, que je ne révèle que très peu de ce que je pense ou de ce que j'aime... Si les autres me perçoivent alors comme arrogant et distant, pourquoi suis-je, en outre, étonné ou surpris ?

Les sources de cette arrogance peuvent être fort diverses : ma grande intelligence, ma réussite, mon manque de confiance en moi, mon inconfort dans les relations avec les autres, mes difficultés à partager, à me confier, mon absence de discernement, ou d'empathie, l'absence de feedback des autres, un masque que je porte, ou le fait que je me prends pour un être à part ou un petit génie ?... et incompris, par-dessus le marché ! Explorons nos comportements dans nos rapports avec les autres :

- □ Est-ce que j'aime les autres... *sinon, est-ce que je réalise que mes compétences techniques, dans bien des circonstances, ne suffisent pas* ?
- □ Est-ce que je recherche le feedback des autres et crée un environnement dans lequel il est naturel de le faire... *sinon, comment pourrais-je chercher du feedback et créer un environnement dans lequel les personnes le feront naturellement* ?
- □ Aimerais-je un peu trop mes propres idées... *si oui, quel est l'impact sur les autres* ?
- □ Je ne révèle pas grand-chose de moi... *si oui, pour quoi* ? *Pour mieux exercer mon pouvoir et contrôler les autres* ? *ou par peur* ? *de quoi* ?

Posons-nous quelques questions :

- □ Est-ce que j'inspire la crainte ? la peur ? Puis-je être perçu comme menaçant ?
- □ Suis-je sensible à la flatterie ? aux éloges ?
- □ Suis-je ouvert ? ouvert aux idées différentes des miennes ? aux critiques ?
- □ Est-ce que j'encourage l'expression d'idées contraires aux miennes ?

Autre source très commune d'arrogance, particulièrement aveuglante car elle crée des consensus fallacieux : la « pensée dominante ». Quelques questions à ce sujet :

- □ Quels dogmes ou modèles économiques dirigent notre pensée et notre organisation ?
- □ Quels principes ou modèles de management des personnes utilisons-nous ?
- □ Sont-ils appropriés, utiles, fiables, réellement efficients ?

- Ont-ils des effets bénéfiques pour tous ? Quels en sont les effets pervers ?

L'arrogance est la fille aînée de l'égoïsme. Si le sage refuse à la belle femme de la prendre pour disciple, c'est parce qu'elle continue de ne penser qu'à elle-même. **C'est lorsque je m'oublie que cesse l'égoïsme ; c'est alors l'attention aux autres qui dirige mes actes.**

Le responsable inauthentique est arrogant et ambitieux. Il impose ses idées et refuse ou dénigre celles des autres. Il aime les idées soi-disant « nouvelles », les théories à la mode, l'esbroufe. Il adore les « recettes », les sept principes du manager efficace, les huit pratiques, les neuf techniques, les modèles, les « il n'y a qu'à... » et les « il faut qu'on... », bref toutes les « boîtes à outils » du parfait... du parfait quoi, au juste ? « Manipulateur » est-il le mot que je cherche ?

Le dirigeant authentique, quant à lui, sait qu'une mode n'est qu'une mode, que l'important n'est ni dans les apparences ni dans les techniques. Il honore le processus et le principe, qui sont à l'origine de toutes choses. Il est un modèle d'humilité et de simplicité pour les autres.

Il ne consomme pas de livres et d'idées à la mode.
Il se nourrit de la sagesse des classiques.
Le joyau du Tao est dans son cœur.

« La philosophie consiste à veiller sur le dieu intérieur. »

Marc Aurèle,
Pensées.

Savoir que l'on ne sait pas est une force.
Ne pas savoir que l'on sait une erreur.

Celui qui est malade de sa maladie guérit.
Celui qui prend conscience de ses erreurs n'en commet plus.

Le sage n'est pas sage parce qu'il est malade de ses erreurs,
mais parce qu'il est conscient.
Ainsi, il évite toute erreur.

71
Apprendre à apprendre

Nous commençons notre voyage au « pays où l'on apprend à apprendre » avec Socrate et Polémarque : « "Dis-moi, tu soutiens bien, n'est-ce pas ? que l'obéissance aux gouvernants fait partie aussi de la justice ? – Je le soutiens. – Or les chefs sont-ils infaillibles dans leurs États respectifs ou peuvent-ils se tromper ? – Bien certainement, dit-il, ils peuvent se tromper. – Ainsi donc, quand ils se mettent à faire des lois, ils en font qui sont bonnes, mais ils en font aussi qui sont mauvaises ? – Je le crois. – Mais faire de bonnes lois, c'est naturellement instituer ce qui leur est utile à eux-mêmes ; en faire de mauvaises, ce qui leur est nuisible ; n'est-ce pas ton avis ? – Si. – Mais ce qu'ils ont institué, les sujets sont obligés de le faire, et c'est en cela que consiste la justice ? – Sans doute. – Il est donc juste, selon toi, de faire non seulement ce qui est utile au plus fort, mais encore le contraire, ce qui lui est nuisible ?" » (Platon, *La République*).

Socrate est un frère de Lao-Tseu, lui qui disait ne savoir qu'une chose : qu'il ne savait pas. En pensant à nos savoirs et à nos compétences, nous nous situons tous dans le cycle suivant :

- Je ne sais pas que je ne sais pas (incompétence ou ignorance inconsciente).
- Je sais que je ne sais pas (incompétence ou ignorance consciente).
- Je sais que je sais (compétence ou connaissance consciente).
- Je ne sais pas que je sais (compétence ou connaissance inconsciente).

Dans le premier cas, je suis complètement ignorant ou incompétent sans le savoir et vis dans un état protégé de « bienheureuse ignorance » qui est souvent si proche de l'aveuglement et de la stupidité que je peux constituer un véritable danger pour moi-même et pour les autres. J'ai un « point aveugle » où je refuse de voir ce que d'autres voient parce que je ne veux pas le voir, que je veux préserver mes propres intérêts ou ceux d'un lobby. L'état du monde est tel aujourd'hui qu'on peut formuler l'hypothèse que c'est la position d'une vaste majorité de dirigeants dans les domaines politique, économique ou social, pour ne pas parler des médias ou d'écologie, où l'aveuglement devient inquiétant...

Dans le deuxième cas, je suis sage, j'ai l'humilité de reconnaître que je ne sais pas, que beaucoup de choses restent complexes et mystérieuses à mes yeux, que mon point de vue est limité et que je ne saurais l'imposer aux autres. Comme Socrate, je vais utiliser la maïeutique et l'art du questionnement pour aider les autres à prendre conscience des failles de leur raisonnement, voir leur propre ignorance ou leur incompétence et évoluer. Comme le suggère Lao-Tseu, on peut, aujourd'hui comme hier, formuler l'hypothèse que très rares sont les dirigeants et les personnes qui ont fait leur cette position.

Dans le troisième cas, je suis conscient de savoir ou d'être compétent, d'avoir un savoir-faire : est-ce que je l'utilise pleinement ? Est-ce que j'en fais profiter les autres ? Est-ce que je partage vraiment mes idées au cours des réunions ? Ou bien... scénario fréquent, Stanford, Yale, Polytechnique ou Centrale, j'ai mon diplôme, je le fais savoir, je pense que mes compétences et mes connaissances ont été durement acquises et que certaines choses me sont dues. J'ai aussi tendance à croire que ces connaissances sont « solides » et ces compétences faciles à transférer et à utiliser dans d'autres contextes (ce qui est rarement le cas...). J'impose donc ma solution...

Dans le quatrième cas, deux scénarios peuvent se présenter :

- Je suis un « maître » et maîtrise à ce point mon violon, ou ma raquette de tennis, que ma technique est devenue inconsciente, que j'en suis libéré et peux littéralement « recréer » la musique ou marquer des points extraordinaires. Certains très grands artistes ou sportifs donnent de remarquables exemples d'un tel degré de maîtrise.
- Deuxième scénario, hélas ! trop fréquent dans le monde actuel : je « maîtrise » beaucoup de choses mais... le monde autour de moi a changé, je continue de croire que certaines solutions vont

s'appliquer, que les recettes qui naguère m'ont conduit à la réussite peuvent toujours marcher. La vérité est que mes connaissances et mes compétences sont en décalage avec la réalité, que j'ai perdu le contact avec mes clients ou avec les citoyens… Sans le réaliser, je suis revenu au point de départ : je ne sais pas que je ne sais pas !

Cette situation est d'autant plus grave que, comme le dit un proverbe japonais : « Celui qui confesse son ignorance la montre une fois ; celui qui essaie de la cacher la montre plusieurs fois. »

Réfléchissons à la manière dont nous avons appris à apprendre :

- Quelles ont été pour moi les grandes expériences réellement « formatrices » ?
- Qu'ai-je appris alors ? Qu'ai-je appris de mes réussites ?
- Ai-je fait des erreurs ? Qu'en ai-je appris ?
- Ai-je répété les mêmes erreurs ? Qu'ai-je appris alors ?
- Est-ce que je connais des personnes qui sont pour moi des exemples ? des modèles ?
- Qu'ai-je appris d'elles ? Quoi d'autre ?
- Comment puis-je apprendre à mieux apprendre ?

Cette capacité à apprendre à apprendre est aujourd'hui ce qui fait la différence entre les équipes et les organisations qui réussissent et celles qui réussissent beaucoup moins bien… ou qui échouent.

- Comment mon équipe, mon organisation, apprennent-elles ?
- Apprécions-nous suffisamment nos forces ? nos succès ?
- Tirons-nous toutes les leçons de nos échecs ? de nos difficultés ?
- Que devons-nous changer, ensemble ?

Parce qu'elle sait reconnaître qu'elle ne sait pas,
la personne authentique aide les autres
à accéder à l'authentique connaissance.

« La peste de l'homme, c'est l'opinion de savoir. »

Michel de Montaigne,
Les Essais.

Lorsque le peuple perd un respect plein d'admiration pour celui qui le dirige,
un autre pouvoir n'est pas éloigné.

Ne restreins pas le peuple dans des demeures trop étroites.
Ne le pressure pas dans ses moyens d'existence.
Ne le harcèle pas dans son travail.

Si tu ne pressures pas le peuple
si tu n'interfères pas,
il ne se lassera pas de toi.

Le sage se connaît, mais ne s'exhibe pas ;
il se respecte, mais ne fait pas preuve d'arrogance.
Il abandonne ceci et adopte cela.

72
Être un exemple

Nous commençons notre voyage au « pays de l'exemplarité » avec un prince et un ermite : « Par l'entremise de Jou Chang, raconte Tchouang-Tseu, Su Wou-kouei avait obtenu une audience auprès du prince Wou de Wei. "Comme vous êtes affaibli, maître, lui dit le prince pour le réconforter ; sans doute daignez-vous venir me voir parce que vous ne supportez plus de vivre dans votre forêt sauvage ? – Ne me réconfortez pas ainsi. C'est vous qui avez besoin de mon réconfort, lui répondit Su Wou-kouei. Quand vous suivez vos goûts et que vous laissez libre cours à vos appétits, vous attaquez votre substance. Et quand au contraire vous bridez vos appétits et contrariez vos goûts, vos sens souffrent de privation. C'est à moi de vous apporter mon réconfort, et ce n'est pas à vous de me prodiguer le vôtre !" Le prince, interloqué, ne répondit pas. Après un moment, Su Wou-kouei reprit : "Je vais vous dire à quoi je juge les chiens de chasse. Les chiens inférieurs s'arrêtent quand ils ont attrapé de quoi manger, ils ne valent pas mieux que les chats. Les chiens moyens prennent des airs menaçants. Les chiens supérieurs semblent par contre s'oublier eux-mêmes. Et je juge encore mieux des chevaux. Ceux qui font des droites, des courbes, des angles et des cercles impeccables peuvent asseoir la réputation d'un royaume, mais il y a ceux dont le mérite s'étend bien au-delà : ils ont un génie qui leur est propre. Ils ont l'air hagard, égaré, perdu. Ils rattrapent et dépassent les autres et les laissent derrière eux dans un nuage de poussière, après quoi plus personne ne sait où ils sont." Ravi, le prince éclata de rire » (in Jean-François Billeter, *Études sur Tchouang-Tseu*).

Lao-Tseu nous parle ici d'une pratique essentielle : l'exemplarité. Beaucoup disent qu'un manager doit « donner l'exemple ». Or beaucoup d'illusions ou d'hypocrisies peuvent s'attacher au fait de « donner l'exemple » : lorsque je donne l'exemple, est-ce moi-même que je mets en avant ou est-ce que je veux aider l'autre à se développer ? Suis-je en train de dire : « Faites comme moi » à des personnes qui sont différentes de moi et qui doivent avant tout trouver leur propre voie et leurs propres manières d'agir ? Est-ce que je crois qu'il y a une « bonne manière de faire » ou est-ce que je respecte le fait qu'il en existe peut-être d'autres, voire de meilleures ? Creusons plus profond : il s'agit moins de « donner l'exemple » que d'**être un exemple vivant pour les autres.** Explorons quelques comportements :

- □ Est-ce que je dis ce que je fais ? Est-ce que je fais ce que je dis... *ou y a-t-il des différences entre les deux ? Comment les autres vont-ils alors me percevoir ?*
- □ Suis-je cohérent et consistant dans mes manières de traiter les personnes... *ou suis-je changeant, imprévisible, sujet à des sautes d'humeur ?*
- □ Suis-je un exemple vivant... *ou devrais-je commencer par mieux me connaître, réaliser l'impact de mes comportements sur les autres et... balayer devant ma porte ?*
- □ Est-ce que je traite chaque personne avec dignité et respect, l'appréciant pour ce qu'elle apporte et ce à quoi elle contribue d'unique... *ou m'arrive-t-il de réduire les gens à leur poste, à leurs tâches, à leur rôle dans l'organisation ?*
- □ Est-ce que j'honore ma parole et mes engagements... *ou m'arrive-t-il de ne pas faire ce que j'avais promis de faire, de ne pas répondre au courrier ?*
- □ M'arrive-t-il de parler aux autres de mon style de management, de mes préférences, de mes vulnérabilités... *ou les autres en sont-ils réduits à observer mes comportements pour comprendre ma manière d'agir et de penser ?*

Si nous sommes conscients de l'importance de l'exemplarité, nous désirons peut-être simplement nous améliorer et devenir plus exemplaires. Quelques pistes :

- □ Clarifions nos valeurs et ce que nous croyons, et parlons-en avec les autres.
- □ Disons plus fréquemment oui ou non en fonction de ce qui est important.

- Soyons attentifs aux détails qui n'en sont pas, aux petites choses qui sont grandes.
- Regardons comment nous utilisons notre temps. Sommes-nous attentifs à l'essentiel ?
- Exprimons ce que nous croyons, en devenant des conteurs.
- Rencontrons des personnes qui sont aujourd'hui, pour nous, des exemples.

Être exemplaire, c'est vivre en accord avec ses valeurs, avec intégrité et honnêteté. C'est aussi avoir le courage de reconnaître et de parler de valeurs, d'idéal, du sens de ce que nous faisons, des dimensions spirituelles de notre existence. Ce sont souvent les conversations les plus importantes dans une vie. Comme l'ont remarquablement souligné tous les grands maîtres bouddhistes tibétains, **peu importe la pratique spirituelle, vivez celle dans laquelle vous avez vos racines. L'important, c'est l'authenticité.**

Le vrai pouvoir encourage, supporte, rend libre et autonome. Le vrai pouvoir est respectueux du droit. Le vrai pouvoir est respectueux de la liberté. Des libertés. Il évite l'usage de la peur, de la crainte, de la répression. Il est respectueux du droit des personnes. Il évite d'intervenir de manière incessante. Au contraire, il se fait oublier !

Lao-Tseu et Tchouang-Tseu évoquent l'extrême médiocrité de tant de soi-disant dirigeants ! Ils sont d'une modernité à couper le souffle ! Ils nous rappellent que la reconnaissance du principe spirituel qui est à l'origine de toute vie est à l'origine de tout vrai pouvoir. Ce principe, lorsque nous l'écoutons, nous parle d'intégrité, d'honnêteté, de bienveillance, de confiance, de respect des autres et des libertés, de respect de la vie sous toutes ses formes, et d'action sans action.

Les personnes qui sont authentiques sont crédibles.

« Quand le roi délire, c'est le peuple qui paie. »

Horace,
Épîtres.

Un homme courageux et passionné tuera ou sera tué.
Un homme courageux et calme préservera toujours la vie.
De ces deux hommes, lequel est bon, lequel répand la souffrance ?
Certains actes n'ont pas la faveur du ciel.
Qui sait pourquoi ?

La voie du Tao sait vaincre sans lutter,
répondre sans parler.
Celui qui la suit vient sans être appelé
et forme ses projets avec sérénité.

Les mailles du filet du ciel sont larges,
et cependant elles ne laissent rien échapper.

73
Vrai courage

Nous commençons notre voyage au « pays du vrai courage » en compagnie d'un officier nommé Gong Chu : « Quand Zhao Jianzi leva des troupes pour attaquer le royaume de Qi et décréta que quiconque dans l'armée oserait le lui reprocher serait condamné à mort, raconte Liu-Xiang dans le *Jardin d'anecdotes*, un officier en armure nommé Gong Chu fut pris d'un fou rire. Zhao Jianzi lui demanda ce qui le faisait rire. "C'est une histoire drôle, répondit l'officier.

– Si tu peux te justifier, c'est bon. Sinon, je te fais exécuter.

– C'était la saison de la cueillette des feuilles de mûrier. Un voisin était avec sa femme en train d'en récolter quand il vit une belle fille. Il lui courut après, mais revint bredouille. Il ne lui resta donc qu'à retourner vers sa femme ; mais celle-ci se mit en colère et le quitta. Je ris de lui car, en poursuivant deux femmes, il les perdit toutes deux.

– Si j'attaque le royaume de Qi, et suis dépossédé de mon royaume, conclut Zhao Jianzi, n'aurai-je pas moi aussi tout perdu ?" Il congédia son armée et revint à la capitale » (in P*ropos et anecdotes sur la vie selon le* Tao).

Il y a souvent dans l'action et dans l'utilisation abusive de la force une déperdition d'énergie considérable qui peut, en outre, se retourner contre celui qui l'utilise. Le vrai courage n'est peut-être pas ce que nous croyons...

Explorons ce qu'est le courage, et ce que nous avons – ou aurions – le courage de faire :

□ Dans la situation de Gong Chu, aurais-je osé parler ainsi au roi, en risquant ma vie... *ou me serais-je couché et aurais-je trahi ma conscience* ?

- □ Dans une situation conflictuelle, ai-je le courage de ne pas mettre de l'huile sur le feu, de ne pas provoquer, d'éviter les arguments blessants... *ou ai-je tendance à croire que rien ne vaut une bonne dispute, quitte à ce que ça tourne mal si nécessaire* ?
- □ Ai-je le courage de ne pas discuter et argumenter lorsqu'il faut réfléchir... *ou ai-je tendance à beaucoup parler, argumenter, convaincre, former des alliances* ?

Dans ma vie personnelle, ai-je le courage de :

- □ clarifier ce que je veux ?
- □ clarifier ce dont je dois me débarrasser ?
- □ clarifier ce que je dois garder, préserver ?
- □ Qu'ai-je peur de perdre ?
- □ Qu'ai-je peur de garder ?

Est-ce que je souffre de :

- □ ne pas avoir ce que je veux ?
- □ avoir ce que je ne veux pas ?
- □ perdre ce que je veux garder ?
- □ garder ce dont je veux me débarrasser ?

Dans ma vie professionnelle, ai-je le courage de :

- □ clarifier ce que je pense ?
- □ dire ce que je pense ?
- □ être cohérent et consistant ?
- □ aligner mes comportements sur mes paroles ?

En réfléchissant aux valeurs qui sont importantes pour moi, et à des choix majeurs, quel est mon degré de courage ?

- □ Quelles sont mes valeurs ?
- □ Quand apparaissent-elles évidentes à mes yeux ?
- □ Qu'est-ce qui me ferait m'associer profondément à une personne ?
- □ Qu'est-ce qui me ferait rejoindre une organisation ?
- □ Qu'est-ce qui me ferait quitter une personne ?
- □ Qu'est-ce qui me ferait quitter une organisation ?
- □ Et qu'est-ce qui me ferait rester, même si je voulais partir ?

Lorsqu'il s'agit de conflits importants, ai-je le courage de ·

- □ aborder le problème sans préjugés ?
- □ ne pas juger ?
- □ rencontrer chacune des parties ?
- □ écouter chacune des parties sans préjugés ?
- □ rechercher avec elles des solutions pour éviter l'escalade du conflit ?
- □ agir en médiateur en aidant les personnes à trouver un accord ?

Un être humain authentique,
parce qu'il a clarifié ce qui est important pour lui,
et qu'il agit en conformité avec ses valeurs, peut agir en médiateur.
Il aide les autres, dans le respect mutuel, à trouver une solution.

« Le courage est le prix que la vie exige pour accorder la paix. »

Amelia Earhart

Lorsque les gens n'ont plus peur de la mort
on ne peut les intimider avec la peine de mort.

Si les hommes vivaient dans la crainte de la mort,
et si le non-respect des lois
entraînait la mort,
qui oserait violer les lois ?

Il y a toujours un maître bourreau.
Prendre sa place est comme couper le bois
à la place du charpentier.
Si vous tentez de couper du bois
comme si vous étiez maître charpentier,
vous vous blesserez la main.

74

Ne pas punir

Nous commençons notre voyage au « pays de la médiation » en compagnie d'un prêtre et d'un soldat : « J'entendis un jour cette histoire qui met en scène un prêtre qui rencontra un soldat alors qu'il marchait le long d'une route en Russie, avant la Révolution. Le soldat, pointant son fusil sur le prêtre, lui ordonna : "Qui es-tu ? Où vas-tu ? Pourquoi vas-tu là ?" Sans se troubler, le prêtre lui répondit · "Combien te paient-ils ?" Quelque peu surpris, le soldat répondit "Vingt-cinq kopecks par mois." Le prêtre fit une pause, puis ajouta, en parlant d'une manière très réfléchie : "J'ai une proposition à te faire. Je te paierai cinquante kopecks par mois si tu m'arrêtes ici chaque jour et m'ordonnes de répondre à ces trois mêmes questions". »

Voici plus de deux mille cinq cents ans qu'un sage chinois nous a montré que la peine de mort est totalement contraire à l'ordre naturel ! Seule la nature décide de l'heure de ma mort et personne ne peut se substituer à elle. En vivant selon le Tao, je peux découvrir le sens de ma vie et lui redonner un sens à tout instant.

Lao-Tseu ne parle pourtant pas ici seulement de la peine de mort, mais, plus largement, de toute punition. Nous avons vu, ailleurs, qu'il se trouve encore des personnes qui parlent de « carotte et de bâton » et qui, en outre, prétendent comprendre ce qui motive les êtres humains ! Punir, c'est non seulement se substituer à la nature, c'est aussi, de plus en plus visiblement, vouloir définir de manière unilatérale, et pour tous, ce qui est bon et ce qui ne l'est pas. C'est nier l'extraordinaire richesse de la diversité humaine, c'est vouloir imposer à tous le même modèle économique, culturel, politique et sociétal.

Toute personne en position de responsabilité doit essayer avant toute chose de comprendre ce qui peut motiver des actes qu'elle juge répréhensibles ou « punissables ». Il est plus facile de punir, de déclarer la guerre, de licencier, de blâmer, de critiquer, d'être dur, que d'écouter, de comprendre ce qui se passe et ce qui motive un comportement ou un acte.

Nous sommes interdépendants, et de plus en plus !
Et donc punir les autres, c'est se punir soi-même.

Des licenciements abusifs, des hommes de cinquante ans (ou moins !) guillotinés par la retraite jusqu'aux crises sociales que nous connaissons, cette loi universelle se vérifie chaque jour, ce qui n'empêche pas nos dirigeants de prétendre le contraire et de continuer à utiliser toujours les mêmes vieilles recettes...

Que se passerait-il donc si j'arrêtais :

- □ de me critiquer, de me punir, de me culpabiliser ?
- □ de punir, de blâmer, de culpabiliser les autres ?
- □ de dire du mal des autres en leur absence ?
- □ d'écouter ceux qui me disent du mal d'autres personnes ?
- □ de juger les autres, d'attaquer leurs idées, leurs propositions ?
- □ de rejeter systématiquement toute vraie innovation ?
- □ de donner des notes, de corriger, de censurer ?
- □ d'établir et d'imposer des règles, des procédures, des systèmes de contrôle ?
- □ d'évaluer les autres, leurs performances, leurs résultats ?
- □ de classer les personnes et les choses ?
- □ de trouver les défauts ou les faiblesses des autres ?
- □ de chercher les erreurs, les omissions et les fautes ?
- □ d'être aveuglé par mes croyances et mes convictions ?

Je deviendrais peut-être plus capable de réviser mes opinions, de m'ouvrir à d'autres points de vue, de mieux comprendre ce qui se passe en moi et autour de moi. Je serais ouvert aux personnes et aux situations qui se présentent, en particulier à celles qui ont un idéal, des idées, des propositions innovantes. J'apprécierais de plus en plus profondément les différences entre les personnes et les cultures, je les chérirais. Je verrais partout des opportunités – car il y a tant de choses à changer et à améliorer dans un monde interdépendant ! Je ferais quelque chose d'utile pour les autres et/ou pour la préservation de la nature et de notre environnement. Je me débarrasserais de l'inutile. Je vivrais pleinement chaque instant, j'aimerais, je serais à nouveau capable de sourire, de rire et de partager !

Je m'accepterais et je m'aimerais comme je suis, et peux être.
J'accepterais les autres et les aimerais comme ils sont,
et peuvent être.
Je serais un citoyen du monde.

« Il n'y a pas de forme plus cruelle de la tyrannie que celle qui est perpétrée sous le bouclier de la loi et au nom de la justice. »

Montesquieu

Le peuple est affamé
parce que ses dirigeants
l'accablent d'impôts.
Voilà ce qui l'affame.

Pourquoi les gens se rebellent-ils ?
Parce que les dirigeants
interfèrent trop dans leur vie.
Voilà ce qui les rend rebelles.

Pourquoi les gens pensent-ils si peu à la mort ?
Parce que les dirigeants
exigent d'eux trop d'efforts pour vivre.
Voilà pourquoi ils se soucient peu de la mort.

Seul celui qui vit simplement
apprécie toute la valeur de la vie.

75

Donner et recevoir des feedbacks de manière constructive

Nous commençons notre voyage au « pays du feedback » en compagnie de deux empereurs : « De même qu'un médicament, malgré son amertume au goût, améliore la santé, dit Confucius, des paroles sincères, même désagréables à l'oreille, sont profitables. C'est pourquoi l'empereur Wu Wang, pour avoir apprécié les paroles franches et sans réserve, a prospéré, et l'empereur Zhou des Shang, pour avoir réduit son entourage au silence, fut anéanti. Si le seigneur n'a pas de vassaux qui osent parler franchement, les pères n'auront pas de fils qui l'oseront, les frères aînés n'auront pas de cadets qui l'oseront, les maris n'auront pas d'épouses qui l'oseront, les hommes de bien n'auront pas d'amis qui l'oseront, et tous très vite iront à leur perte. Car il est dit : le vassal peut réparer les erreurs du seigneur, le fils celles du père, le frère cadet celles de l'aîné, l'épouse celles du mari, l'ami celles de l'homme de bien. C'est ainsi que seront évités les calamités d'un pays, les folies des pères, les désobéissances des fils, le laisser-aller des aînés, la défection des cadets, les égarements des maris, les infidélités des épouses, les trahisons des faux amis. »

Une personne authentique, nous rappelle Confucius, crée un environnement riche en feedback. Elle encourage les personnes autour d'elle à communiquer de manière directe et simple dans le respect mutuel. **Elle ne juge jamais les autres mais, donnant l'exemple, elle recherche le feedback des autres.** Elle crée autour d'elle un climat de confiance et d'ouverture dans lequel il va être naturel pour les membres de l'équipe, du groupe ou de la famille de dialoguer et d'échanger des feedbacks de manière appropriée, utile et constructive.

En réfléchissant à notre expérience personnelle, explorons les questions suivantes :

- Quand, comment et pourquoi un feedback est-il inapproprié, blessant ?
- Quand, comment et pourquoi un feedback est-il approprié et utile ?

Pour donner un feedback de manière constructive, certains critères sont importants :

- Je m'assure que mon intention est d'aider l'autre... *je ne donne jamais de feedback pour briller, marquer un point ou me venger.*
- Si on ne m'a pas demandé de feedback, je vérifie que la personne y est ouverte ici et maintenant... *Parfois, les personnes ne sont pas prêtes à écouter, le lieu ou l'heure ne conviennent pas.*
- Je demande à la personne sa propre autoévaluation... *Les personnes apprécient l'opportunité de s'autoévaluer et sont souvent fort critiques vis-à-vis d'elles-mêmes.*
- Je décris des comportements spécifiques et observables... *J'évite généralités* (« *Vous faites toujours...* »), *jugements* (« *Vous êtes...* » *ou* « *Vous n'êtes pas...* ») *et inférences* (« *Vous ne faites pas attention à...* »).
- Je décris l'impact de tel comportement sur moi. Je dis : « Quand tu as fait ceci... j'ai senti... » *J'évite de parler des autres : ils peuvent en parler eux-mêmes.*
- Je parle à la première personne. Je dis : « J'ai vu ceci... J'ai entendu... J'ai ressenti... » *Je ne parle jamais à la troisième personne ni pour moi ni pour l'autre.*
- Je vérifie que l'autre a entendu et compris ce que j'ai essayé de lui dire, l'encourage à répondre... *Un véritable échange de feedback est un dialogue, jamais un monologue.*

Comment créer un environnement riche en feedback ? J'ai rencontré beaucoup de managers qui désiraient recevoir du feedback des personnes avec lesquelles ils travaillaient. Trop souvent, cependant, j'ai découvert que leur manière d'opérer était maladroite et qu'ils étaient déçus des résultats obtenus. Ils demandaient en effet aux personnes qui travaillaient avec eux chaque jour de « leur donner du feedback », sans réaliser à quel point il est difficile, pour l'autre, de le faire. Afin de créer un environnement dans lequel les personnes qui travaillent quotidiennement avec nous vont nous donner des feedbacks riches et utiles, il faut nous ouvrir plus. Ainsi pourrions-nous dire, par exemple : « Je me suis rendu compte que je n'écoute pas très bien. J'aimerais faire des progrès en ce domaine. Pourriez-vous me donner du feedback sur mon écoute, au cours de nos réunions ou lors de nos entretiens en tête-à-tête ? Vous m'aideriez beaucoup... » ; ou encore, avant de terminer une réunion : « Prenons quelques instants pour revoir ensemble comment cette réunion s'est passée et si nous pouvons suggérer des améliorations que nous pourrions mettre en œuvre lors de nos prochaines réunions... »

Pour recevoir le feedback que me donnent les autres :

- □ Je demande des feedbacks spécifiques lorsque j'en ai besoin.. *La plupart des gens ont peur d'être « intrusifs », sauf si on le leur demande. Avant de demander un feedback, je choisis le moment et le lieu.*
- □ Je considère le feedback comme une opportunité d'apprendre et de me développer... *La vie est, en effet, un apprentissage permanent.*
- □ Je reconnais mes propres émotions... *J'évite que mes émotions ne m'empêchent d'entendre ce qui m'est dit, ou le distordent.*
- □ J'évite de me défendre, d'expliquer ou de me justifier... *J'écoute, puis pose des questions et paraphrase ce que j'ai entendu, afin de vérifier.*
- □ Je considère avec attention si je veux – ou non – changer mon comportement... *Je fais attention à ne pas dire « non » trop vite, cependant...*
- □ Je demande, si nécessaire, de l'aide ou un soutien pour m'aider à changer... *Il est difficile de changer un comportement : des soutiens peuvent s'avérer précieux.*

Le feedback est comparable au sang qui circule dans nos veines et nos artères. À chaque inspiration, l'air nous nourrit, nous renouvelle. Vicié, nous l'expirons. La personne authentique recherche le feedback, elle respire sans cesse cet air. Elle s'y renouvelle. Comme l'air, il est pour elle source permanente de croissance et de renouveau. En étant ouverte, honnête, confiante, elle ouvre les fenêtres des pièces où elle se trouve, fait entrer l'air frais.

Ainsi, elle aide les autres à grandir,
à découvrir qui ils sont et à réaliser leur potentiel.

« Nous gagnerions plus de nous laisser voir tels que nous sommes que d'essayer de paraître ce que nous ne sommes pas. »

François de La Rochefoucauld
Maximes.

À la naissance, le nouveau-né est tendre et faible.
Lorsqu'il meurt, l'homme est dur et raide.

En naissant, les plantes vertes sont tendres et délicates.
Lorsqu'elles meurent, elles sont maigres et desséchées.

C'est pourquoi ce qui est dur et raide est synonyme de mort.
Ce qui est tendre et délicat est synonyme de vie.

Une armée forte sera anéantie.
Un arbre puissant se brisera.

Dureté et raideur disparaîtront.
Tendresse et délicatesse triompheront.

76
Être souple

Nous commençons notre voyage au « pays de la souplesse » avec un dialogue zen entre de jeunes enfants : « Deux temples zen avaient chacun leur petit protégé. Chaque matin, l'un des enfants, chargé d'aller chercher les légumes, rencontrait l'autre en chemin. Un jour, celui-ci demanda : "Où vas-tu ? – Je vais où mes pieds me portent", répondit l'autre. Cette réponse troubla l'enfant, qui alla soumettre ce problème à son maître. "Demain matin, lorsque tu verras ce petit garçon, pose-lui la même question. Il répondra la même chose, alors tu lui demanderas : 'Et si tu n'avais pas de pieds, où irais-tu ?' Voilà qui l'embarrassera." Le lendemain matin, les enfants se retrouvèrent : "Où vas-tu ? demanda le premier. – Je vais où le vent souffle", répondit l'autre. L'enfant fut encore une fois déconcerté. Il rapporta à son maître sa déconvenue. "Demande-lui où il irait s'il n'y avait pas de vent", lui suggéra le maître. Le lendemain, l'enfant posa de nouveau la question. L'autre répondit : "Je vais au marché acheter des légumes" » (in Paul Reps, *Le Zen en chair et en os*).

Plusieurs études réalisées à propos de l'art de manager montrent que la souplesse est une qualité de plus en plus attendue des personnes en position de responsabilité. Explorons donc souplesse et rigidité. Pensons à une situation – professionnelle ou personnelle – dans laquelle nous avons été rigides ou inflexibles. Posons-nous quelques questions afin de mieux comprendre ce qui s'est passé :

- Quelle était la situation ? le contexte ? Qu'est-ce que j'ai fait ? Comment ai-je agi ? Qu'ai-je dit ? Qu'est-ce qui a provoqué ma réponse ?
- Quelles étaient mes émotions ? mes sentiments ? mes pensées ?

- □ Est-ce que j'aime ce qui s'est produit ?
- □ Comment aurais-je pu répondre différemment ? me comporter différemment ?
- □ Comment pourrais-je répondre ou me comporter différemment si des situations similaires se présentent dans l'avenir ?

Prenons maintenant une situation où nous avons fait preuve de souplesse. Posons-nous les mêmes questions. Quelles sont les différences entre la première et la seconde situation ?

Pensons à une situation dans laquelle nous avons eu à nous adapter (premier travail, changement de travail, expatriation, voyage ou vacances dans différents lieux ou différents pays, rencontre, mariage, naissance d'un enfant, etc.) :

- □ Est-ce pour moi facile de m'adapter à des situations nouvelles, et pourquoi ?
- □ Ou bien est-ce difficile, et pourquoi ?
- □ Qu'est-ce que je fais qui facilite ou rend difficile une adaptation rapide ?
- □ Qu'ai-je appris en m'adaptant ou en rencontrant des difficultés à le faire ?

Une technique utile pour les personnes inflexibles qui ont des difficultés à s'adapter au changement est le **recadrage**. Elle consiste à prendre du recul pour nous demander si la situation que nous rencontrons est bien telle que nous la percevons :

- □ Comment est-ce que je sais qu'il en est ainsi ?
- □ Se pourrait-il que je néglige quelque chose ? que j'oublie quelque chose ? que je fasse l'impasse sur quelque chose ? que je refuse de voir quelque chose ?
- □ Se pourrait-il que je *distorde* la réalité ? que je *généralise* un peu vite ? que je *sélectionne* certains aspects en en négligeant d'autres ?
- □ Comment d'autres personnes pourraient-elles voir et comprendre cette situation ?
- □ Qu'est-ce qu'elle pourrait signifier d'autre ?
- □ Avec qui puis-je y réfléchir, vérifier, comprendre plus profondément ?

Explorons quelques manières de recadrer :

- □ Nous pouvons nous demander· qui quoi, où, quand, et comment ?
- □ Par exemple, quand nous disons : « Personne ne m'aime ! », « Ils me détestent ! »...
- □ Recadrons : « Qui, spécifiquement, dit ou exprime cela ? »

- □ Puis-je dire cela de moi-même ?
- □ Ainsi, quand je dis : « Elle ne me comprend pas ! »
- □ Recadrons : « Est-ce que moi, je la comprends ? »

- □ Qu'est-ce qui m'en empêche ? Qui m'arrête ? Que se passerait-il si... ?
- □ Par exemple : « Il faut que je sois plus généreux... »
- □ Recadrons : « Que se passera-t-il si je ne le suis pas ? »

- □ Puis-je penser à un moment où je l'étais – ou ne l'étais pas ?
- □ Ainsi : « Je suis toujours en retard ! »
- □ Recadrons : « Puis-je penser à un événement où je ne le fus pas ? »

- □ Comment est-ce que je le sais ?
- □ Par exemple : « Il s'en moque ! »
- □ Recadrons : « Comment est-ce que je sais qu'il s'en moque ? », « Se pourrait-il qu'il ne s'en moque pas du tout ? »

- □ Pourquoi me font-ils ressentir ces émotions ?
- □ Ainsi : « Elle me met en colère ! », « Il me rend fou ! »
- □ Recadrons : « Comment me met-elle en colère ? Comment me rend-il fou ? Cette colère, cette émotion viennent-elles d'eux ou sont-elles en moi ? »

La personne authentique est souple comme un roseau.

☯

« Ce qui est mou, ce qui est faible, est ami de la vie ; ce qui est rigide, ce qui est violent, est ami de la mort. »

Lie-Tseu

La voie du Tao peut être comparée
à l'acte de tendre un arc.
Ce qui est en haut est abaissé
et ce qui en bas est élevé.
Si la corde est trop longue,
elle est raccourcie.
Si elle est trop courte,
elle est allongée.

La voie du Tao consiste à retirer à ceux qui ont trop
et à donner à ceux qui manquent.
La voie de l'homme est fort différente.
Il enlève à l'indigent
et donne au riche !

Qui est l'homme qui peut donner au monde son superflu
sinon celui qui connaît le Tao ?

C'est pourquoi le sage agit sans rien attendre.
Il accomplit son œuvre sans s'y attacher.
Il ne montre ni son savoir ni son mérite.

77
Remise en question

Nous commençons notre voyage au « pays de la remise en question » avec Yi-lao, l'homme du marché qui rend visite au prince de Lou, qui a l'air très soucieux : « "Pourquoi cet air soucieux ?" lui demanda l'homme du marché. Le prince de Lou répondit : "Je suis soucieux parce que j'ai beau étudier les faits et les gestes des rois d'autrefois, poursuivre l'œuvre de mes prédécesseurs, j'ai beau honorer et révérer les esprits des hommes de mérite, entretenir avec eux le commerce le plus étroit et mettre leurs conseils en pratique, sans aucune relâche, cela ne m'empêche pas de subir un malheur après l'autre ! – C'est que vous vous y prenez mal, lui fit observer l'homme du marché. Pour être tranquilles, le renard argenté et la panthère mouchetée vivent au fond des forêts de montagne et se cachent dans des grottes inaccessibles. Par prudence, ils circulent la nuit et se terrent de jour. Quand ils cherchent leur nourriture, ils s'aventurent toujours en solitaires près des rivières et des lacs, même quand ils sont pressés par la faim, la soif et d'autres privations. Et malgré toutes ces précautions, ils périssent dans les filets et les pièges qu'on leur tend. Ils n'y peuvent rien, ce sont leurs fourrures qui causent leur perte. Eh bien, ce royaume de Lou est votre fourrure ! Débarrassez-vous de cet ornement, nettoyez-vous l'esprit, laissez parler vos désirs et partez seul par les étendues inhabitées !" » (Tchouang-Tseu, in Jean-François Billeter, *Études sur Tchouang-Tseu*).

Comment parler à des personnes qui sont lasses d'exercer le pouvoir, et surtout à celles qui tirent tellement d'avantages de leur position qu'elles refusent de s'interroger sur le bien-fondé de leurs actes, de mesurer l'impact de leurs actes, de voir les conséquences de leurs actions, de remettre en cause leurs propres attitudes, leurs comportements, leurs modèles mentaux et leur vision du monde ? Comme Tchouang-Tseu le suggère, en les envoyant prendre une année sabbatique au cœur du désert ? Vision merveilleuse !

Commençons, plus simplement, par nous interroger sur notre crédibilité :

- Suis-je crédible si je m'octroie une augmentation de salaire même si nos résultats sont médiocres ou mauvais ? Et alors que je refuse toute augmentation de salaire à mes employés qui, eux, doivent se serrer la ceinture ?... Et *ne ferais-je pas se retourner Tartuffe lui-même dans sa tombe en tentant de me justifier comme je le fais ?*
- Suis-je crédible lorsque je fais cent promesses électorales et noircis à outrance les résultats de mes opposants politiques.. *alors que je n'en tiendrai pas une sur dix et que je sais, comme tout le monde, que le bilan de mes prédécesseurs n'était pas mauvais du tout ?*
- Suis-je crédible et un « messie » de l'énergie et du libéralisme, comme le disait pourtant naguère à propos du président d'Enron le magazine *The Economist... ou un menteur, un voleur, un escroc qui déshonore jusqu'au nom même d'« entreprise » ?*
- Suis-je crédible quand j'ose encore parler d'aide au développement ou de combattre la pauvreté dans le monde... *alors que depuis plusieurs décennies l'aide accordée ne permet même pas aux pays pauvres de payer les intérêts de leurs dettes ? que le fossé entre riches et pauvres s'amplifie chaque jour ?*

On pourrait multiplier les exemples ! Ils font les titres de nos journaux chaque jour. Ce que ces exemples montrent, c'est ce que confirment beaucoup d'enquêtes d'opinion : depuis quelques années, et en particulier depuis le début du millénaire, la perte de crédibilité de nos dirigeants est tout simplement vertigineuse. La société pense que ses dirigeants la trahissent. Le divorce est patent. Se pourrait-il que ce soit tout simplement en raison de leurs attitudes, de leurs comportements et de leurs actions ?

Explorons quelques questions :

- Si je gagne beaucoup d'argent, est-ce que je l'utilise à des fins égoïstes ou est-ce que j'en donne une part significative – gratuitement et de manière invisible – pour aider le développement d'autres personnes ou leur donner accès à des ressources vitales ?

- □ Nos politiques commerciales sont-elles respectueuses des règles éthiques du commerce équitable ?
- □ Nos méthodes d'exploitation des ressources terrestres sont-elles respectueuses de la nature, et assurent-elles un développement durable et la pérennité des ressources naturelles ?
- □ Économisons-nous, sauvons-nous suffisamment d'énergie ? Avons-nous recours à des énergies non polluantes comme les énergies éoliennes ou solaires ?
- □ Donnons-nous une importance suffisante à l'éducation, à la formation, au développement et à l'accompagnement des personnes ?
- □ Donnons-nous une importance suffisante à la santé, à tout ce qui permet de la préserver et de l'améliorer ?
- □ Que faisons-nous – moi personnellement, et mon organisation – pour réduire la pauvreté dans le monde ?
- □ Et sans peut-être aller jusqu'à me retirer définitivement au cœur du désert, pourrais-je régulièrement me retirer, faire retraite, pour réfléchir, méditer, me remettre vraiment en question et penser à l'influence que je souhaite réellement avoir dans mon organisation et dans le monde ?

**Sans rien attendre et sans s'attacher à son œuvre,
le dirigeant authentique retire à ceux qui ont trop
et donne à ceux qui manquent.**

« La méthode que vous utilisez pour éviter le malheur est superficielle. »

Tchouang-Tseu

Rien, sur notre terre,
n'est plus doux et plus souple que l'eau,
et pourtant, pour attaquer ce qui est dur et solide
rien ne la surpasse,
elle n'a pas d'égal.

La faiblesse peut vaincre la force ;
le souple peut surmonter le rigide.
Tout le monde le sait.
Pourtant, personne ne semble en mesure de le mettre en pratique.

C'est pourquoi le sage dit :
« Celui qui est capable de prendre sur lui les humiliations du peuple
est celui qui peut le diriger.
Celui qui accepte et fait siens les malheurs du royaume
mérite de gouverner l'univers. »

Les paroles vraies semblent paradoxales.

78

Paradoxes pour illuminer le chemin

Nous commençons notre voyage au « pays du paradoxe » en compagnie de Confucius et de Yen Houei : « "J'ai fait des progrès, dit Yen Houei. – Comment cela ? demanda Confucius. – J'oublie la bonté et la justice, répondit Yen Houei. – C'est bien, remarqua Confucius, mais cela ne suffit pas." Lorsqu'ils se revirent, Yen Houei dit : "J'ai fait des progrès. – Comment cela ? s'enquit Confucius. – J'oublie les rites et la musique, expliqua Yen Houei. – C'est bien, observa Confucius, mais cela ne suffit pas." Lorsqu'ils se revirent, Yen Houei dit encore : "J'ai fait des progrès. – Comment cela ? demanda Confucius. – Je puis rester assis dans l'oubli, répondit Yen Houei. – Que veux-tu dire par là ? demanda Confucius, intrigué. – Je laisse aller mes membres, je congédie la vue et l'ouïe, je perds conscience de moi-même et des choses, je suis complètement désentravé : voilà ce que j'appelle être assis dans l'oubli." Confucius déclara : "Si tu es sans entraves, tu n'as plus de préjugés favorables ou défavorables. Si tu épouses les métamorphoses de la réalité, tu n'es plus soumis à aucune contrainte. Te voilà devenu un sage. Souffre que moi, Ts'ieou, je devienne ton disciple !" » (Tchouang-Tseu, in Jean-François Billeter, *Leçons sur Tchouang-Tseu*).

Paradoxale histoire que celle du maître qui devient disciple en se désignant par son prénom ! Et Lao-Tseu illustre, en utilisant la métaphore de l'eau, la puissance des paradoxes, puissance dont nous avons, aujourd'hui plus que jamais, besoin ! En effet, plus nous avons de pouvoir, et de responsabilités vis-à-vis d'un nombre important de personnes, plus la prise en compte des paradoxes qui suivent – dans notre vie, nos comportements quotidiens – est importante :

Premier paradoxe : la vraie force est celle de la douceur. Et donc je peux :

- me souvenir sans cesse et montrer que je suis un être humain parmi d'autres, l'égal des autres, et les traiter d'égal à égal… *et non afficher que je suis leur « manager » ou leur « patron », et montrer ma « supériorité » (laquelle ?!)* ;
- montrer mes faiblesses, mes vulnérabilités… *et non croire que montrer mes vulnérabilités est déclarer qu'on est faible (c'est tout le contraire !)* ;
- reconnaître que « je ne sais pas » chaque fois que c'est le cas… *et non prétendre que je sais, ou mentir et utiliser tous les moyens pour arriver à mes fins* ;
- faire preuve de douceur et de bienveillance avec tous ceux que je rencontre… *et non être distant, inaccessible, hautain et soi-disant « professionnel »* ;
- écouter les personnes et tous les signes qui me sont donnés pour discerner le chemin à prendre… *et non croire savoir, feindre d'écouter pour imposer finalement mes solutions, ignorer des signes qui me sont pourtant donnés…*

Deuxième paradoxe : retrouver l'enfant en nous. Et donc je peux :

- respecter l'enfant en moi-même, ma spontanéité, mon goût du jeu, mon besoin de rire et d'être heureux, mon goût de plaisirs purs, sains et simples… *et non, me croyant « adulte », me trahir, perdre ma spontanéité et mon sourire, rechercher des plaisirs artificiels et fallacieux et, derrière mon masque artificiel de faux bonheur, souffrir* ;
- respecter l'enfant dans les autres, leur spontanéité… *et non vouloir qu'ils rentrent dans le rang, qu'ils se conforment, qu'ils se trahissent* ;
- respecter tous les enfants de la Terre et faire tout ce qui est en notre pouvoir pour leur léguer une terre où ils pourront vivre heureux… *et non travailler pour garantir que tout le monde se trouvera appauvri et malheureux* ;
- traiter ceux qui travaillent comme s'ils étaient nos enfants, en se souciant de leur croissance, de leur développement, de leur potentiel… *et non en faisant comme si nous les soutenions, de manière « paternaliste » ou « maternante », tout en les exploitant.*

Troisième paradoxe : **transformer le négatif en positif.** Et donc .

- □ être toujours attentif au positif et recadrer toujours le négatif... *et non juger, critiquer, blâmer – nous-mêmes ou les autres* ;
- □ accepter de prendre sur soi le négatif, reconnaître notre propre contribution aux problèmes qui se présentent, aux difficultés rencontrées... *et non nier que nous contribuons aux problèmes par nos comportements ou notre attitude* ;
- □ traiter les erreurs, les fautes, les omissions, les « passages à vide » comme autant d'opportunités d'apprendre, de progresser... *et non comme des choses qu'on n'oublie pas et qui ne sauraient se reproduire deux fois* ;
- □ demander : « Que pouvons-nous apprendre de ceci ? »... *et non dire : « Mais qu'est-ce qui se passe ? qui a fait quoi ? », et rechercher un coupable ou un bouc émissaire* ;
- □ prendre sur nous le négatif en le prenant sur nous... et le laver à l'eau pure.

Quatrième paradoxe : **renverser les paroles.** Et donc ·

- □ être attentif et débusquer les idées toutes faites, à la mode, jeter aux oubliettes les recettes trop simples pour être honnêtes, refuser les consensus mous ;
- □ remettre en cause les « règles du jeu », surtout celles qui sont inconscientes, qui régissent nos comportements comme si nous n'étions que des pantins ;
- □ poser des questions afin de comprendre et d'aider les autres à accoucher des merveilles qu'ils ont en eux, étouffées, cachées, refoulées ;
- □ utiliser l'art du paradoxe afin de trouver la voie et la rendre accessible à d'autres.

Les personnes authentiques ont la passion du paradoxe, car « le paradoxe est la passion de la pensée ».

« Le chemin des paradoxes est le chemin du vrai. Pour éprouver la réalité, il faut la voir sur la corde raide. »

Oscar Wilde,
Le Portrait de Dorian Gray.

Après une querelle violente,
le ressentiment est toujours présent,
mais est-ce bien ?

C'est pourquoi le sage
ne garde qu'une moitié des gains,
et n'exige pas de tout gagner.

Un homme sage fait ce qu'il a à faire,
celui qui est stupide ne pense
qu'à ce qui lui est dû.

La voie du Tao n'a pas de favoris,
elle est toujours avec l'honnête homme.

79

Surmonter les conflits

Nous commencerons cette autre exploration du « pays des conflits » en évoquant la tradition archétypale des combats japonais qui opposaient deux samouraïs. Il est intéressant de savoir – comme le souligne Diane Dreher dans son remarquable ouvrage *The Tao of Personal Leadership* – que 80 % des duels entre samouraïs se concluaient par un *aiuchi*, la mort des deux combattants. Les deux samouraïs, bien entraînés, prêts à l'attaque, sabres levés, rapides, répondaient de manière tellement brutale et agressive à l'assaut mutuel qu'il en résultait souvent... une double décapitation simultanée. Diane Dreher ajoute, avec humour et sagesse : « Dans d'autres contextes aussi, le dualisme nous faire perdre la tête et conduit à des interactions perdant-perdant. » On ne peut s'empêcher ici de penser, pour s'en tenir à de récents conflits, au conflit israélo-palestinien ou à la guerre en Irak. Mais – ayant eu bien des opportunités d'observer les conflits larvés et violents qui souvent opposent de grands patrons entre eux – il me serait aussi possible de vous raconter de fort tristes histoires, dans lesquelles des milliers d'hommes souffrent des conflits qui opposent les dirigeants à la tête même de leurs organisations.

Dans mon travail d'accompagnement auprès de managers et de dirigeants, je suis frappé par l'émergence d'une demande de plus en plus fréquente sur le thème de la résolution des conflits : conflits interpersonnels, atmosphère conflictuelle dans l'équipe, conflits entre services ou fonctions, conflits avec des clients, des fournisseurs, des partenaires sociaux, d'anciens employés, la liste est longue. La résolution de conflits est une discipline qui n'est guère enseignée dans nos écoles, nos lycées, nos universités ou nos chères grandes écoles, et la personne confrontée au conflit en est souvent réduite à « apprendre sur le tas », par « essais et erreurs ». Mais s'il est vrai que la personne qui apprend par l'expérience apprend souvent beaucoup de ses erreurs, le conflit est un domaine dans lequel l'erreur coûte parfois très cher...

À l'origine de nos difficultés avec les situations conflictuelles, il y a d'autres sources, plus profondes et rarement explorées. La première est notre tendance à tout voir de manière dualiste. L'Occident est malade du dualisme. En parlant avec les autres, on s'aperçoit vite à quel point la « pensée » se résume à de sinistres : « ou bien, ou bien », « tout ou rien », « mort ou vif », « bien ou mal », « eux ou nous ». Notre dualisme manichéen nous limite. Il nous empêche de voir d'autres options. Il nous fait voir les différences comme autant de menaces. Il nous amène à blâmer les autres dès que quelque chose ne se déroule pas comme prévu, ou qu'une erreur est faite. Nous recherchons le coupable et le punissons, la belle affaire ! La question, c'est que nous ne recherchons pas vraiment la solution, c'est que nous nous concentrons sur le problème. **La question n'est pas comment résoudre les conflits, mais comment les surmonter, les dépasser.** C'est toujours dans l'au-delà du problème que se trouve la solution. Et nous avons une incapacité quasi congénitale à ne pas reconnaître que la création tout entière est une, et faite d'opposés qui se complètent : *yin* et *yang*.

La deuxième de nos difficultés est que nous prenons rarement le temps de réfléchir et de nous remettre en cause personnellement – en particulier lors de conflits. Se pourrait-il que nous soyons aveugles et démunis au point de ne pas comprendre que nous sommes souvent à l'origine même des conflits qui nous ravagent ? L'aïkido est un art martial japonais dans lequel le pratiquant est invité à travailler sur lui-même pour se rendre capable d'utiliser la force de son adversaire pour le neutraliser. Thomas Crum a écrit un remarquable ouvrage à propos de la magie du conflit (*The Magic of Conflict*). Évaluons donc nos qualités personnelles dans cet « aïkido psychologique » nécessaire pour faire face aux conflits :

- ☐ Suis-je en état de stress, sous pression, inquiet, anxieux... *et en danger de réduire les options, d'ignorer des solutions possibles et d'être tenté de conclure trop vite* ?
- ☐ Suis-je capable de reconnaître mes états de stress, mes sentiments et mes émotions... *ou ai-je tendance à les supprimer, ainsi que ceux des autres, rendant ainsi le conflit inévitable* ?
- ☐ Suis-je capable de reconnaître ce qui est source de stress pour

moi ? Quand ai-je été stressé récemment ? Qu'ai-je trouvé stressant dans cette situation ? Comment ai-je réagi ? Puis-je apprendre quelque chose de cet événement ?
- □ Suis-je capable de ne pas me battre pour vaincre ? (*Le combat engendre la guerre.*)
- □ Suis-je capable de ne pas fuir, de ne pas me dérober ? (*La fuite engendre la guerre.*)
- □ Suis-je capable de reconnaître l'énergie de l'autre, ses qualités, ses forces (*de me mettre dans sa peau pour voir les choses comme il les voit*) ?
- □ Suis-je capable enfin de travailler avec l'énergie de l'autre pour trouver une solution (*plutôt que de combattre et de me retrouver avec lui dans une situation de conflit aggravé*) ?

Suis-je, enfin, capable d'aider à résoudre des conflits ? Oui, si :

- □ j'évite d'accuser et de juger les autres...
- □ j'écoute et respecte les vues de l'autre..
- □ je cherche une solution...
- □ je recherche le « gagnant-gagnant »...
- □ je sais m'élever au-dessus des débats..
- □ je reconnais ma propre contribution...

Une personne authentique reconnaît les forces de l'autre, les respecte et les honore ; elle évite les jugements en « noir et blanc », les oppositions factices, les généralisations grossières ; elle recherche des solutions « gagnant-gagnant-gagnant » ; elle évite de prendre parti dans une querelle ; elle sait prendre de la hauteur, elle ne cherche ni à fuir ni à combattre et s'élève au-dessus des débats. C'est précisément par là que son influence s'exerce. Elle ne peut réaliser cela qu'en étant en harmonie avec le Tao. Les personnes authentiques savent, comme l'écrit Marcel Conche dans ses commentaires du *Tao*, que « la Voie ne favorise personne, c'est-à-dire pas l'un plutôt que l'autre. En particulier, elle ne favorise pas les "bons" plutôt que ceux qui ne le sont pas ».

Je suis en harmonie avec moi-même et avec le monde.

« La première victime d'une guerre, c'est la vérité. »

Rudyard Kipling

Dans un petit pays où la population est réduite
il y a un petit arsenal pouvant armer
une dizaine ou une centaine d'hommes,
et dont on ne se sert jamais.

Ils redoutent la mort et ne vont pas au loin,
et, bien qu'ils aient bateaux et voitures,
ils ne les utilisent point.
Bien qu'ils possèdent armes et armures,
ils n'en font point étalage.

Remettant à l'honneur la cordelette à nœuds,
ils goûtent leur nourriture,
ils apprécient leurs vêtements,
ils aiment leurs habitations,
ils se réjouissent de leurs coutumes.

Les habitants de deux pays voisins
se contentent de s'apercevoir réciproquement
et d'entendre les cris de leurs coqs et de leurs chiens,
mais ils meurent de vieillesse
sans avoir eu affaire ensemble.

80
Vivre avec simplicité

Nous commençons notre voyage au « pays de la simplicité » en compagnie de Confucius qui, en passant près du fleuve Han, vit un vieil homme occupé à travailler son potager : « Cet homme descendait par un tunnel dans le puits, en sortait avec sa jarre remplie d'eau et la vidait dans les rigoles de ses plates-bandes. Labeur pénible et mince résultat. Tseu-kong lui dit : "Si vous aviez une machine avec laquelle cent plates-bandes pourraient être arrosées en un jour, n'aimeriez-vous pas vous en servir ? – Comment est-ce fait ? demanda le jardinier en levant les yeux sur Tseu-kong. – Une machine en bois creusé dont l'arrière est lourd et l'avant léger, avec laquelle on lève l'eau comme si on la tirait à la main, aussi vite que le bouillon déborde de la marmite : cette machine s'appelle une bascule." Le jardinier se mit en colère, changea de couleur, ricana et dit : "J'ai appris de mon maître ceci : qui se sert de machines use de mécaniques et son esprit se mécanise. Qui a l'esprit mécanisé ne possède plus la pureté de l'innocence et perd ainsi la paix de l'âme. Ce n'est pas que je ne connaisse pas les avantages de cette machine mais j'aurais honte de m'en servir." Confus, Tseu-kong baissa la tête et ne répliqua pas » (Tchouang-Tseu, *Œuvre complète*).

Sommes-nous devenus, sans même nous en apercevoir, des esclaves qui sont d'autant plus esclaves qu'ils se croient libres ? Psychologues et psychiatres savent qu'il y a, dans nos sociétés dites libres, de plus en plus de personnes profondément dépendantes...

Se pourrait-il que je sois dépendant de l'alcool ? de la cigarette ? du jeu ? de la bonne chère ? d'une drogue ? de la télévision ? d'un sport ? de la publicité ? d'Internet ? de la pornographie ? de l'argent ?

de ce que je possède ? de ma voiture ? des supermarchés ? d'achats compulsifs ? de mon travail ? de mon rôle ? de mon désir de promotion ? du peu de temps que j'ai pour moi-même ? de ce que je lis ? de ce que je regarde ? de ceux que j'envie ? de n'être pas meilleur que mon père ou ma mère ? de n'être pas meilleur que mon frère ou ma sœur ? de la cage dorée dans laquelle j'accepte de vivre ? de mon époux ? de ma femme ? d'une autre personne ? de mes croyances ? de mes opinions ? de mon goût immodéré pour... ?

- De quoi ai-je vraiment besoin pour vivre une vie digne et simple ?
- Pour retrouver bonheur et équilibre, de quoi pourrais-je me débarrasser ?
- Suis-je suffisamment proche de la nature ?

Revenons à notre jardinier et à Confucius : « Un instant après, le jardinier lui demanda : "Qui êtes-vous donc ? – Un disciple de K'ong-tseu, répondit Tseu-kong. – Ne seriez-vous pas un de ceux qui se servent de leur vaste savoir pour essayer de passer pour des saints, qui flattent le peuple pour le mieux dominer et veulent asseoir leur renommée en le plaignant sans cesse ? Renoncez à votre intelligence et délaissez votre corps, et peut-être pourrez-vous vous retrouver vous-même. Si vous êtes incapable de vous gouverner vous-même, comment pouvez-vous prétendre à gouverner le monde ? Maintenant allez-vous-en et laissez-moi travailler." »

Lorsque je travaillais dans le service formation d'IBM Europe, dans le quartier de La Défense à Paris, je me souviens qu'un jour, alors que nous avions beaucoup de travail depuis des semaines, je proposai à mon manager – qui était américain –, afin de pouvoir lui parler, de déjeuner ensemble. Il accepta. Comme nous sortions sur le parvis, il me dit soudain : « Didier, c'est sympathique de sortir pour déjeuner... Je ne suis pas sorti depuis près d'un mois... » Comme je m'étonnais, stupéfait, il m'expliqua que depuis plusieurs semaines il prenait sa voiture dans le garage de la tour, rentrait chez lui où il avait un autre garage et, ainsi va la vie, depuis près d'un mois, il n'avait pas respiré d'air frais...

Au cours d'un séminaire dans une banque internationale, j'ai rencontré un cadre dirigeant qui nous disait qu'il avait donné à ses enfants toute la technologie qu'ils désiraient : postes de télévision, ordinateurs personnels, consoles de jeux, home cinéma, etc., pour découvrir, avec frustration qu'il lui était désormais devenu impossible de dîner avec eux et de leur parler... Combien de personnes sont devenues totalement dépendantes de leur télévision, d'Internet ou de leur ordinateur? Combien d'heures s'écoulent ainsi, à jamais perdues?

Lorsque je vivais en Thaïlande, il y a bien des années, enseignant à l'université et vivant avec une famille thaïe, j'étais horrifié de voir les touristes se promener en car avec air conditionné, tentant vaguement de discerner, à travers des vitres fumées jusqu'à la noirceur, ce monde étrange dans lequel je vivais comme un poisson dans l'eau. Tourisme de masse, passif, transport de bétail aveugle et sourd : ils ont tous « fait » Bangkok, Chiengmaï, bref, rien du tout.

Quelle vie vivons-nous ? Quelle vie voulons-nous vivre ? Une vie devant des écrans ? une vie virtuelle ? une vie d'où tout contact authentique, toute émotion et tout rêve seront exclus pour ne privilégier que l'américain, l'inauthentique et le virtuel ? une vie infectée de mauvaise bouffe sous plastique, surgelée, réchauffée au micro-ondes ? une vie médiatisée ? une vie de voyeurs passifs gavés de mensonges et prêts à les régurgiter ? une vie où ne reste plus rien à faire que de se droguer pour oublier ? pour oublier d'être ? une vie zappée... une vie ratée ?

**Dans la profusion merveilleuse de chaque instant,
réapprenons à vivre une vie simple.**

☯

« La simplicité n'est pas un but dans l'art, mais on arrive à la simplicité malgré soi en s'approchant du sens réel des choses. »

Constantin Brancusi,
Catalogue de l'exposition de New York, 1925.

Les paroles vraies ne sont pas agréables ;
les paroles agréables ne sont pas vraies.

Une personne bien n'argumente pas ;
ceux qui argumentent n'agissent pas pour le bien.

Celui qui sait n'est pas un sage.
Un sage n'est pas celui qui a des connaissances.

Le sage ne garde rien pour lui-même, n'accumule rien.
Plus il travaille pour les autres, plus il possède.
Plus il donne aux autres, plus il s'enrichit.

Le Tao consiste à faire bénéficier sans nuire.

Le Tao du sage consiste à agir sans faire aucun effort.

81

Ouvrir les chemins de la sagesse

Nous achevons notre voyage au « pays de la sagesse » en compagnie de l'Empereur Jaune : « L'Empereur Jaune, raconte Tchouang-Tseu, se rendit un jour au nord de la rivière Rouge, escalada le mont Kouen-louen et du regard embrassa le sud. De retour chez lui, il s'aperçut qu'il avait perdu sa perle obscure. Il chargea Connaissance d'aller la retrouver, mais ce fut en vain. Il envoya Vue Perçante, mais elle revint bredouille. Il envoya Dispute qui ne la trouva pas plus. Il envoya finalement Sans Rien, qui la retrouva. "Étrange, se dit-il, que ce soit Sans Rien qui l'ait retrouvée !" » (in Jean-François Billeter, *Leçons sur Tchouang-Tseu*).

Lao-Tseu et Tchouang-Tseu nous invitent ici à réfléchir à notre authenticité :

- Suis-je moi-même ? Est-ce que je vis en accord avec mes croyances et mes valeurs... *ou m'arrive-t-il, comme l'Empereur Jaune, de me mettre moi-même en position de déséquilibre, par ambition, arrogance, aveuglement ou manque de maîtrise* ?...
- Est-ce que je considère les autres comme des égaux, des frères et des surs... *ou m'arrive-t-il de me croire différent d'eux, supérieur à eux* ?...

L'inauthenticité est liée à l'*hybris*, à la volonté de puissance, de contraindre, d'exercer son influence sur les autres sans respecter leur liberté, leur personnalité et leurs aspirations uniques et légitimes. Elle est liée au désir frénétique et, semble-t-il, difficilement répressible d'argumenter, de discuter, de l'emporter, de briller. La télévision et la presse, en passe de devenir de pures machines à décerveler, en font leurs choux gras. L'inauthenticité aime aussi utiliser – très ouvertement ou de manière plus cachée –, en les pervertissant, la connaissance, l'expertise, le savoir analytique et la logique comme outils de domination des autres (du côté des « intellectuels », ce n'est plus la trahison des clercs, c'est une claire trahison...).

Cette coercition sournoise et masquée est le véritable visage de ce qu'on appelle souvent la « culture » de l'entreprise ou de l'organisation. On attaque, on fait la guerre, on envahit, on absorbe, on impose, on achète, on « fusionne ». C'est le monde du « Ça passe ou ça casse », du « Si vous n'êtes pas avec nous, vous êtes contre nous », du manichéisme imbécile, arrogant et... triomphant. Lorsque la mort vient, lorsque le masque tombe, se révélera pourtant, tel le portrait de Dorian Gray enfin dévoilé, le véritable visage de beaucoup de dirigeants : égoïstes, seuls, avides de dominer et de posséder. Ils meurent en recomptant une dernière fois la valeur de leurs avoirs et de leurs stock-options. Leur mort n'est qu'un retour au néant.

Délivrée de son égoïsme et de son ego, la personne authentique reconnaît dans chaque être humain – quels que soient son âge, son sexe, son origine, son histoire – un autre elle-même. Son amitié n'est pas seulement réservée à quelques privilégiés, mais s'étend à tous ceux qu'elle rencontre. La personne authentique est ouverte, elle apprécie et chérit les différences entre les personnes et entre les cultures. Elle les respecte. Elle préfère les histoires, les aphorismes et l'admirable ellipse de la phrase courte aux longs discours et aux arguments.

Chaleureuse, elle est pleine d'humour. Elle aime à sourire et à rire. Elle adore partager, un verre, un repas, une anecdote, un moment. Elle recherche ce qui avantage les autres. Elle donne. Elle se donne. **Car elle sait que c'est, paradoxalement, en donnant aux autres la possibilité de grandir qu'elle grandit elle-même.**

Parce qu'elle vit en accord avec elle-même et en harmonie avec la nature, elle agit sans agir. **Elle donne ainsi, naturellement et spontanément, envie aux autres de découvrir par eux-mêmes le chemin de la sagesse.** Elle est comme un enfant.

Nous commencions notre voyage au premier chapitre du *Tao* avec ce *koan* zen :

« Quand ton esprit ne séjourne pas dans l'opposition du Bien *et du* Mal, *quel est ton visage originel, celui que tu avais avant que tu ne fusses né ?* »,

en évoquant un retour à notre origine. Il se termine là où nous l'avons commencé, puisque c'est là que se trouve le Tao, la source de toute sagesse.

Quel sera mon visage lorsque naîtront les enfants
de nos petits-enfants ?
Qu'est-ce que j'aurai laissé, vraiment, derrière moi ?
À quoi ressemblera la surface de notre Terre ?

« Nous ne cesserons d'explorer et au terme de toutes nos explorations nous retrouverons notre point de départ et, pour la première fois, nous le connaîtrons. »

T.S. Eliot

« *La conscience universelle est souvent comparée à l'océan : une masse fluide, indifférenciée, et la première phase de la création correspondait à la formation de vagues. Une vague peut être considérée comme une entité individuelle, et pourtant il est évident que la vague est l'océan, et l'océan la vague.*
Il n'y a pas de séparation ultime.

La phase suivante de la création serait une vague se brisant sur les rochers et vaporisant l'air de gouttelettes d'eau, qui existeront en tant qu'entités individuelles pendant une courte période, avant d'être à nouveau avalées par l'océan.
Ainsi, nous avons là des moments fugitifs d'existence séparée.

Mais imaginons maintenant de l'eau qui s'évapore et forme un nuage.
Maintenant, l'unité originelle est obscurcie et cachée par une véritable transformation, et il est nécessaire d'avoir une certaine connaissance en physique pour se rendre compte que ce nuage est l'océan, et l'océan le nuage.
Pourtant, à la fin, l'eau du nuage va se réunir avec celle de l'océan sous forme de pluie.

La séparation finale, où le lien avec la source originelle apparaît complètement oublié, est souvent illustrée par un flocon de neige qui s'est cristallisé à partir de l'eau du nuage qui, à l'origine, s'était évaporée de l'océan. On a là une entité très structurée, très individuelle et séparée qui ne comporte, en apparence, aucune ressemblance avec sa source. Maintenant, on a vraiment besoin d'un savoir sophistiqué pour reconnaître que le flocon de neige est l'océan, et l'océan le flocon de neige. Et pour se réunir avec l'océan, le flocon de neige doit abandonner sa structure et son individualité ; il doit subir une mort de l'ego, en quelque sorte, pour retourner à sa source. »

Fritjof Capra,
Sagesse des sages.

Bibliographie

Grands textes classiques du taoïsme

Lao-Tseu, *La Voie et sa vertu, Tao-tê-king*, présenté et traduit par François Houang et Pierre Leyris, Le Seuil, collection « Sagesses », Paris, 1979.

Lao-Tseu, *Tao Te King ou Livre de la Voie et de la Vertu*, traduit et annoté par Stanislas Julien, Paris, 1842 ; réédité par Catherine Despeux, Fayard, collection « Mille et une nuits », Paris, 2000.

Lao-Tseu, *Tao Te King*, by Stephen Mitchell, Harper Perennial, New York, 1988.

Lao-Tseu, *Tao Te King*, traduit et commenté par Marcel Conche, Presses universitaires de France, collection « Perspectives critiques », Paris, 2003.

Lao-Tseu, *Tao Te King*, traduit et présenté par Claude Larre, Desclée de Brouwer, collection « Les carnets DDB », 1994.

Lao-Tseu, *Tao tö king, Le Livre de la Voie et de la Vertu*, traduction, introduction et notes de J.-J.-L. Duyvendak, Adrien Maisonneuve, Paris, 1987.

Lao-Tseu,*Tao Te King, Le livre du Tao et de sa vertu*, Dervy-Livres, Paris, 1978.

Lao-Tsu, *Tao Te Ching*, translated by Gia-Fu and Jane English, Willwood House Ltd, Londres, 1973.

Lao-Tzu, *Tao Te King, The Book of Meaning and Life*, translation and commentary by Richard Wilhelm, Arkana, Penguin Books, Londres, 1990.

Lao-Tzu, *Tao Te King*, translated and presented by Dim Cheuk Lau, Penguin Books, Londres, 1963.

Tchouang-Tseu, *Aphorismes*, présentés par Marc de Smedt, Albin Michel, collection « Spiritualités vivantes », Paris, 1986.

Tchouang-Tseu, *Œuvre complète*, traduction, préface et notes de Liou Kiahway, Gallimard/Unesco, collection « Connaissance de l'Orient », Paris, 1969.

Han-Fei-Tse ou Le Tao du Prince, présenté et traduit par Jean Lévi, Le Seuil, collection « Sagesses », Paris, 1999.

I Ching et Tao Te King, traduction de Daniel Giraud, Le Courrier du livre, Paris, 1987.

Le Livre de la Cour jaune, classique taoïste des IVe-V^{e} *siècles*, présenté, traduit du chinois et annoté par Patrick Carré, Le Seuil, collection « Sagesses », Paris, 1999.

Les Œuvres de Maître Tchouang, traduction de Jean Lévi, Éditions de l'Encyclopédie des Nuisances, Paris, 2006.

Philosophes taoïstes : Huainan zi, texte traduit, présenté et annoté sous la direction de Charles Le Blanc et de Rémi Mathieu, Gallimard, « Bibliothèque de la Pléiade », Paris, 2003.

Philosophes taoïstes : Lao-tseu, Tao Te King ; Tchouang-tseu, Œuvre complète ; Lie-tseu, Le Vrai Classique du vide parfait, textes présentés et annotés par Liou Kia-Hway et Benedykt Grynpas, relus par Paul Demiéville, Étiemble et Max Kaltenmark, Gallimard, « Bibliothèque de la Pléiade », Paris, 1980.

Ouvrages relatifs au taoïsme et à la pensée chinoise

Bernard Baudouin, *Le Taoïsme, un principe d'harmonie*, de Vecchi, Paris, 1997.

Jean-François Billeter, *Leçons sur Tchouang-tseu*, Allia, Paris, 2002.

Jean-François Billeter, *Études sur Tchouang-tseu*, Allia, Paris, 2004.

Jean-François Billeter, *Chine trois fois muette*, Allia, Paris, 2000, 2006.

Jean-François Billeter, *Contre François Jullien*, Allia, Paris, 2000, 2006.

John Blofeld, *Le Taoïsme vivant*, Albin Michel, collection « Spiritualités vivantes », Paris, 1994.

John Blofeld, *Thé et Tao, l'art chinois du thé*, Albin Michel, collection « Spiritualités », Paris, 1997.

Jean S. Bolen, *Le Tao de la psychologie*, Le Mail, collection « Science et conscience », 1990.

Bernard Boturi, *Lao Tseu, Tao Te King. La tradition du Tao et de sa sagesse*, Le Cerf, Paris, 1984.

Fritjof Capra, *Le Tao de la Physique*, Sand, Paris, 1985.

Chung-Yuan Chang, *Le Monde du Tao*, Stock Plus, Paris, 1971.

Stephen T. Chang, *The Great Tao*, Tao Publishing, San Francisco, 1985.

Anne Cheng, *Histoire de la pensée chinoise*, Le Seuil, collection « Points », Paris, 1997.

Thomas Cleary, *The Essential Tao, an initiation into the heart of Taoism through the authentic Tao Te Ching and the Inner Teachings of Tchuang Tzu*, Castle Books, Edison, New Jersey, 1998.

J.-C. Cooper, *La Philosophie du Tao*, Dangles, Paris, 1977.
Lawrence Durrell, *Le Sourire du Tao*, Gallimard, Paris, 1982.
Gérard Edde, *Contes du Tao sauvage*, La Table Ronde, Paris, 2002.
Pascal Fauliot, *Contes des sages taoïstes*, Le Seuil, Paris, 2004.
Romain Graziani, *Fictions philosophiques du « Tchouang-tseu »*, Gallimard, collection « L'Infini », Paris, 2006.
Marcel Granet, *La Pensée chinoise*, Albin Michel, Paris, 1959.
Marcel Granet, *La Civilisation chinoise : la vie publique et la vie privée*, Albin Michel, collection « Bibliothèque de l'évolution de l'humanité », Paris, 1994.
Jean Grenier, *L'Esprit du Tao*, Flammarion, collection « Champs », Paris, 1973.
René Guénon, *Aperçus sur l'ésotérisme islamique et le taoïsme*, Gallimard, collection « Tradition », Paris, 1973.
Benjamin Hoff, *Le Tao de Pooh*, Philippe Picquier, Arles, 2004.
K. Kaltenmark, *Lao Tseu et le taoïsme*, Le Seuil, collection « Maîtres spirituels », Paris, 1965.
Anton Kiecel, *Le Taoïsme*, M.A. Éditions, Paris, 1984.
Anton Kiecel, *Le Sens du Tao*, Le Mail, Diffusion Payot, Paris, 1991.
Jean Lévi, *Propos intempestifs sur le Tchouang-tseu*, Allia, Paris, 2003.
Jean Lévi, *Tchouang-Tseu, maître du Tao*, Pygmalion, collection « Chemins d'Éternité », Flammarion, Paris, 2006.
Henri Maspero, *Le Taoïsme et les religions chinoises*, Gallimard, collection « Bibliothèque des Histoires », Paris, 1971.
Deng Ming-Dao, *Le Tao au jour le jour, 365 méditations taoïstes*, traduit de l'américain par Marc Surel, Albin Michel, Paris, 2002.
Isabelle Robinet, *Histoire du taoïsme des origines au XIVe siècle*, Le Cerf, collection « Patrimoines », Paris, 1991.
Isabelle Robinet, *Lao zi et le Tao*, Bayard, collection « L'Aventure intérieure », Paris, 1996.
Isabelle Robinet, *Méditation taoïste*, Albin Michel, collection « Spiritualités vivantes », Paris, 1995.
Isabelle Robinet, *Comprendre le Tao*, Albin Michel, collection « Spiritualités vivantes », Paris, 2002.
Érik Sablé, *Sagesse libertaire taoïste, Introduction à la sainte paresse*, Dervy, Paris, 2005.
E.H. Schafer, *La Chine ancienne*, Time-Life Books, collection « Les Grandes Époques de l'homme », Amsterdam, 1980.
K. Schipper, *Le Corps taoïste*, Fayard, collection « L'Espace intérieur », Paris, 1982.
C. Alexander et Annellen Simpkins, *Le Petit Livre du Tao*, La Table Ronde, Paris, 2000.

Nicole Tremblay, *Le Tao de l'énergie : corps, mental, esprit*, Quebecor, Outremont, Québec, 2004.

Arthur Waley, *The Way and its Power. Lao Tzu's Tao Tê Ching and its Place in Chinese Thought*, Grive Press, New York, 1958.

Leon Wieger, *Les Pères du système taoïste : Lao-tzeu, Lie-tzeu, Tchouang-tzeu*, Brill et Les Belles Lettres, Leyde et Paris, 1950.

Propos et anecdotes sur la vie selon le Tao, précédé de *Jardin d'anecdotes*, traduit du chinois et présenté par Jacques Pimpaneau, Philippe Picquier, Arles, 2002.

Dictionnaire de la sagesse orientale, Robert Laffont, collection « Bouquins », Paris, 1989.

Le Grand Atlas des religions, Encyclopædia Universalis, 1998.

Ouvrages relatifs au Zen

Charlotte Joko Beck, *Soyez zen, La pratique du Zen au quotidien*, Presse Pocket, Paris, 1990.

Laurence G. Bolt, *Zen Soup, Tasty morsels of wisdom from great minds east & west*, Arkana, Penguin Books, New York, 1997.

Laurence G. Bolt, *Zen and the Art of Making a Living*, Arkana, Penguin Books, New York, 1993.

Jacques Brosse, *Les Maîtres zen*, Albin Michel, collection « Spiritualités vivantes », Paris, 2001.

Taisen Deshimaru, *La Pratique du Zen, suivi des textes sacrés du Zen : Hokyo Zan Mai et San Do Kai*, Seghers, Paris, 1977.

Claude Durix, *Cent clés pour comprendre le Zen*, Le Courrier du livre, Paris, 1976.

Gérard Edde, *Le Petit Livre des contes zen*, La Table Ronde, Paris, 2000.

Julius Evola, *La Doctrine de l'Éveil*, Adyar, Paris, 1956.

Eugen Herrigel, *Le Zen dans l'art chevaleresque du tir à l'arc*, Dervy, Paris, 1970.

Eugen Herrigel, *La Voie du Zen, suivi de Pratique du bouddhisme zen*, G.-P. Maisonneuve et Larose, Paris, 1997.

Gusty L. Herrigel, *La Voie des Fleurs*, Dervy-Livres, Paris, 1969.

Alexandro Jodorowsky, *Le Doigt et la Lune*, Albin Michel, collection « Espaces libres », Paris, 1997.

Okakura Kakuzo, *Le Livre du thé*, Philippe Picquier, Arles, 1996.

Robert M. Pirsig, *Traité du Zen et de l'entretien des motocyclettes*, Le Seuil, Paris, 1978.

Paul Reps, *Le Zen en chair et en os*, Albin Michel, collection « Espaces libres », Paris, 1993.

Ryôkan, *Contes zen*, traduction du japonais et composition par Claire S. Fontaine, illustré de calligraphies de Ryôkan, Le Courrier du livre, Paris, 2001.

Soshitsu Sen, *Le Zen et le thé*, SELD/Jean-Cyrille Godefroy, Paris, 1987.

Evelyn de Smedt et Catherine Mollet, *Les Patriarches du Zen, une anthologie*, Les Éditions du Relié, Gordes, 2004.

Suzuki Soshan, *Zen et samouraï*, Albin Michel, collection « Spiritualités vivantes », Paris, 1994.

Daisetz Teitaro Suzuki, *Essais sur le bouddhisme zen*, 3 volumes, traduits sous la direction de Jean Herbert, Albin Michel, collection « Spiritualités vivantes », Paris, 1972, rééd. en un volume, 2003.

Shunryo Suzuki, *Esprit zen, esprit neuf*, Le Seuil, collection « Sagesses », Paris, 1977.

Michel Waldberg, *Forêts du Zen*, Mame, Paris, 1974.

Michel Waldberg, *Un zeste de Zen*, La Différence, Paris, 1984.

Alan Watts, *Le Bouddhisme zen*, Payot, Paris, 1972.

Jon Winokur, *Zen to Go*, A Plume Book, Penguin Books, New York, 1989.

Cent kôans zen, commentés par Nyogen Senzaki, Albin Michel, collection « Spiritualités vivantes », Paris, 2005.

Essential Zen, edited by Kazuaki Tanahashi and Tensho David Schneider, Harper Collins Publishers, San Francisco, 1994.

Le Bol et le Bâton, 120 contes zen racontés par Maître Taisen Deshimaru, Albin Michel, collection « Spiritualités vivantes », Paris, 1983.

Le Goût du Zen, Recueil de propos et anecdotes, textes choisis, traduits et présentés par Janine Coursin, Gallimard, « Le Promeneur », Paris, 1993.

Le Trésor du Zen, textes de Maître Dogen commentés par Taisen Deshimaru, Albin Michel, collection « Spiritualités vivantes », Paris, 2003.

Les Contes des arts martiaux, réunis par Pascal Fauliot, présentés par Michel Random, Albin Michel, collection « Spiritualités vivantes », Paris, 1988.

Zen, sélection de textes et introduction de Miriam Levering, Maryse et Matsumi Shibata, Gründ, Paris, 2002.

Livres en langue anglaise sur le leadership

Chris Argyris, *On Organizational Learning*, Blackwell Publishers, Cambridge, MA, 1992.

Warren Bennis, Jagdish Parikh, Ronnie Lessem, *Beyond Leadership, Balancing Economics, Ethics and Ecology*, Blackwell Publishers, Oxford, 1994.

Peter Block, *The Empowered Manager, Positive Political Skills at Work*, Jossey Bass Publishers, San Francisco, 1991.

Peter Block, *Stewardship, Choosing Service over Self-Interest*, Berrett-Koehler Publishers, San Francisco, 1993.

Debashis Chatterjee, *Leading Consciously, a Pilgrimage toward Self-Mastery*, Butterworth-Heinemann, Boston, 1998.

James C. Collins and Jerry Porras, *Built to Last, Successful Habits of Visionary Companies*, Harper Business, A Division of Harper Collins Publishers, New York, 1994.

Jim Collins, *Good to Great, Why Some Companies Make the Leap... and Others Don't*, Harper Collins Publishers, New York, 2001.

Diane Dreher, *The Tao of Personal Leadership*, Harper Collins Publishers, New York, 1996.

Daniel Goleman, *Emotional Intelligence, Why it Can Matter More Than IQ*, Bantam Books, New York, 1995.

Daniel Goleman, *Working with Emotional Intelligence*, Bantam Books, New York, 1998.

Daniel Goleman, Richard Boyatzis, Annie Mc Kee, *Primal Leadership, Learning to Lead with Emotional Intelligence*, Harvard Business School Press, Boston, 2002.

Didier Gonin, Louise Grummitt, Shirley Logan, *The Learner Within, A Resource for Individual, Team and Organizational Learning*, IBM, 1994.

Robert K. Greenleaf, *On Becoming a Servant Leader*, Jossey-Bass Publishers San Francisco, 1996.

Robert K. Greenleaf, *Seeker and Servant*, Jossey-Bass Publishers, San Francisco,

John Heider, *The Tao of Leadership*, Bantam Books, New York, 1986.

Dr. Paul Hersey, *The Situational Leader*, Center for Leadership Studies, Escondito, 1992.

Joseph Jaworksy, *Synchronicity, The Inner Path of Leadership*, Berrett-Koehler Publishers, San Francisco, 1996.

John Kotter, *The Leadership Factor*, The Free Press, New York, 1988.

James Kouzes and Barry Posner, *Credibility, How Leaders Gain and Lose it, why People Demand it*, Jossey Bass Publishers, San Francisco, 1993.

James Kouzes and Barry Posner, *The Leadership Challenge*, Jossey Bass, A Wiley Company, San Francisco, 2002.

George Leonard, *Mastery, The Keys to Success and Long-Term Fulfilment*, A Plume Book, Penguin Books, Londres, 1992.

George Leonard and Michael Murphy, *The Life We Are Given*, G.P.Putman's Sons, New York, 1984.

Bernice McCarthy, *About Learning*, Excel Inc. 1996.

David Noer, *Breaking Free, A Prescription for Personal and Organizational Change*, Jossey-Bass Publishers, San Francisco, 1997.

Jagdish Parikh, *Managing Yourself, Management by Detached Involvement*, Basil Blackwell, 1991.

Carol Pearson, *Awakening the Heroes Within*, Harper Collins Publishers, San Francisco, 1991.

Gifford Pinchot III, *Intrapreneuring*, Harper & Row, Publishers, New York, 1985.

Max de Pree, *Leadership Jazz*, Dell Publishing, 1992.

Dick Richards, *Artful Work, Awakening Joy Meaning and Commitment in the Workplace*, Berkley Books, New York, 1995.

Peter Senge, *The Fifth Discipline, The Art and Practice of the Learning Organization*, Doubleday, New York, 1986.

Noel Tichy and Mary Ann Devanna, *The Transformational Leader*, John Wiley & Sons, New York, 1986.

Peter B. Vail. *Managing as a Performing Art, New Ideas for a World of Chaotic Change*, Jossey-Bass Publishers, San Francisco, 1990.

John Whitmore, *Coaching for Performance*, Nicolas Brealey Publishing, Londres, 1996.

Insights on Leadership, Service, Stewardship, Spirit and Servant-Leadership, edited by Larry Spears, John Wiley & Sons, The Greenleaf Center, 1998.

Ouvrages relatifs à la méditation

Diane Dreher, *The Tao of Inner Peace, A Guide to Inner and Outer Peace*, Harper Collins Publishers, New York, 1990.

Swâmi Râmdâs, *Pensées*, La Table Ronde, collection « Les petits livres de sagesse », Paris, 1995.

Osho Rajneesh, *Techniques de méditation, Guide pratique*, Éditions du Gange, Montpellier, 1999.

Sogyal Rinpoché, *Méditation*, La Table Ronde, collection « Les petits livres de sagesse », Paris, 1995.

Sogyal Rinpoché, *Le Livre tibétain de la Vie et de la Mort*, La Table Ronde, Paris, 1992.

Marc de Smedt, *Techniques de méditation et pratiques d'éveil*, Albin Michel, collection « Spiritualités vivantes », Paris, 1983.

Marc de Smedt, *Éloge du silence*, Albin Michel, collection « Espaces libres », Paris, 1986.

Marc de Smedt, *La Clarté intérieure*, Albin Michel, collection « Espaces libres », Paris, 1993.

Henry David Thoreau, *Balades*, La Table Ronde, collection « Les petits livres de sagesse », Paris, 1995.

Haven Trevino, *Le Tao de la guérison*, avant-propos de Gérald Jampolsky, traduction de Christine Lecoutre, Amrita, Plazac, 1995.
Sagesse des Indiens d'Amérique, textes établis par Joseph Bruchac, La Table Ronde, collection « Les petits livres de sagesse », Paris, 1995.
La Sagesse de l'éveil, textes pour la méditation, présentés par Marc de Smedt, Albin Michel, collection « Spiritualités vivantes », Paris, 1985.

Ouvrages relatifs à l'énergie, à l'équilibre et à la santé

Gérard Edde, *Méditation et santé selon les traditions et médecines chinoises*, Albin Michel, Paris, 1988.
Mantak Chia, *Stimulez votre énergie vitale, L'automassage de jouvence par le* CHI, Jouvence, Genève, 1990.
Mantak Chia, *Transformez votre stress en vitalité*, Jouvence, Genève, 2006.
Mantak Chia, *Énergie vitale et autoguérison*, Dangles, Paris, 1999.
Mantak Chia et Juan Li, *Dynamique interne du Tai Chi, Circulation de l'énergie dans le corps en mouvement*, Guy Trédaniel Éditeur, Paris, 1998.
Mantak Chia et Tao Yin, *Exercices pour la revitalisation, la santé et la longévité*, Guy Trédaniel Éditeur, Paris, 2000.
Thomas F. Crum, *Journey to Center, Lessons in Unfying Body, Mind and Spirit*, Fireside, Simon & Schuster, New York, 1997.
Mihalyi Csikszentmihalyi, *Finding Flow, The Psychology of Engagement with Everyday Life*, Perseus Books, Harper Collins Publishers, New York, 1997.
Mihalyi Csikszentmihalyi, *Flow : The Psychology of Optimal Experience*, Harper & Row, New York, 1990.
Janine Fontaine, *La Médecine du corps énergétique : une révolution thérapeutique*, Robert Laffont, Paris, 1980.
Hua-Ching Ni, *Entering the Tao, Guidance for Self-Cultivation*, Shambala, Boston & Londres, 1997.
Dr Josephine Zöller, *Qi Gong, exercices énergétiques de santé*, Dangles, collection « Horizons spirituels », Saint-Jean-de-Braye, 1990.

Autres ouvrages

Gregory Bateson, *Vers une écologie de l'esprit*, Le Seuil, Paris, t. 1, 1977, t. 2, 1980.
Gregory Bateson, *La Nature et le Sacré*, Le Seuil, Paris, 1984.
Gregory Bateson, *Une unité sacrée*, Le Seuil, Paris, 1996.

Ludwig Bertalanffy, *Théorie générale des systèmes*, Dunod, Paris, 1972.

Fritjof Capra, *Sagesse des sages*, L'Âge du Verseau, Paris, 1988.

Fritjof Capra, *Le Temps du changement, Science, société et nouvelles cultures*, Le Rocher, Paris, 1983.

Fritjof Capra, *La Toile de la Vie, Une nouvelle interprétation scientifique des systèmes vivants*, Le Rocher, Paris, 1996.

Fritjof Capra, *Les Connexions invisibles, Une approche systémique du développement durable*, Le Rocher, Paris, 2004.

Épicure, *Lettres et maximes*, édition Marcel Conche, Presses universitaires de France, Paris, 1987.

Épicure, *Lettre sur le bonheur ou Lettre à Ménecée*, traduction de Xavier Bordes, Éditions Mille et une nuits, Paris, 1993.

Épicure, *Lettres, maximes et sentences*, traduction et introduction par Jean-François Balaude, Le Livre de Poche, Classiques de Poche, Paris, 1994.

Milton H. Erickson, *Ma voix t'accompagnera, Milton H. Erickson raconte...*, textes établis et commentés par Sydney Rosen, Hommes et Groupes éditeurs, Paris, 1986.

Erich Fromm, *L'Art d'aimer*, EPI, Paris, 1968.

Gilles Farcet, *Arnaud Desjardins ou l'aventure de la sagesse*, Albin Michel, collection « Espaces libres », Paris, 1992.

Gilles Farcet, *Henry Thoreau, l'éveillé du Nouveau Monde*, Albin Michel, collection « Espaces libres », Paris, 1990.

Gilles Farcet, *Thomas Merton, un trappiste face à l'Orient*, Albin Michel, collection « Spiritualités vivantes », Paris, 1990.

Gilles Farcet, *La Ferveur du quotidien*, L'Originel, Paris, 1993.

Mohandas K. Gandhi, *Tous les hommes sont frères*, Gallimard, collection « Idées », Paris, 1958.

Mohandas K. Gandhi, *Lettres à l'ashram*, Albin Michel, collection « Spiritualités vivantes », Paris, 1971.

Mohandas K. Gandhi, *Résistance non violente*, traduit de l'anglais par Daniel Lemoine, Buchet-Chastel, Paris, 1997.

Héraclite, *Fragments*, texte établi, traduit, commenté par Marcel Conche, Presses universitaires de France, collection « Épiméthée », Paris, 1986.

Hermann Hesse, *Siddharta*, Bernard Grasset, Paris, 1925.

Carl Gustav Jung, *L'Âme et la Vie*, textes essentiels réunis et présentés par Jolande Jacobi, traduits par le Dr Roland Cahen et Yves Le Lay, Buchet-Chastel, Paris, 1963.

Carl Gustav Jung, *Le Divin dans l'homme, Lettres sur les religions*, choisies et présentées par Michel Cazenave, Albin Michel, collection « La Bibliothèque spirituelle », Paris, 1999.

The Portable Jung, Joseph Campbell (éd.), Penguin Books, New York, 1971.

Henri Laborit, *La Nouvelle Grille. Pour décoder le message humain*, Robert Laffont, collection « Libertés 2000 », Paris, 1974.

Bruno Lussato, *Décodage, Les clés du sanctuaire*, InterÉditions, Paris, 1993.

Théodore Monod, *Le Chercheur d'absolu, suivi de Textes de combat*, Le Cherche Midi, Gallimard, Paris, 1998.

Michel de Montaigne, *Œuvres complètes*, édition d'Albert Thibaudet et Maurice Rat, Gallimard, « Bibliothèque de la Pléiade », Paris, 1962.

Michel de Montaigne, *Les Essais*, Arléa, Paris, 2002.

Edgar Morin, *Le Paradigme perdu : la nature humaine*, Le Seuil, collection « Essais », Paris, 1973.

Edgar Morin, *La Méthode*. t. 1 : *La Nature de la Nature*. t. 2 : *La Vie de la Vie*. t. 3 : *La Connaissance de la connaissance*. t. 4 : *Les idées. Leur habitat, leur vie, leurs mœurs, leur organisation*, Le Seuil, Paris, 1977, 1980, 1986, 1991.

Edgar Morin, *Amour, poésie, sagesse*, Le Seuil, collection « Points », Paris, 1997.

François Rabelais, *Œuvres complètes*, nouvelle édition de Mireille Huchon, Gallimard, « Bibliothèque de la Pléiade », Paris, 1994.

Carl R. Rogers, *On Becoming a Person : A Therapist View of Psychotherapy*, Houghton Mifflin Company, New York, 1961.

Carl R. Rogers, *Freedom to Learn : A View of What Education Might Become*, Charles E. Merrill, Columbus, Ohio, 1969.

Carl R. Rogers, *A Way of Being*, Houghton Mifflin Company, New York, 1980.

Carl R. Rogers Dialogues : Conversations with Martin Buber, Paul Tillich, B.F. *Skinner, Gregory Bateson, Michael Polanyi, Rollo May, and Others*, Houghton Mifflin Company, Boston, 1989.

Baruch Spinoza, *Œuvres complètes*, traduction de Roland Caillois, Madeleine Francès et Robert Mirahi, introduction de Roland Caillois, Gallimard, « Bibliothèque de la Pléiade », Paris, 1995.

Henry David Thoreau, *Journal* (1837-1861), extraits choisis et traduits par R. Michaud et S. David, Les Presses d'aujourd'hui, Paris, 1981, réimpression Denoël, Paris, 1986.

Henry David Thoreau, *La Désobéissance civile*, traduction de Micheline Flak, Jean-Jacques Pauvert, collection « Libertés nouvelles », Paris, 1968 et 1977.

Henry David Thoreau, *Walden ou la vie dans les bois*, traduit par Jeanne-Chantal et Thierry Fournier, L'Âge d'Homme, Lausanne, 1985.

Paul Watzlawicz, *Une logique de la communication*, avec J. Beavin et D. Jackson, Le Seuil, Paris, 1972.

Paul Watzlawicz, *Le Langage du changement*, Le Seuil, Paris, 1978.

Les Présocratiques, édition de Jean-Paul Dumont, Gallimard, « Bibliothèque de la Pléiade », Paris, 1998.
Les Stoïciens : Cléanthe, Diogène Laërce, Plutarque, Cicéron, Sénèque, Épictète, Marc Aurèle, édition sous la direction de Pierre-Maxime Schuhl, introduction d'Émile Bréhier, Gallimard, « Bibliothèque de la Pléiade », Paris, 1962.

Table

Dans la collection Guides Clés

Le livre de l'essentiel, I, II et III
collectif

Le livre des dauphins et des baleines
Brigitte Sifaoui

Le secret d'Abou Simbel
Le chef-d'œuvre de Ramsès II *décrypté*
François Xavier Héry

Le grand livre des rêves
Roger Ripert, Sylvain Michelet, Nicolas Maillard

Enquête sur la réincarnation
collectif

Le grand livre de la tendresse
collectif

Madre Tierra !
Pour la renaissance amérindienne
Daniel Wermus

Aide-toi, ton corps t'aidera
Anne-Marie Filliozat, Gérard Guasch

Composition IGS
Impression Firmin-Didot, *octobre* 2007
Éditions Albin *Michel*
22, *rue* Huyghens, 75014 *Paris*
www.albin-michel.fr

ISBN 978-2-226-16952-5
N° d'édition : 25441 – N° d'impression : 87215
Dépôt légal : novembre 2007
Imprimé en France